카탈루냐 찬가

부클래식
040

카탈루냐 찬가

조지 오웰

김영희 · 김정은 · 이진숙 옮김

부북스

일러두기

옮긴이들이 번역한 부분은 다음과 같습니다.

김영희—1장 ~ 6장

이진숙—7장 ~ 11장 p.217 (~하늘의 별따기와 같다.)

김정은—11장 p.217 (바르셀로나 전투에 대해~) ~ 14장

차 례

1장 • 7
2장 • 24
3장 • 35
4장 • 55
5장 • 66
6장 • 102
7장 • 123
8장 • 144
9장 • 152
10장 • 168
11장 • 205
12장 • 244
13장 • 262
14장 • 285

조지 오웰 연보 • 309

미련한 자의 어리석은 것을 따라 대답하지 말라 두렵건대 너도 그와 같을까 하노라, 미련한 자에게는 그의 어리석음을 따라 대답하라 두렵건대 그가 스스로 지혜롭게 여길까 하노라 .
〈잠언 26장〉

1장

바르셀로나의 레닌 병영에서 나는 의용군에 입대하기 전날, 장교 탁자 앞에 서 있는 한 이탈리아인 의용병을 우연히 보게 됐다.

스물대여섯 살쯤 되었을까, 붉은빛이 도는 금발에 어깨가 떡 벌어진 강인한 인상의 젊은이였다. 챙이 달린 가죽 모자를 푹 눌러 쓴 탓에 한쪽 눈이 보이지 않았다. 내 쪽에서는 그의 옆모습만 보였는데, 그는 고개를 가슴팍까지 숙인 채 어느 장교가 탁자 위에 펼쳐 놓은 지도를 당혹스러운 듯 유심히 쳐다보고 있었다. 나는 그의 얼굴에 완전히 매료됐다. 친구를 위해서라면 살인도 죽음도 마다하지 않을 것 같은 얼굴. 공산주의자일 게 뻔했지만 무정부주의자가 아닐까 기대하게 하는 그런 얼굴. 솔직함과 잔인함 그리고 글 모르는 사람이 자기보다 지적인 사람에게 갖는 터무니없는 존경심까지 그의 얼굴에서 묻어났다. 분명 그는 지도의 위아래도 구분하지 못했을 것이다. 그러니 분명 지도를 볼 줄 아는 것을 대단한 지적 능력이나 되는 것처럼 여겼을 것이다. 왠지 모르겠으나 그때처럼 첫눈에 누군가에게, 좀 더 정확히 말하면 남자에게 그토록 내 마음이 끌린 적이 없었다. 탁자 주위에서 수다를 떨던 사람들 사이에서 불쑥 내가 외국인이라는 이야기가 나왔다. 그러자 그 이탈리아인이 고개를 쳐들며 빠르게 물었다.

"이탈리아노?"

"노우, 잉글레스. 유 투?" 나는 서툰 스페인어로 대답했다.

"이탈리아노."

우리 무리가 밖으로 나가려 할 때였다. 그가 방을 가로질러 성큼성큼 걸어오더니 내 손을 꽉 움켜쥐었다. 낯선 이에게 그런 호감을 느낄 수 있다니, 참으로 기이하지 않은가! 일순간 그와 내 영혼이 언어와 전통의 차이를 극복하고 더없이 친밀하게 마주선 듯했다. 내가 그를 좋아하듯 그도 나를 좋아했으면 하고 바랐다. 하지만 그에 대한 첫인상을 고스란히 간직하려면 그를 또 만나서는 안 된다는 것도 알았다. 두말할 나위 없이 그 이후에 나는 그를 보지 못했다. 당시 스페인에서는 사람들이 늘 이런 식으로 만나고 헤어졌다.

내가 이 이탈리아인 의용병 이야기를 꺼낸 이유는 내 기억 속에 그가 또렷이 남아있기 때문이다. 남루한 군복. 매서우면서도 측은해 보이는 얼굴. 그는 당시의 독특한 분위기를 대변하는 전형과도 같다. 당시 전쟁에 대한 내 기억들은 모두 그와 긴밀하게 얽혀 있다. 바르셀로나의 붉은 깃발, 추레한 몰골의 군인들을 가득 싣고 전선을 향해 서서히 나아가던 낡은 기차, 전쟁으로 황폐해진 전선 근처의 잿빛 소도시들, 진흙탕, 얼음장 같던 산속 참호들.

때는 1936년 12월 말이었다. 이 글을 쓰고 있는 현시점에서 돌이켜 보면 일곱 달도 채 안 지났건만 이미 아득히 먼 과거가 돼 버렸다. 사실 그 후에 일어난 사건들로 인하여 1935년, 혹은 1905년도 사람들의 기억 속에서 사라졌지만 1936년은 유독 더 심했다. 당시 나는 신문기사를 쓸 요량으로 스페인에 갔지만 도착하기가 바쁘게 의용군에 입대했다. 그때 그 분위기에서는 그렇게 하는 것이 최선인 듯 보였기 때문이다. 당시만 해도 무정부주의자들이 여전히 카탈루냐를 사실상 장악했고 혁명도 여전히 한창 진행 중이었다. 사실 혁명 초기부터 줄곧 그곳에 머물렀던 사람들은 12월 혹은 1월에 이미 혁명의 기운이 쇠하고 있음을 직감했을 것이다. 하지만 영국에서 막 도착한 사람에게 바르셀로나의 상황은 놀랍고 경이로웠다. 난생처음 나는 노동자 계급이 권력을 잡은 도시를 봤다. 크고 작은 모든 건물들이 노동자 계급의 수중에 들어갔고 건물마다 붉은 깃발이나 붉은색과 검은색이 섞인 무정부주의자들의 깃발이 걸려 있었다. 벽이란 벽에는 모두 망치와 낫[1]이 그려져 있었고 혁명 정당을 지칭하는 머리글자들이 적혀 있었다. 대부분의 교회는 내부가 부서졌고 성상들도 불타 버렸다. 일대의 교회들이 노동자 집단들에게 조직적으로 파괴됐다. 상점과 카페에는 집산화됐다는 안내문이 붙어 있었다. 심지어 구두닦이 점포마저도 집산화돼 구두닦이 통에조차 붉은색과 검은색이 칠해져 있었다. 식당 종업원과 상점 관리자들은 손님을 똑바로 쳐다보며 자신과 동등한 지위에 있는 사람으로 대했다. 굽실거리는 말투

1) 구소련 국기와 공산주의를 상징함.-역자주

는 물론 의례적인 말투마저도 한동안 찾아볼 수 없었다. 아무도 '세뇨르'나 '돈,' 심지어 '우스테드'[2]라는 말을 쓰지 않았다. 상대방은 '동지'와 '당신'이라고 불렀고, 인사할 때는 '부에노스 디아스' 대신에 '살루드!'라고 말했다.[3] 프리모 데 리베라[4]가 집권한 이래로 팁을 주는 행위는 법으로 금지됐는데, 이와 관련된 내 첫 경험은 엘리베이터 보이에게 팁을 주려다가 호텔 지배인에게 일장 설교를 들은 것이었다. 자가용은 모두 징발돼 개인 소유의 자가용이 전무했고, 모든 전차와 택시 그리고 그 외의 상당수 운송수단에도 붉은색과 검은색이 칠해져 있었다. 선명한 붉은색과 푸른색을 띤 혁명 포스터들이 온갖 벽에 불타오르듯 붙어 있었고, 그 때문에 그나마 남아 있던 광고 포스터들이 진흙을 덕지덕지 발라 놓은 것처럼 볼품사납게 보였다. 바르셀로나의 중심대로인 람블라 거리는 오가는 사람들로 하루 종일 북적거렸고 확성기에서 혁명가가 밤낮 가리지 않고 요란하게 흘러나왔다. 그러나 가장 특이한 점은 사람들의 인상착의였다. 겉으로 보기에 이곳은 부유한 계급이 더는 존재하지 않는 도시였다. 소수의 여성과 외국인을 제외하고 '옷을 잘 차려 입은' 사람이 없었다. 모두가 투박한 노동자 계급의 옷, 즉 푸른색 작업복이나 약간 변형을 가한 의용군 군복

---

2) '세뇨르', '돈', '우스테드'는 경칭임.-역자주

3) '부에노스 디아스'는 '안녕하세요'라는 격식체 인사말이고, '살루드'는 '안녕'이라는 비격식체 인사말이다.-역자주

4) 에스파냐의 군인으로 1923년 무혈 쿠데타를 일으켜 1930년까지 에스파냐를 지배한 군부 독재자.-역자주

을 입었다. 이 모든 것이 내게는 기이하고 감동적이었다. 이해가 안 되는 점도 많고 심지어 마음에 들지 않은 점도 있었지만 싸워 쟁취할 만한 상황이라는 걸 곧바로 깨달았다. 또한 모든 것이 보이는 그대로라고 믿었다. 이곳이야말로 노동자의 국가이고, 부르주아 계급은 도망갔거나 살해됐거나 자발적으로 노동자 편에 섰다고 생각했다. 그때 나는 상당수 부유한 부르주아들이 그저 순간을 모면하기 위해 납작 엎드린 채 프롤레타리아로 가장하고 있다는 사실을 꿈에도 생각지 못했다.

전쟁 중임을 직감할 수 있는 흉흉한 기운도 감돌았다. 도시는 삭막하고 어수선했으며 도로와 건물은 제대로 보수가 돼 있지 않았다. 밤거리는 공습에 대한 두려움 때문에 어두침침했으며 상점들은 대부분 허름했고 비치해 놓은 물건도 얼마 없었다. 고기가 귀했고 우유는 구할 수조차 없었으며 석탄과 설탕과 석유가 부족했고 빵은 심각할 정도로 부족했다. 이 시기에도 빵을 구하려는 줄이 수백 미터나 이어지곤 했다. 그러나 사람들이 만족스러워하고 희망에 부풀어 있음을 누구든 알 수 있었다. 실업자가 없었고 생활물가가 여전히 아주 낮았다. 눈에 띄게 극빈한 사람도 거의 없었고 집시를 제외하면 거지는 아예 없었다. 무엇보다도 사람들은 혁명과 미래를 믿었고 평등과 자유의 시대가 불쑥 찾아왔다고 느꼈다. 인간들은 자본주의라는 기계의 톱니로서가 아니라 인간으로서 행동하려고 애썼다. 이발소에는 이발사들이 더는 노예가 아님을 밝히는 무정부주의자들의 공고문이 붙어 있었다(이발사들은 대개 무정부주의자였다). 거리에는 매춘부들에게 매춘하지 말라고 호소하는 컬러 포스터들이 여기저기 나붙어 있었다. 매정하고 냉소적인 문명에 속한 영어권 사람들에게는 이런 진부한 혁명 문구를 믿는 이상주의적인 스페인 사람들이 다소 딱해 보였다. 당시에는 혁명 시가(詩歌)를 거리에서 편당 몇 푼에 살 수 있었다. 순진하기 짝이 없는, 하나같이 프롤레타리아의 형제애와 무솔리니의 사악함에 관한 것이었다. 글을 잘 모르는 의용병이 이런 시가를 사는 것을 종종 봤는데, 한 편 사서는 또박또박 힘겹게 읽은 뒤 그 뜻이 이해되면 적당한 곡조에 맞춰 노래를 부르곤 했다.

나는 줄곧 레닌 병영에 머물렀다. 표면상으로는 전선에 가기 위해 훈련을 받고 있었다. 의용군에 입대했을 때 바로 다음날 전선으로 보내질 것이라는 말을 들었지만 실은 센투리아[5]가 새로 조직될 때까지 기다려야 했다. 전쟁 초기에 노동조합들이 다급하게 모집한 노동자 의용군은 그때까지도 일반 군대와 같은 조직 형태를 갖추지 못했다. 지휘 체계를 보면, 삼십여 명으로 구성된 반(班)[6]과 백여 명으로 구성된 센투리아가 있었고, 그 위로 인원이 많다 싶으면 종대(縱隊)로 편제됐다. 레닌 병영은 멋진 석조 건물 단지였고 그 안에 승마학교와 자갈이 깔린 널찍한 마당들이 있었다. 7월 전투에서 빼앗았는데, 그 이전에는 기병대 병영으로 사용됐다. 내가 속한 센투리아는 마구간에서 잠을 잤다. 위에 돌로 만

5) 백인부대라고도 하며, 고대 로마 군대의 최소 단위이기도 함.-역자주

6) 소대보다 작고 분대보다 큰 단위이며, 보통 8-20명 정도로 구성됨.-역자주

든 여물통들이 있었고 그 여물통에는 군마들의 이름이 새겨져 있었다. 말은 모두 잡아서 전선으로 보냈건만 곳곳에서 말 오줌 냄새와 썩은 귀리 냄새가 진동했다. 나는 일주일가량 병영에 머물렀다. 말 냄새, 어설픈 집합 나팔소리(나팔수들이 모두 아마추어였다. 내가 제대로 된 스페인 집합 나팔소리를 처음 들은 것은 파시스트 진영 밖에서였다), 연병장에서 저벅저벅 소리를 내던 징 박은 군화, 겨울 햇살 아래서 장시간 지속되던 아침 열병식, 자갈 덮인 승마학교에서 오십 명씩 편먹고 격렬하게 맞붙어 하던 축구 경기 등이 주로 기억난다. 병영에는 남자가 천 명가량, 취사를 맡은 의용병 아내들을 제외하고 여자가 스물 남짓 있었다. 많지는 않았지만 여자 의용병도 아직 있었다. 초기 전투에서 여자들은 남자들과 나란히 싸웠고 이는 당연했다. 이런 모습이 혁명기에는 이상할 게 전혀 없건만. 그러나 이미 생각이 변하고 있었다. 여자 의용병들이 승마학교에서 훈련을 받을 때는 남자 의용병들이 그곳에 출입할 수 없었는데, 여자들을 비웃어 사기를 저하시켰기 때문이다. 몇 달 전만 해도 여자가 총 다루는 걸 아무도 우스꽝스럽게 여기지 않았을 텐데.

병영 전체가 쓰레기장이요 난장판이었다. 의용군이 점령하기만 하면 건물은 늘 그렇게 변했는데, 그게 혁명의 부산물 정도 되는가 싶다. 박살난 가구, 부서진 안장, 기병대의 황동 투구, 빈 칼집, 썩어 가는 음식 등 구석구석이 쓰레기더미였다. 음식, 특히 빵 낭비가 엄청났다. 우리 내무반에서만 해도 끼니마다 쓰레기통에 처박히는 빵이 한 양동이나 됐다. 민간인들은 빵이 부족해서 난리인데, 참으로 낯부끄러운 일이었다. 우리는 긴 가대식 탁자에 앉아 식사를 했다. 기름으로 늘 반질반질한 양철 접시에 음식을 담아 먹었고, 포론이라고 불리는 고약한 유리병에 음료를 담아 마셨다. 포론은 뾰족한 주둥이가 달린 유리병으로, 병을 기울일 때마다 주둥이에서 포도주가 가느다랗게 뿜어져 나온다. 그 때문에 입에서 약간 거리를 두고, 즉 입을 대지 않고 마실 수 있어서 여러 사람이 주거니 받거니 할 수 있다. 사람들이 포론으로 마시는 걸 보자마자 나는 그런 것으로 마실 수 없으니 다른 컵을 달라고 요구했다. 내 눈에 포론은, 특히 백포도주가 가득 들어있을 때, 병실 오줌통처럼 보였다.

점진적으로 신병들에게 군복이 지급됐다. 이곳 스페인에서는 모든 것이 일괄적으로 지급되는 법이 없었고, 그 때문에 누가 무엇을 받았는지 확실히 아는 경우가 없었다. 허리띠, 탄약상자 등처럼 우리에게 가장 필요한 물품은 마지막 순간, 기차가 우리를 전선으로 싣고 가기 위해 대기하고 있는 그 순간에야 지급됐다. 내가 의용군 군복이라고 말하니까 이를 오해할 수도 있을 것 같다. 정확히 말해서 의용군 군복은 유니폼이라고 할 수 없었다. 차라리 '멀티폼'이라고 부르는 게 더 적절하다. 병사들의 옷은 동일한 일반 방침을 따랐지만 어떤 경우에도 동일하지 않았다. 실제로 모든 병사들은 무릎 기장의 코듀로이 반바지를 착용했지만 같은 점이라곤 그것이 전부였다. 각반도 천차만별이라, 누구는 감는식 각반, 누구는 단추식 코듀로이 각반, 누구는 정강이받이, 누구는 목이 높은 군화를 착용했다. 모두가 지퍼 달린 재킷을 입었지만 누구는 가죽, 누구는 모직을 입었고 색상도 가지가지였다. 군모도 병사마다 달랐다. 일반적으로 모자 앞쪽에 정당 배지를 달았고 너나 할 것 없이 목 주위에 붉은색이나 붉은색과 검은색이 섞인 손수건을 매고 다녔다. 당시 의용군 종대는 기가 찰 정도로 오합지졸이었다. 어찌 됐든 군복은 여기저기 공장에서 허겁지겁 생산되는 대로 지급돼야 했고 당시 상황을 감안하면 질이 그다지 나쁘지는 않았다. 그러나 셔츠와 양말은 보온성이 현저히 떨어지는 형편없는 면제품이었다. 하물며 뭣 하나 제대로 체계가 안 잡혀 있던 초기 몇 달 동안 도대체 의용병들이 무슨 일을 겪었을지 생각하기조차 끔찍하다. 불과 두 달 전에 우연히 신문에서 본 기사가 생각나는데, 마르크스주의통일노동자당[7]의 어느 지도자가 전선을 방문한 후에 '각 의용병에게 담요 한 장은 돌아갈 수 있도록' 애쓰겠다고 말했다. 참호에서 자 본 적이 있는 사람이라면 몸서리치고도 남을 말이 아닌가.

병영에서 이틀째 되던 날, 소위 '교육'이라는 웃기지도 않는 일이 시작됐다. 처음엔 혼란의 도가니였다. 신병들은 대개 바르셀로나 뒷골목 출신의 열여섯 내지 열일곱 된 사내아이들이었고, 혁명에 대한 열정은 충만했지만 전쟁이란 것이 무얼 뜻하는지 완전히 무지했다. 심지어 한 줄로 세우기도 버거웠다. 규율 자체가 존재하지 않았다. 명령이 마음에 들지 않으면 대열에서 빠져나와 장교와 한바탕 언쟁을 벌이기까지 했다. 우리의 교육을 맡은 중

7) Partido Obrero de Unificatión Marxista-저자주

위는 건장한 체구에 얼굴은 다소 앳돼 보이는 친절한 젊은이였다. 정규군 장교 출신이었는데, 그 티가 아직 그대로 남아 있어 언행에 힘이 있고 군복이 깔끔했다. 신기하게도 그는 성실하고 열렬한 사회주의자였다. 심지어 부하들보다 더 강력하게 군대 내 완전한 사회적 평등을 주장했다. 어느 무지한 신병이 그에게 '세뇨르'라고 부르자 그가 화들짝 놀라면서 언짢아하던 모습이 기억난다. 그때 그는 "뭐! 세뇨르라고! 도대체 누가 날 세뇨르라고 불렀나? 우리는 모두 동지가 아닌가?"라고 말했다. 하지만 그러한 태도가 그의 업무 수행에 조금이라도 도움이 됐는지는 가히 의심스럽다. 한편, 풋내기 신병들은 자신들에게 보탬이 될 만한 군사 훈련을 전혀 받지 못했다. 내가 듣기로 외국인은 '교육'(스페인 사람들은 외국인이 자신들보다 군 관련 문제에 대해 더 잘 알 것이라는 한심하기 짝이 없는 믿음을 가지고 있었다)에 참여할 의무가 없었다. 당연히 나는 다른 이들과 함께 훈련을 받았다. 기관총 사용법을 무척 배우고 싶었다. 그때까지 한 번도 다뤄 볼 기회가 없었으니까. 그러나 실망스럽게도 무기 사용에 관해서는 전혀 배우지 않는다는 사실을 알았다. 그 교육이란 것은 고루하기 짝이 없고 멍청하기 그지없는 연병장 훈련이었다. 우향우, 좌향좌, 뒤로 돌아, 차렷 자세로 3열 종대 행진 등, 내가 열다섯 살 때 배운 아무짝에 쓸모없는 것들이었다. 그게 게릴라 군대를 위한 훈련이라니, 어안이 벙벙할 따름이었다. 군인을 훈련시킬 날이 며칠밖에 없다면 전쟁터에서 가장 필요한 기술부터 가르쳐야 하지 않는가. 지형지물을 이용해 숨는 법, 탁 트인 지형에서 진군하는 법, 보초서는 법, 흉벽 짓는 법, 그리고 무엇보다 자신이 소지한 무기를 사용하는 법 등등. 그러나 며칠 지나면 전선으로 내던져질, 열정만 가득한 그 어린 병사들은 소총 쏘는 방법이나 수류탄 핀 뽑는 방법조차 배우지 못했다. 지급할 무기가 없어서 그랬다는 걸 당시 나는 파악하지 못했다. 통일노동자당 의용군의 경우 소총 부족이 극심했기 때문에 새로 조직된 부대는 전선에 도착해서야 교대할 부대에게서 소총을 받았다. 내 생각에 레닌 병영 전체에도 보초병들이 사용하던 것 외에 소총은 전무했다.

며칠 후 우리는 사람들 앞에 모습을 드러낼 만한 수준이 됐다고 여겨져 아침마다 에스파냐 광장 너머 언덕에 위치한 공원까지 행군했다. 누가 봐도 오합지졸 티를 전혀 벗지 못했는데도 말이다. 꽃밭들로 가득한 그곳은 기총병대[8]와 새로 조직된 인민군의 첫 파견대 그리고 모든 정당 의용군들의 공동 연병장이었다. 공원에서 행군이라니, 생소하고 고무적인 광경이었다. 분대, 중대 가릴 것 없이 병사들은 잘 가꾼 꽃밭들 사이사이로 난 좁은 길과 골목길을 한 곳도 빠짐없이 누비고 다녔다. 몸을 꼿꼿이 세우고 가슴을 힘껏 내민 채, 군인처럼 보이려고 안간힘을 쓰면서 말이다. 하나같이 비무장 상태였으며, 군복이 여기저기 찢어져 누더기 같았음에도 그마저 제대로 갖춰 입은 이는 아무도 없었다. 순서는 늘 비슷했다. 우선 세 시간 동안 왔다갔다 반복하며 의기양양하게 행군한(스페인 군대의 행군 발동작은 매우 짧고 빠르다)

8) 카빈총으로 무장한 기병대.-역자주

후, 잠시 휴식시간을 갖기 위해 대열을 해체했다. 그러면 목이 말라 언덕 중턱에 위치한 작은 식료품 가게로 우르르 몰려가서 아우성치며 값싼 포도주를 샀다. 모두 나에게 매우 친절했다. 영국인이라는 이유로 나는 호기심의 대상이었고, 기총병대 장교들은 나를 대단한 인물로 여겨 내게 음료수를 사 주었다. 한편 나는 우리 중위와 독대할 때마다 기관총 사용법을 가르쳐 달라고 안달복달했다. 나는 휴고 스페인어 사전을 주머니에서 꺼내서 나의 극악한 스페인어로 말하곤 했다.

"요 세 마네자르 푸실. 노 세 마네자르 아메트라야도라. 키에로 아프렌데르 아메트라야도라. 쿠안도 바모스 아프렌데르 아메트라야도라?"[9]

그는 항상 지친 기색이 역력한 미소를 지으며 '마냐나'[10]에 기관총 교육이 있을 것이라고 약속했다. 말할 필요도 없이 마냐나는 결코 오지 않았다. 며칠 지나자 신병들은 발 맞춰 걸을 줄도, 민첩하게 벌떡 차려 자세를 취할 줄도 알게 됐지만, 소총의 어느 쪽 끝에서 총알이 나오는지 안다면 그게 그들이 아는 전부였다. 어느 날 무장한 기총병이 잠시 쉬고 있는 우리 쪽으로 걸어와서는 우리에게 자기 총을 살펴볼 수 있게 해 주었다. 우리 반(班)을 통틀어 나를 제외하고는 아무도 목표물을 조준하는 방법은커녕 총을

9) 난 소총 다룰 줄 안다. 기관총은 다룰 줄 모른다. 기관총 배우고 싶다. 언제 기관총 배울 수 있나?-역자주

10) '곧' 또는 '내일'이란 뜻의 스페인어.-역자주

장전하는 법조차 몰랐다.

그 와중에 나는 늘 스페인어 때문에 진땀을 뺐다. 병영에 영국인은 나를 빼면 단 한 명밖에 없었고 심지어 장교들조차 프랑스어를 전혀 몰랐다. 게다가 동료들은 카탈루냐어로 대화를 나눴기 때문에 고충이 이만저만 아니었다. 잘 어울리려면 어디를 가든 소사전을 갖고 다니면서 위기의 순간에 잽싸게 주머니에서 꺼내 보는 수밖에 없었다. 하지만 외국인으로 살기는 여느 다른 나라보다 스페인이 차라리 낫다. 스페인에서는 친구 사귀기가 얼마나 쉬운가! 하루 이틀 만에 수십 명의 동료 의용병들이 나를 친구처럼 성을 빼고 이름만 불렀고, 일하는 방법을 가르쳐 주었고, 당황스러울 정도로 반갑게 맞아 주었다. 물론 지금 나는 선전용 책자를 쓰는 것이 아닐뿐더러 통일노동자당 의용군을 털끝만큼도 이상화할 생각이 없다. 통일노동자당의 의용군 체계는 전체적으로 심각한 결점이 있었다. 병사들도 잡다한 무리에 불과했는데, 의용병 지원자 수가 감소하는 추세였고 우수한 병사들은 대부분 이미 전선에 있거나 전사했기 때문이다. 아무짝에 쓸모없는 이들이 번번이 끼어 있었다. 열다섯 살 먹은 사내아이들은 부모의 손에 이끌려 입대했다. 의용병에게 일당으로 지급되는 10페세타[11]를 받을 수도 있고 풍족하게 지급되는 빵을 집으로 빼돌릴 수도 있었기 때문이며, 이런 속내를 감추는 이도 없었다. 하지만 나처럼 스페인 노동자들—아라곤과 안달루시아 출신의 몇몇 사람들을 제외하면

11) 유로화로 통일되기 이전의 스페인 화폐단위.-역자주

나는 카탈루냐 사람들과만 어울렸으니까 카탈루냐 노동자들이라고 말하는 게 정확할 것 같다—틈에 끼어 지낸 사람치고 품위 빼면 시체나 다름없는 그들에게 감명 받지 않을 이는 없을 것이다. 솔직함과 관대함은 특히 더 대단하다. 스페인 사람들의 관대함이란, 그 낱말이 지닌 일상적인 의미에서, 가끔은 당황스럽기까지 하다. 담배 한 개비를 부탁하면 아예 한 갑을 쥐어 줄 정도니 더 말해 뭣 하겠는가. 이런 차원을 넘어선 더 심오한 의미의 관대함 즉 바다처럼 넓은 마음도 있는데, 나는 이런 관대함을 결코 그럴 수 없을 것 같은 상황에서 자주 경험했다. 내전 당시 스페인을 여행했던 기자와 외국인 가운데 스페인 사람들이 보이지 않는 곳에서는 외국 원조를 몹시 시샘했다고 공공연히 말하던 이들이 있었다. 하지만 단언하건대 나는 그와 엇비슷한 것조차 본 적이 없다. 내가 병영을 떠나기 며칠 전 일단의 병사들이 휴가를 얻어 전선에서 돌아왔던 게 기억난다. 그들은 자신들의 경험담을 왁자지껄 떠들어댔고 우에스카에서 바로 옆 진영에 있던 몇몇 프랑스 부대들에 대해 완전히 열광했다. 그들은 프랑스인들이 대단히 용감하다고 말했다. 심지어 그것도 모자라서 "마스 발리엔테스 케 노소트로스" 즉 "우리보다 용감해!"라고 신이 나서 칭찬을 하는 게 아닌가. 물론 나는 그 의견에 이의를 제기했고, 이에 그들은 프랑스인들이 전쟁 기술에 더 박식하다고 해명했다. 폭탄, 기관총 따위에 대해 자신들보다 더 전문가라는 것이었다. 어쨌든 이런 발언은 의미심장했다. 영국인이라면 그렇게 말하느니 차라리 자신의 손모가지를 잘라 버렸을 테니까.

의용군에 복무한 외국인은 예외 없이 첫 몇 주 동안은 스페인 사람들을 사랑하는 법을 배웠고 그와 동시에 그들의 몇몇 기질에 화를 내느라 정신없었다. 전선에서 나는 화가 머리 꼭대기까지 치민 적도 있었다. 스페인 사람들은 잘하는 게 많았지만 전쟁만큼은 그러질 못했다. 외국인들은 하나같이 그들의 비효율성에 치를 떤다. 특히 시간관념은 사람을 미치게 할 정도다. 외국인이라면 누구든 배우지 않고 지나칠 수 없는 스페인 단어가 바로 내일이란 뜻의 마냐나(글자 그대로는 '아침'이란 뜻)다. 오늘 할 수 있을 것 같은 일도 꼭 마냐나로 연기된다. 어찌나 악명이 높은지 스페인 사람들조차도 이를 두고 농담을 할 지경이다. 스페인에서는 식사든 전투든 그 어떤 것도 약속된 시간에 일어나는 법이 없다. 뭐든 정해진 시간보다 훨씬 늦춰지는 것이 일반적이다. 하지만 늦어질 거라고 철석같이 믿다가 큰 코 다칠 수 있다고 경고라도 하듯, 정말 가끔씩은 또 너무 일찍 일어난다. 예를 들어 8시 출발 기차는 대개 9시와 10시 사이에 아무 때나 출발하지만, 일주일에 한 번 정도는 기관사의 변덕 때문에 7시 반에 떠난다. 그런 일들이 약간 짜증스러울 수도 있다. 내 경우에 이론상으로는 우리 북부인의 시간 노이로제로부터 자유로운 스페인 사람들이 차라리 존경스럽다. 하지만 안타깝게도 나 자신이 북부인인 것은 어쩔 도리가 없는가 보다.

끝없는 소문과 마냐나와 지연 후, 우리는 난데없이 두 시간 내로 전선으로 출발하라는 명령을 받았다. 아직 장비가 상당부분 지급되지 않은 상태였다. 병참창고에서 한바탕 난리가 났다. 그러나 끝내 많은 병사들이 장비를 완비하지 못한 채 출발해야 했다. 병영에는 순식간에 땅에서 불쑥 솟아난 듯이 여자들로 벅적댔고, 그들은 전장에 나가는 남자들이 담요를 말고 배낭을 싸는 걸 도왔다. 창피하게도 나는 젊은 스페인 여자한테서 내 새 가죽 탄약 상자를 몸에 두르는 법을 배워야 했다. 나를 빼면 유일했던 영국인 의용병 윌리엄의 아내였다. 온화하고 눈동자가 검었으며 요람 흔드는 걸 평생의 업으로 삼을 것 같은 아주 여성스러운 여자였다. 그러나 겉보기와 달리 7월 시가전에서 용감히 싸운 여장부였다. 당시 임신 중이었는데, 전쟁 발발 후 열 달 지나 아기가 태어난 걸로 봐서 바리케이드 뒤에서 출산했을 것이다.

기차는 8시에 출발할 예정이었다. 기진맥진하고 땀으로 범벅된 장교들이 간신히 우리를 병영 광장에 집결시킨 것은 8시 10분쯤 됐을 때였다. 나는 횃불로 환히 밝혀진 그 광경을 생생하게 기억한다. 난리법석과 흥분. 횃불 속에서 휘날리던 붉은 깃발. 등에 배낭을 짊어지고 둘둘 만 담요를 탄띠처럼 어깨에 둘러맨 의용병 대열. 함성 소리 그리고 군화와 양철 접시가 달그락대는 소리. 엄청나게 큰 쉿 소리와 그로 인해 비로소 잠잠해진 장내. 펄럭거리는 붉은 현수막 아래 서서 카탈루냐어로 연설을 하던 어느 정치위원. 마침내 우리는 역으로 가라는 행군 명령을 받았고, 도시 전체에 우리를 선보이기 위해 5, 6킬로미터나 되는 가장 긴 경로로 우회해 행군했다. 람블라 거리에서는 어디서 융통해 왔는지 악단이 혁명가를 연주하고 있었고, 몇 곡의 연주가 끝날 때까지 우리는 잠시 멈춰 서 있었다. 다시 한 번 전쟁 영웅들을 위한 일련의 일들이 반복됐다. 함성과 열광. 도처에서 휘날리는 붉은색 깃발 그리고 붉은색과 검은색 깃발. 우리를 보러 떼 지어 거리로 몰려든 다정다감한 군중. 창문에서 손을 흔드는 여자들. 그때는 그 모든 것이 자연스레 보였건만 지금은 왜 이리 아득하기만 하고 실재가 아닌 것처럼 느껴지는 걸까! 기차는 병사들로 대만원을 이뤄서 좌석은 물론 바닥조차 빈틈이 거의 없었다. 기차가 떠나기 직전 윌리엄의 아내가 플랫폼으로 황급히 뛰어와서 우리에게 포도주 한 병과 선홍색 소시지를 주었다. 비누 맛이 나고 설사를 일으키기 십상인 대략 30센티미터 길이의 소시지였다. 기차는 카탈루냐에서 서서히 빠져나가 아라곤 고원으로 향했다. 전시에는 흔히 그렇듯 시속 20킬로미터도 안 되는 속도로 느릿느릿.

2장

바르바스트로는 전선에서 멀리 떨어져 있었음에도 을씨년스럽고 흉물스레 보였다. 남루한 군복 차림의 의용병들이 삼삼오오 떼를 지어 거리를 배회했고 몸을 따뜻이 하려고 안간힘을 썼다. 허물어져가는 어느 담벼락에는 '잘생긴 황소 여섯 마리'가 이러이러한 날에 투우장에서 죽게 될 것이라고 호언하는 지난해 포스터가 붙어 있었다. 빛바랜 포스터가 얼마나 허망해 보이던지! 잘생긴 황소들과 멋진 투우사들은 모두 어디로 사라졌는가? 당시에는 바르셀로나에서조차 투우 경기를 보기 힘든 것 같았다. 무슨 이유에서인지 최고의 투우사들은 모두 파시스트였다.

우리 중대는 대형트럭에 실려 시에타모로 갔고, 그곳에서 사라고사의 건너편 전선 바로 뒤에 위치한 알쿠비에레를 향해 서쪽으로 이동했다. 시에타모는 무정부주의자들이 10월에 점령하기까지 세 번의 전투를 치렀다. 군데군데가 포격으로 완전히 박살났고 집들은 대부분 총탄에 맞아 구멍이 숭숭 나 있었다. 우리는 해발 450미터 지점에 다다랐다. 지독하게 추웠고 짙은 안개가 난

데없이 소용돌이치며 다가왔다. 시에타모에서 알쿠비에레로 가는 도중에 트럭 운전사가 길을 잃은 탓에(전쟁에서 흔히 있는 일이었다) 우리는 안개 속에서 몇 시간이나 헤맸다. 알쿠비에레에 도착했을 때는 이미 한밤중이었다. 누군가의 안내를 받아 진흙탕을 지나 노새 외양간에 다다랐고 그곳에 쌓여 있는 왕겨 속에 몸을 파묻고는 곯아떨어졌다. 왕겨는 깨끗하기만 하면 잠자리로 그리 나쁘지 않고, 건초에 미치지는 못하지만 지푸라기보다 낫다. 그런데 아침 햇살에 눈을 뜨고 보니 왕겨에 빵부스러기, 찢어진 신문, 뼈, 죽은 쥐, 삐죽삐죽한 우유깡통 등이 잔뜩 뒤섞여 있었다.

드디어 전선 문턱이었다. 경험을 통해 알게 된 전쟁 특유의 냄새, 즉 분뇨와 썩어 가는 음식 냄새가 코를 찌를 정도로 전선에서 가까운 곳이었다. 알쿠비에레는 폭격을 받은 적이 없었고 전선 바로 뒤에 위치한 마을치고 상태가 괜찮은 편이었다. 하지만 평화 시에 여행한다 치더라도 아라곤 마을들 특유의 더럽고 비참한 몰골에 소스라치지 않을 사람은 아마 없을 것이다. 요새처럼 지어진 마을에는 교회를 중심으로 진흙과 돌로 된 작고 꾀죄죄한 집들이 빼곡히 들어차 있고, 봄이 와도 꽃을 구경하기 힘들다. 집에는 정원이란 걸 찾아볼 수 없고, 대신 볼품사나운 닭들이 여기저기 널린 노새 똥 위로 뒹구는 뒷마당만 있을 뿐이다. 날씨가 어찌나 고약하던지 안개가 끼지 않으면 비가 왔다. 좁은 흙길은 온통 진흙탕으로 변했고, 5, 60센티미터까지 깊게 패인 곳도 군데군데 있었다. 이 때문에 트럭들은 헛바퀴를 돌리며 안간힘을 썼고, 농부들은 노새와 함께 힘겹게 수레를 끌었다. 끈 하나에 노새 여섯 마리가 묶여 있을 때도 있었는데, 항상 일렬로 서서 수레를 잡아당겼다. 쉼 없이 오가는 군대 때문에 마을은 뭐라 말할 수 없을 정도로 지저분했다. 변소나 하수구 엇비슷한 것조차 없었다. 아니 애당초 그런 게 없는 곳이었다. 마음 놓고 발을 내디딜 만한 땅이 아무데도 없었다. 교회는 오래 전부터 공중변소로 사용됐고, 4백여 미터가량에 이르는 주변 들판들도 모두 그랬다. 전쟁에서의 첫 두 달을 생각하면 휑하니 그루터기만 남은 겨울 들판과 그 가장자리를 뒤덮은 말라비틀어진 똥 무더기가 여지없이 떠오른다.

이틀이 지났지만 소총은 지급되지 않았다. 코미테 데 게라[12]에 가서 벽에 난 구멍들을 살펴봤다면 알쿠비에레를 전부 둘러봤다고 해도 과언이 아니다. 그 구멍들은 다수의 파시스트들을 소총의 일제 사격으로 처형하면서 생긴 것이었다. 전선은 잠잠한 게 분명했다. 실려 오는 부상자가 거의 없었으니까. 파시스트 탈영병들이 감시를 받으며 전선에서 후송돼 오면 다들 야단법석을 떨었다. 사실 이쪽 전선에서 우리 반대편에 있는 부대 대다수는 파시스트가 아니었다. 단지 전쟁이 발발했을 때 군 복무 중이어서 전쟁터에 끌려 나올 수밖에 없었던 불쌍한 병사들이었다. 그러니 도망가고 싶은 마음이 굴뚝같았을 것이다. 간혹 삼삼오오 무리를 지은 병사들이 위험을 무릅쓰고 우리 진영으로 넘어왔다. 가족이나 친척이 파시스트 점령지에 있지 않았더라면 당연히 더 많은 병사들이 그런 위험을 감수했을 것이다. 이런 탈영병들이 내가 처음

---

12) 전쟁위원회를 뜻하는 스페인어.-역자주

만난 '진짜' 파시스트였다. 몸에 걸친 카키색 작업복만 빼면 그들은 우리와 다를 게 하나 없다는 생각이 불현듯 떠올랐다. 그들은 도착했을 때 늘 아사 직전이었다. 하루 이틀을 중립지대에서 이리저리 숨어 다닌 후였으니 당연한 노릇이었지만 이를 두고 우리 진영은 파시스트 부대들이 기아에 허덕인다는 증거라고 의기양양 떠들어댔다. 나는 한 탈영병이 농가에서 음식을 먹는 걸 봤다. 왠지 모를 측은함이 밀려왔다. 얼굴이 바람에 몹시 까칠해지고 누더기나 다름없는 옷을 입은 스무 살 난 키 큰 청년이었는데, 난롯가에 웅크리고 앉아 작은 접시에 담긴 스튜를 미친 듯이 퍼먹었다. 그런 와중에도 빙 둘러서서 자기를 지켜보는 일단의 의용병들을 불안한 눈빛으로 두리번거렸다. 우리가 피에 굶주린 '빨갱이'고 식사를 마치자마자 자기를 총으로 쏴 죽일지 모른다는 생각을 그때까지도 완전히 떨쳐 버리지 못했던 것 같다. 그를 감시하던 무장병은 연신 그의 어깨를 토닥거리면서 안심될 만한 이야기를 해 주었다. 탈영병 열다섯 명이 한 무리를 지어 넘어온 날은 가히 기념할 만했다. 백마 탄 남자를 선두로 그들은 기세등등하게 마을을 한 바퀴 돌았다. 나는 다소 흐릿하게 나오긴 했지만 용케 사진 한 장을 찍었다. 나중에 도둑을 맞았지만.

알쿠비에레에서 사흘째 되던 날 아침, 소총이 당도했다. 거칠고 검누런 얼굴을 한 병장이 노새 외양간에서 소총을 나눠 주었다. 내게 지급된 소총은 충격과 실망 그 자체였다. 1896년에 생산된 독일산 모제르였다. 40년도 더 된 총이라니! 녹이 쓴데다가 노리쇠는 빽빽했고 목재 총신 받침에 금이 가 있었다. 언뜻 총구만 봐도 부식이 심해서 고쳐 쓸 수조차 없단 걸 알 수 있었다. 대부분이 하나같이 상태가 안 좋았고 일부는 훨씬 심각했을 뿐만 아니라 사용법을 아는 사람에게 그나마 제일 좋은 것을 주려는 노력조차 없었다. 10년밖에 묵지 않은 가장 좋은 소총을 열다섯 살 난, 그것도 모두에게 마리콘[13]으로 알려진 얼빠진 어린놈에게 주었으니. 병장은 우리에게 5분간 '교육'을 실시했는데, 소총에 장전하는 법과 노리쇠를 분해하는 법을 설명한 게 고작이었다. 많은 의용병들이 총을 손에 쥐어 본 적도 없었으니 가늠쇠가 뭐에 쓰는 것인지 아는 이가 과연 몇 명이나 됐겠는가. 탄약통이 일인당 쉰 개씩 지급됐고, 그런 다음 대오를 꾸리고 등에 군장을 매고 5킬로미터가량 떨어진 전선으로 출발했다.

병사 팔십 명과 개 몇 마리로 이루어진 센투리아는 들쑥날쑥한 대열로 길을 따라 구불구불 행군했다. 의용군 각 종대에는 개가 최소 한 마리씩 마스코트로 배속돼 있었다. 우리와 함께 행군했던 그 가련한 짐승은 P.O.U.M[14]이란 낙인이 큼직하게 찍혀 있었고 자기 외모에 무슨 문제라도 있는 듯 슬금슬금 따라왔다. 종대 선두에는 건장한 체구의 벨기에 출신 지휘관인 조르주 콥이 붉은 깃발 옆에서 검은 말을 타고 가고 있었다. 그보다 조금 앞쪽에서는 의용군 기병대에서 온 산적처럼 생긴 한 젊은이가 말을 타고 이리저리 뛰어다녔는데, 둔덕이 보이기만 하면 정상까지 냅다

13) 계집애 같은 사내아이라는 뜻의 스페인어.-역자주

14) 통일노동자당의 약칭.-역자주

질주해 가서는 한 폭의 그림 같은 자세를 취하곤 했다. 스페인 기병대의 빼어난 말들은 혁명기간에 대거 포획돼 의용군에게 인도됐고, 으레 의용병들은 말들이 죽어 나자빠질 정도로 몰아댔다.

지난해 추수 후 방치된 누렇고 척박한 들판 사이로 도로가 구불구불 나 있었다. 우리 앞쪽에는 알쿠비에레와 사라고사를 가르는 낮은 산이 펼쳐졌다. 전선에, 즉 폭탄과 기관총과 흙탕물에 점점 가까워지고 있었다. 나는 내심 두려웠다. 전선이 잠잠한 줄은 알았지만 내 주변 사람들과 달리 나는 제1차 세계대전을 기억할 만큼 나이를 먹었다. 직접 참전했을 만큼은 아니지만. 내게 전쟁은 굉음을 내는 포탄과 스쳐 지나가는 쇳조각들을 뜻했다. 그러나 무엇보다도 전쟁은 흙탕물과 이, 배고픔, 추위를 뜻했다. 기이하게도 나는 적군보다 추위가 훨씬 무서웠다. 바르셀로나에 머무는 동안 줄곧 그랬다. 심지어 밤에는 참호에 있을 추위에 대한 생각으로 잠을 설쳤다. 소름이 오싹 끼치는 새벽녘에 전투 준비 태세를 취하고 있을 때, 얼어붙은 소총을 들고 장시간 보초를 서고 있을 때, 얼음장 같은 흙탕물이 군화 목 위로 넘쳐 들어올 때, 그 살 떨리는 추위란. 나와 함께 행군하는 병사들을 쳐다볼 때도 일종의 공포가 밀려왔음을 인정하지 않을 수 없다. 우리는 양떼에도 훨씬 못 미치는 결집력으로 엉성하게 행군했다. 3킬로미터도 채 가기 전에 이미 종대 후미가 보이지 않았다. 소위 병사라는 사람들의 절반가량이 어린애들이었다. 글자 그대로 기껏해야 열여섯 살이나 되었을까 하는 어린애들. 그럼에도 그들은 전선에 곧 당도하게 될 것이라는 기대에 부풀어 즐거워했고 들떠 있었다. 전선에 가까워지자 선두에 있던 붉은 깃발 주변의 사내애들이 "비스카 포움!"[15], "파시스타스 마리코네스!"[16] 등등 고함을 지르기 시작했다. 호전적이고 위협적으로 보이려고 지른 것이었지만 애들 목청에서 나왔으니 고양이 울음소리처럼 애처롭게 들릴 뿐이었다. 다 낡아빠진 소총을 짊어진, 게다가 그 사용법조차 모르는 누더기를 걸친 어린애들 무리가 공화국의 수호자라니 기가 막힐 노릇이었다. 파시스트 비행기가 우리 위를 지나가기라도 하면 어떻게 될까, 설마 우리 쪽으로 하강해서 기관총으로 사격하는 것조차 귀찮아하진 않을까 하고 의문이 들었던 것이 기억난다. 우리가 진짜 군인이 아닌 것쯤은 상공에서 내려다봐도 충분히 알 수 있지 않았을까?

도로가 산과 맞닿은 지점에 다다랐을 때 우리는 오른쪽으로 꺾었고 산비탈을 에둘러 굽이굽이 난 비좁은 노새 길을 따라 산을 올랐다. 그 스페인 지역 산들은 형상이 기이한데, 넙데데한 정상과 가파른 비탈 그리고 그 아래로 펼쳐지는 거대한 골짜기가 꼭 말굽 모양 같다. 더 높은 곳에 자리 잡은 산비탈에는 왜소한 덤불과 잡초들 외에는 아무것도 자라지 않으며 백골 같은 석회암들이 사방에 삐쭉삐쭉 솟아 있다. 이와 같은 산악 지형 탓에 그곳 전선은 참호들을 따닥따닥 줄지어 구축할 수 없었다. 대신 각각의 산 정상에 요새 같은 초소들을 듬성듬성 세웠고, 이런 초소들은 통

---

15) "통일노동자당 만세!"란 뜻.-역자주

16) "파시스트는 호모!"란 뜻.-역자주

상 '진지(陣地)'로 통했다. 멀리서 보면 말굽처럼 생긴 산꼭대기에 우리 '진지,' 즉 들쑥날쑥한 모래주머니 바리케이드, 휘날리는 붉은 깃발, 방공호에서 불 지피는 연기가 보였다. 그리고 좀 더 가까이 가면 구역질나는 들큼한 악취가 스멀스멀 다가왔다. 그 후 몇 주 동안 그 악취는 내 콧구멍 속을 떠나지 않았다. 진지 바로 뒤 움푹한 구덩이에서 빵부스러기와 분뇨, 녹슨 깡통 등 수개월치의 수북한 쓰레기가 썩고 있었으니 당연하지 않은가.

우리와 교대할 중대는 군장을 모으고 있었다. 그들은 그곳 전선에 석 달 있었다. 군복은 진흙이 덕지덕지 들러붙어 있었고 군화는 너덜너덜했으며 얼굴은 대개 수염이 텁수룩했다. 진지의 지휘관인 대위가 자기 방공호에서 기어 나와 우리를 반갑게 맞았다. 이름은 레빈스키였지만 모두가 베냐민이라고 불렀고 폴란드계 유태인 태생이었음에도 모국어처럼 프랑스어를 구사했다. 작은 키에 나이는 스물다섯 살 정도 됐고 머리는 뻣뻣하고 검었으며 얼굴은 창백하면서도 열정이 충만했다. 물론 그 시기에 얼굴은 매우 더러웠다. 몇몇 빗나간 총알이 날카로운 소리를 내며 머리 위로 날아다녔다. 진지는 폭이 50미터가량 되는 반원형의 담으로, 일부는 모래주머니로, 일부는 석회암 덩어리로 쌓아올린 흉벽이 있었다. 쥐구멍처럼 땅을 파서 만든 방공호는 서른 내지 마흔 개 정도 있었다. 윌리엄스와 나 그리고 스페인 사람인 윌리엄스의 처남은 비어 있는 방공호 중에서 가장 가깝고 지낼 만해 보이는 곳으로 잽싸게 뛰어들었다. 앞쪽 어디에선가 간간이 탕탕 소총 쏘는 소리가 들렸는데, 그 메아리가 데굴데굴 구르는 듯한 기이한 소리를 내며 돌산들 사이사이로 울려 퍼졌다. 우리가 막 군장을 벗어 던져 놓고 방공호에서 기어 나올 때였다. 한 발의 총성이 들리더니 우리 중대의 한 어린놈이 얼굴에 피를 철철 흘리며 흉벽 쪽에서 뛰어왔다. 총을 쐈는데 어찌 다뤘는지 노리쇠가 터졌다는 것이었다. 폭발한 탄약통 파편 때문에 그의 두피가 갈기갈기 찢어졌다. 이 사건으로 우리 부대에 첫 부상자가 발생했고 이는 그 특징상 자기 실수로 인한 것이었다.

그날 오후 우리는 첫 보초 근무를 섰고 베냐민의 안내를 받아 진지 주변을 둘러봤다. 흉벽 앞쪽에는 바위를 깎아 만든 비좁은 참호들이 있었고, 그 참호에는 석회암 무더기로 만든 지극히 원시적인 총안이 있었다. 열두 명의 보초가 안쪽 흉벽 뒤와 참호의 여러 지점에 배치됐다. 참호 앞쪽에는 가시철조망이 있었고 그 너머 산비탈은 끝이 보이지 않는 깊은 산골짜기로 미끄러져 내려갔다. 맞은편에는 벌거숭이산들이 있었는데, 군데군데 암석 절벽만이 눈에 띌 뿐 그 어디에서도 생명의 흔적을 찾을 수 없는 회색빛 겨울의 앙상함을 그대로 드러냈다. 심지어 날아다니는 새조차 없었다. 나는 파시스트 참호를 찾기 위해 총안을 유심히 들여다봤다.

"적은 어디 있나요?"

베냐민은 손을 한껏 흔들었다. "쩌쪽에." (그는 형편없는 영어로 대답했다.)

"도대체 어디요?"

내가 아는 참호전에 따르면 파시스트는 오십 내지 백 미터가량 떨어져 있어야 했다. 하지만 아무것도 보이지 않았다. 적의 참호들이 아주 잘 은폐되어 있는 듯했다. 그러나 베냐민이 가리킨 곳을 본 순간 그 충격과 실망감이란. 산골짜기 너머, 적어도 7백 미터는 떨어진, 맞은편 산꼭대기에 흉벽 윤곽선과 붉은색과 노란색이 섞인 깃발이 아주 작게 보였다. 그곳이 바로 파시스트 진지였다. 그 실망감은 말로 표현할 수 없을 정도였다. 적과 완전 동떨어져 있다니! 그 정도 거리면 우리 소총은 있으나마나였다. 그 순간 격앙된 고함소리가 들렸다. 멀리서 작은 잿빛 조각상처럼 보이는 두 명의 파시스트가 맞은편의 벌거벗은 산비탈을 기어오르고 있었다. 베냐민은 가장 가까이 있는 부하의 소총을 움켜쥔 뒤 조준하고 방아쇠를 당겼다. 철컥! 불발탄이었다. 나는 불길한 예감이 들었다.

새로 온 보초들은 참호에 들어서자마자 총을 맹렬히 난사했다. 개미처럼 작게 보이는 파시스트들이 자기네 흉벽 뒤에서 이리저리 몸을 피하는 모습이 눈에 들어왔다. 간혹 검은 점 같은 것이 잠시 멈춰서 있곤 했는데, 경솔하게도 머리를 노출한 것이었다. 사격해 봤자 아무 소용없다는 것은 분명했다. 그런데도 내 왼쪽에 있던 보초가 전형적인 스페인 방식으로 자기 자리에서 벗어나 옆걸음 치며 내게 다가와서는 나더러 사격을 하라고 재촉하는 게 아닌가. 나는 이런 거리에서 이런 총으로는 우연이 아니고서야 사람을 맞출 수 없다고 열심히 설명했다. 그러나 어린애에 지나지 않던 그는 자기 소총으로 그 점들 중 하나를 계속 가리켰다. 돌멩이가 던져지길 목이 빠지게 기다리는 개처럼 잔뜩 기대에 부풀어 씩 웃으면서 말이다. 결국 나는 가늠쇠를 7백으로 맞추고 총알을 날려 보냈다. 그 점이 사라졌다. 그를 뛰어내리게 할 만큼 총알이 가까이만 갔어도 좋으련만. 내가 사람을 향해 총을 쏜 것은 그때가 처음이었다.

전선을 직접 본 나는 극심한 혐오감에 몸을 떨었다. 이걸 전쟁이라고 부르다니! 적과 대면할 일조차 거의 없었다! 나는 참호 아래로 머리를 숨기는 시늉조차 하지 않았다. 그러나 얼마 후 총알이 무지막지스레 날카로운 소리를 내며 내 귀를 지나 후면 방호벽에 쾅하고 박혔다. 이럴 수가! 고개를 숙이다니. 총알이 내 머리 위를 스쳐 지나가는 첫 순간에 절대로 고개를 숙이지 않겠다고 그렇게 맹세했건만. 그러나 그것은 본능적인 동작인 듯하다. 그러니까 누구나 한번쯤은 그렇게 한다.

3장

참호전에서는 다섯 가지가 중요하다. 땔감과 식량, 담배, 초, 적이 바로 그것이다. 겨울을 맞은 사라고사 전선에서는 이 다섯 가지가 앞에서 언급한 순으로 중요했다. 사실 적은 나머지 네 가지에 비해 훨씬 덜 중요했다. 항시 기습 공격의 여지가 있는 밤을 제외하면 적은 완전히 관심 밖으로 밀려났다. 간간히 이리저리 뛰어다니는, 저 멀리 있는 검은 벌레에 불과했던 것이다. 양 진영이 실제로 촉각을 곤두세웠던 문제는 어떻게 하면 따뜻하게 지낼 수 있을까 하는 것이었다.

내친김에 말하면, 스페인에 있는 동안 나는 싸우는 것을 거의 보지 못했다. 나는 아라곤 전선에 1월에서 5월까지 있었는데, 1월에서 3월 말까지 테루엘을 제외하면 전선에는 거의 아무 일도 일어나지 않았다. 3월에 우에스카 주변에서 격렬한 전투가 벌어지긴 했지만 내가 한 일은 그다지 없었다. 게다가 6월에 우에스카가 모진 공격을 받아 단 하루 만에 수천 명의 전사자가 발생했지만 나는 그 전에 이미 부상을 당해 불구가 된 상태였다. 사람들이 보통 전쟁의 참상이라고 일컫는 일들이 내게는 거의 일어나지 않았던 것이다. 비행기가 내 주변에 폭탄을 투하한 적도 없었고, 생각건대 사방 50미터 이내에서 포탄이 터진 적도 없었으며, 적과 직접 맞붙어 싸운 것도 고작 한 번이었다(한 번이 치명적인 것이 될 수도 있을 테지만). 물론 나는 빗발치는 기관총 포격을 종종 받았지만 대체로 꽤 먼 거리였다. 심지어 우에스카에서도 정신만 바짝 차리면 그다지 위험하지 않았다.

이곳 사라고사 주변 산간지역은 전쟁이 소강상태로 접어들면서 그야말로 따분함과 불편함의 연속이었다. 시청 직원의 일상처럼 그냥저냥 무탈하게 하루가 지나갔고 똑같은 일이 거의 규칙적으로 반복됐다. 보초 서기, 정찰하기, 땅파기, 아니면 땅파기, 정찰하기, 보초 서기가 전부였다. 산꼭대기마다, 파시스트든 충성파든 가릴 것 없이, 추레하고 꾀죄죄한 병사들이 자기 깃발 주위에 한데 모여 바들바들 떨면서 몸을 따뜻하게 하려고 안간힘을 썼다. 밤낮없이 무의미한 총알이 텅 빈 계곡들을 가로질러 날아다녔는데, 이변이 일어나지 않는 이상 사람 몸에 맞을 일이 없었다.

종종 나는 겨울 풍경을 유심히 둘러보며 그 모든 것의 헛됨에 혀를 내두르곤 했다. 누가 이기고 있는지조차 알 수 없는 뭐 이런 전쟁이 다 있단 말인가! 앞서 10월경에는 이곳 산들을 차지하기 위해 포악무도한 전투가 벌어졌다. 하지만 그 후로 병력과 무기, 특히 대포 부족으로 대규모 작전이 불가능해지자 각 진영은 자기들이 점령한 산꼭대기에 참호를 파고 눌러앉았다. 우리 오른쪽 너머에는 통일노동자당의 작은 전초기지가 있었고, 7시 방향의 왼쪽 돌출부에는 카탈루냐통합사회당 진지가 있었으며, 그 맞은편 더 높은 돌출부에는 꼭대기마다 점점이 흩어져 있는 작은 파시스트 초소가 몇 개 있었다. 소위 전선이란 것이 지그재그로 울레줄레 형성돼 있어서 진지에 걸린 깃발이 아니면 어느 진영인지 분간하기 힘들었다. 통일노동자당과 통합사회당 깃발은 붉은색이었고, 무정부주의자 깃발은 붉은색과 검은색이었다. 파시스트 진영에서는 대개 군주제 지지자들의 깃발(빨강-노랑-빨강)이 걸려 있었지만 공화국 깃발(빨강-노랑-자주)이 걸려 있을 때도 간혹 있었다.[17] 경치야 대단히 인상적이었다. 단, 산꼭대기마다 군대들이 점령한 탓에 곳곳이 버려진 깡통과 말라비틀어진 똥 천지라는 현실을 잊을 수 있을 때만 그렇다. 우리 오른쪽 산은 남동쪽으로 굽어지다가 여러 갈래의 널찍한 계곡으로 이어졌고 그 계곡은 다시 우에스카까지 쭉 뻗어 있었다. 평원 중앙에는 아주 작은 정육면체 몇 개가 주사위를 던져 놓은 것 모양으로 제멋대로 흩어져 있었다. 이곳이 바로 로브레스라는 도시로, 충성파의 점령하에 있었다. 아침에는 운해 때문에 계곡이 그 모습을 감출 때가 많았다. 운해 밖으로는 평평하고 푸르른 산들이 보였는데, 그 풍경이 사진 원판과 기이하게 닮았다. 우에스카 너머에는 이곳과 똑같이 생긴 산들이 더 많이 있었는데, 매일 변하는 눈 모양에 따라 다양

17) 오웰 사후에 발견된 정오표에는 다음과 같이 적혀 있다. "지금에 와서 보니 파시스트 진영에서 공화국 깃발을 내건 것을 내가 직접 봤는지는 확실치가 않다. 단지 생각으로만 스와스티카 문양을 작게 그려 넣은 공화국 깃발을 간혹 내걸었던 것 같다."-저자주

한 줄무늬가 새겨졌다. 저 멀리에는 사시사철 눈으로 덮인 피레네 산맥의 험준한 정상들이 허공에 둥둥 떠 있는 듯한 모습을 자아냈다. 낮은 평원마저도 모든 것이 죽고 헐벗은 것처럼 보였다. 우리 맞은편 산들은 온통 잿빛이었고 코끼리 가죽처럼 쭈글쭈글했다. 하늘에 새가 날아다니는 일도 거의 없었다. 그토록 새를 구경하기 힘든 시골을 본 적이 없었다. 언제든 볼 수 있는 새라고는 까치, 그리고 밤중에 갑작스레 왱왱거리며 날아다녀서 사람들을 놀라게 하던 자고새 떼, 그리고 아주 드물기는 했지만 느리게 이동하는 독수리 편대가 전부였다. 독수리들이 날아가면 뒤이어 소총 소리가 들리곤 했는데, 그놈들은 멈칫하는 시늉조차 하지 않았다.

밤에 그리고 안개가 자욱한 날에는 우리와 파시스트 진지 사이에 놓인 계곡에 정찰병들을 내보냈다. 날씨가 지독히 추운데다가 길을 잃기 십상이라 병사들은 정찰 임무를 썩 내켜하지 않았다. 그 때문에 원하기만 하면 언제든지 허락을 받아 정찰을 나갈 수 있다는 것을 나는 금세 깨달았다. 거대하고 험준한 산골짜기에는 길이나 왕래 흔적 따위를 찾아볼 수 없었다. 어디가 어딘지 분간할 수 있으려면 연달아 정찰을 돌면서 그때마다 새로운 지형지물을 기억해 두는 수밖에 없었다. 총알이 날아다니는 걸로 봐서 가장 가까운 파시스트 진지는 우리 진지에서 7백 미터 정도 떨어져 있었지만, 걸어 다닐 만한 유일한 경로로 따져보면 2.5킬로미터나 멀리 떨어져 있었다. 삑삑 울어대는 붉은발도요새처럼 유탄들이 한껏 머리 위로 날아다닐 때 어두컴컴한 계곡을 어슬렁거리는 것은 꽤 재밌었다. 밤보다 안개가 자욱할 때가 더 좋았는데,

안개는 한 번 끼면 하루 종일 지속될 때가 많았고 산 정상 주변에 걸려 있었기 때문에 계곡은 꽤 청명했다. 어디가 됐든 파시스트 진영 근처라면 굼벵이 기어가듯 이동해야 했다. 탁탁거리는 덤불과 댕그랑거리는 석회암이 수두룩한 그런 산비탈에서 쥐죽은 듯 이동하기란 여간 어려운 게 아니었다. 서너 번만의 시도 끝에 파시스트 진영에 간신히 당도했다. 자욱한 안개 속에서 나는 가시철조망까지 기어 올라가서 귀를 기울였다. 안쪽에서 파시스트 병사들의 말소리와 노랫소리가 들렸다. 그런데 갑자기 그들 중 몇몇이 내 쪽으로 내려오는 소리가 들리는 것이 아닌가. 기겁한 나는 덤불 뒤에 몸을 숨겼는데, 순간 그 덤불이 어찌나 작게 느껴지던지. 여차하면 총을 쏘려고 공이치기를 잡아당길 때는 소리가 날까 봐 노심초사했다. 하지만 그들은 갈림길에서 꺾어져 내 쪽과 반대 방향으로 사라졌다. 숨어 있던 덤불 뒤에서 나는 이전 전투가 남긴 잔해들을 우연히 발견했다. 속이 빈 탄피 더미, 총알구멍이 난 가죽모자, 우리 진영 것이 분명한 붉은 깃발 등. 나는 그 깃발을 주워 진지로 가지고 왔다. 하지만 막상 사람들은 이를 무덤덤하게 찢어서는 걸레로 사용했다.

전선에 도착하자마자 나는 그곳에서 카보로 불리던 하사가 되어 열두 명으로 이루어진 경비대를 통솔했다. 그 일은, 특히 처음에는, 결코 만만치 않았다. 센투리아는 십대 사내아이들이 대부분인, 훈련 안 된 오합지졸이었다. 의용군 여기저기서 열한 살이나 열두 살밖에 안 된 어린애들이 곧잘 눈에 띄었는데, 대부분 파시스트 지역에서 도망쳐 나온 아이들로, 먹고살기 가장 쉬운 방법으로 의용군에 입대했다. 그들은 보통 후방에서 손쉬운 일을 맡아 했지만 간간이 전선에까지 파고들어 공공의 위협이 됐다. 한번은 미련한 어린놈 하나가 '장난' 삼아 수류탄을 방공호에 투척한 적도 있었다. 포세로 산에서는 열다섯 살도 안 된 애들은 없던 걸로 생각되지만, 확신컨대 평균 나이가 스무 살에 훨씬 못 미쳤다. 그런 어린애들은 단연코 전쟁터에 투입되면 안 된다. 참호전에 으레 뒤따르기 마련인 수면 부족을 견뎌낼 수 없기 때문이다. 초기에 우리 진지는 밤에 완전히 무방비 상태였다. 내 분대의 불쌍한 아이들은 발을 잡고 방공호에서 질질 끌어내야만 잠을 깼고, 등 돌리기가 바쁘게 자기 위치에서 벗어나 쉴 곳을 찾아 기어들어 갔다. 심지어 섬뜩섬뜩한 추위에도 참호 벽에 기대어 깊게 잠이 들곤 했다. 천만다행히 적군은 도발적이지 않았다. 내가 볼 때 밤에는 공기총으로 무장한 스무 명의 보이스카우트만으로도 우리 진지를 급습할 수 있을 것 같았다. 실은 빨래 방망이로 무장한 스무 명의 걸스카우트라 한들 달라질 게 없었다.

당시 그리고 그로부터 한참 후까지 카탈루냐 의용군은 본질적으로 전쟁 초기와 별반 다르지 않았다. 프랑코가 반란을 일으키자 여러 노동조합과 정당들은 황급히 의용군을 조직했다. 결국 각 의용군은 본질상 정치조직이었고 이는 중앙정부에 하듯 자기 정당에도 충성할 의무가 있음을 뜻했다. 인민군은 다소 평범한 노선에 기초해 조직된 '비정치적' 군대로 1937년 초에 조직됐고, 그때 각 정당의 의용군이 원칙적으로 인민군에 통합됐다. 하지만 오랜 시간이 지나도록 변화라고는 서류상으로만 존재했다. 6월까지 새로운 인민군 부대들이 대규모로든 소규모로든 아라곤 전선에 발을 내딛은 적이 없었기 때문에 그때까지 의용군 체제는 변동이 없었다. 의용군 체제의 핵심은 장교와 사병 간의 사회적 평등이었다. 다시 말해 장군에서 말단 이등병에 이르기까지 모두가 똑같은 임금을 받았고 똑같은 음식을 먹었으며 똑같은 군복을 입고 완전한 평등 속에서 뒤섞여 지냈다. 사단을 지휘하는 장군에게 등을 철썩 때리며 담배 한 개비를 달라고 하고 싶으면 그렇게 할 수 있었고, 아무도 이를 이상하게 여기지 않았다. 어찌 됐든 원칙상 의용군은 위계조직이 아니라 민주조직이었다. 명령에 복종해야 함을 이해했지만 그와 동시에 명령할 때는 상급자가 하급자에게가 아니고 동지가 동지에게 하는 명령이어야 함을 이해했다. 장교도 있고 하사관도 있었지만 일반적 의미의 군 계급은 없었다. 직함도 없고 계급장도 없었으며 구두 뒷굽을 부딪치며 거수경례하는 일도 없었다. 그들은 의용군 내에서 한시적이나마 무계급 사회의 본보기를 만들려고 시도했다. 물론 완전하지는 않았지만 내가 본 것 가운데 가장, 또는 전시라면 가능할 수도 있겠다 싶었던 것보다 훨씬 더, 완전한 평등에 근접해 있었다.

하지만 사실 처음에는 전선 상황을 보고 소스라치게 놀랐다. 도대체 어떻게 이런 군대로 전쟁에서 이길 수 있단 말인가? 실은 다른 사람들도 모두 그렇게 말했고 또 맞는 말이었다. 하지만 어이없는 말이기도 했다. 그런 상황에서 의용군이 실제 그랬던 것보다 훨씬 더 잘할 수는 없는 노릇이었다. 기계화된 현대식 군대라는 것이 느닷없이 하늘에서 뚝 떨어지는 게 아니지 않는가. 게다가 정부가 제대로 써먹을 수 있을 정도로 군대가 훈련될 때까지 기다렸다면 프랑코에게 저항조차 할 수 없었을 것이다. 나중에 의용군을 헐뜯는 것이 유행처럼 번졌고, 이로 말미암아 훈련과 무기 부족 때문에 생긴 결점이 평등주의 체제의 결과인 양 매도되기 일쑤였다. 물론 갓 조직된 의용군 신병 부대들이 규율도 모르는 오합지졸이었지만 이는 장교가 사병을 '동지'라고 불러서가 아니었다. 본래 신병 부대라는 것 자체가 규율이 안 잡힌 오합지졸이기 마련이라 그랬을 뿐이다. 사실 민주적이고 '혁명적인' 유형의 규율은 기대 이상으로 신뢰할 만하다. 노동자 군대에서 규율이란 원칙적으로 자발적이다. 즉 노동자 군대의 규율은 계급적 충성에 기초하는 반면에 부르주아의 징집 군대에서 규율은 궁극적으로 두려움에 기초한다. (의용군을 대체한 인민군은 이 두 유형의 중간이었다.) 의용군에서는 일반 군대에서 흔히 볼 수 있는 괴롭힘과 학대가 한순간도 용인될 수 없었다. 또한 일반 군대처럼 처벌이 존재했지만 아주 심각한 중죄에만 적용됐다. 병사가 명령에 복종하길 거부하더라도 즉각 처벌되지 않았다. 동지로서 설득하는 것이 먼저였다. 사람을 다뤄 본 경험이 없는 냉소적인 사람들은 한치의 머뭇거림도 없이 그런 것은 결코 효과가 없을 거라고 말할 테지만 실제로 그것은 효과가 있다. 의용군에서 최악의 신병 부대조차도 시간이 지나면서 규율이 눈에 띄게 향상됐다. 나는 1월에 여남은 명의 신병을 보통 수준으로까지 끌어올리느라 머리가 허옇게 셀 지경이었다. 5월에는 짧게나마 소위 대리로서 서른 명가량을 지휘했다. 영국 사람도 있었고 스페인 사람도 있었다. 우리는 수개월 동안 포화 속에서 지냈고, 나는 그들이 명령에 복종하고 위험한 임무를 자발적으로 떠맡도록 하는 데 결코 어려움이 없었다. '혁명적' 규율은 정치의식, 즉 명령에 복종해야 하는 이유를 이해하는 것에 달려 있다. 이러한 의식을 확산시키는 데는 시간이 걸리기 마련이지만 연병장에서 병사를 훈련시켜 로봇처럼 만드는 데도 시간이 걸리지 않는가. 의용군 체제를 비아냥대던 기자들은 좀처럼 기억하지 못하지만 인민군이 후방에서 훈련을 받는 동안 의용군은 전선을 지켜야 했다. 또한 어찌 됐든 의용군이 전선을 고수했다는 것은 '혁명적' 규율의 힘이 얼마나 강력한 것인지를 보여준다. 1937년 6월경까지 그들을 그곳에 붙잡아 둘 만한 이유라곤 계급적 충성심 외에 아무것도 없었다. 개개 탈영병들은 총살될 수 있었고 실제로 그런 경우도 간혹 있었다. 하지만 수천 명의 병사가 합심해서 전선을 이탈하기로 마음먹었다면 그들을 막을 도리가 없었다. 징집 군대가 이와 똑같은 상황에 처했더라면, 그리고 헌병대마저 철수됐다면, 눈 녹듯 서서히 사라졌을 것이다. 하지만 의용군은, 비록 그들이 패전을 거듭하고 있음을 누가 알았겠는가마는, 전선을 지켰다. 심지어 개개 탈영병도 흔치 않았다. 통일노동자당 의용군에서 네다섯 달 보내는 동안 내가 전해들은 탈영병은 네 명에 불과했고, 그것도 두 명은 정보를 얻기 위해 입대한 스파이였던 게 거의 확실했다. 초기에 명명백백했던 혼란, 전반적인 훈련 부족, 명령에 복종하게 하려면 족히 5분은 말씨름을 해야 하는 사실 등에 나는 질겁했고 격노했다. 내 사고는 영국 군대식이었고, 스페인 의용군은 영국 군대와 매우 달랐다. 하지만 당시 상황을 감안하면 그들은 사람들이 요구할 수 있는 기대치를 넘어선 훌륭한 군대였다.

한편 땔감이 문제였다. 그것도 늘. 그 기간 내내 땔감, 아니 더 정확히 말하면 땔감 부족을 내 일기장에서 언급하지 않은 경우는 아마 한 번도 없을 것이다. 우리는 해발 6백 미터와 9백 미터 사이에 있었고 때는 한겨울이었으며 추위는 이루 말할 수 없었다. 그렇다고 기온이 유별나게 낮았던 것은 아니었다. 섭씨 영도 아래로 떨어지지 않은 밤도 많았고 한낮에 한 시간가량 겨울 햇빛이 비치는 날도 종종 있었다. 하지만 설령 실제 날씨는 춥지 않았더라도 분명 춥게 느껴졌다. 세찬 바람에 모자가 휙 날아가 머리카락이 사방으로 흩날릴 때도 간혹 있었고, 안개가 액체처럼 참호 안으로 쏟아져 들어와 뼛속을 후벼 파는 듯할 때도 있었다. 툭하면 비가 왔고 심지어 15분 동안 내린 비로 도저히 참을 수 없는 지경에 이른 적도 있었다. 석회암을 얇게 뒤덮은 땅거죽은 눈 깜짝할 사이에 미끈대는 기름 바다로 돌변했는데, 늘 경사면을 걸어 다녔기 때문에 몸을 제대로 가누기조차 힘들었다. 캄캄한 밤에 나는 고작 20미터 가는 데도 대여섯 번 넘어지는 일이 허다했다. 위험천만한 일이 아닐 수 없었다. 그렇게 되면 소총의 발사 장치에 진흙이 잔뜩 꼈기 때문이다. 군복이고 군화고 담요고 소총이고 모두 진흙투성이인 채로 우리는 며칠씩 지냈다. 나는 챙겨 올 수 있는 두툼한 옷은 모조리 챙겨 왔지만 많은 병사들은 참담할 정도로 옷을 얇게 입고 있었다. 백여 명으로 이루어진 수비대 전체에 방한외투가 열두 벌밖에 없었기 때문에 보초들이 이를 돌려 입었고, 대부분은 겨우 담요 한 장으로 버텼다. 얼음처럼 차디찬 어느 밤에 나는 일기장에 내가 입은 옷 목록을 적어 봤다. 한 인간의 몸에 얼마나 많은 옷을 걸칠 수 있는지 알 수 있으니 꽤 재밌는 일이 아닌가. 두꺼운 조끼와 바지, 플란넬 셔츠, 풀오버 두 벌, 모직 재킷, 돼지가죽 재킷, 코듀로이 반바지, 각반, 두꺼운 양말, 군화, 튼튼한 트렌치코트, 머플러, 안감을 댄 가죽 장갑, 모직 모자까지. 그런데도 추워서 젤리처럼 바들바들 떨었다. 하지만 내가 남들보다 추위를 많이 타는 편이기는 하다.

땔감은 정말 중요했다. 땔감에 대해 한마디로 요약한다면 땔감은 전무했다. 불쌍한 우리 산은 가장 좋을 때조차도 초목이 많지 않았다. 게다가 꽁꽁 얼어붙은 의용병들이 수개월 동안 구석구석 쑤시고 다녔던 터라 손가락보다 굵다 싶은 것은 이미 오래 전에 땔감으로 태워 남아 있는 게 없었다. 먹거나 자거나 보초를 서거나 사역(使役)할 때를 제외하면 우리는 늘 진지 뒤에 있는 계곡에서 땔감을 구하러 다녔다. 당시를 돌이켜 보면 앙상한 잔가지에 눈을 부라리면서 수직과 다름없는 경사면을 엉금엉금 오르내리던 일밖에 기억나지 않는다. 삐죽삐죽하게 솟은 석회암에 군화가 갈기갈기 찢기는 것도 아랑곳하지 않고 말이다. 세 사람이 두서너 시간 찾아다니면 방공호에서 한 시간가량 불을 땔 만한 연료를 구할 수 있었다. 땔감을 구하려는 우리의 열정은 모두를 식물학자로 둔갑시켰다. 우리는 산비탈에 자라는 모든 식물을 불에 타는 성질에 따라 분류할 수 있었다. 다양한 종의 히스와 풀은 불 지피기에는 좋았지만 몇 분 만에 타 버렸고 야생 로즈메리와 조그마한 가시금작화 덤불은 불이 활활 타오를 때 잘 탔다. 구스베리 덤불보다 작은, 자라다 만 참나무는 사실 잘 타지 않았다. 바싹 마른 갈대 같은 식물도 있었는데, 불쏘시개로 쓰기에 안성맞춤이었지만 진지 왼쪽의 산꼭대기에서만 자랐기 때문에 그것을 구하려면 포화 속을 헤치고 가야 했다. 파시스트 기관총 사수에게 발각되기라도 하면 한 드럼통의 총알 세례를 받아야 했다. 보통 그들은 높이 조준했기 때문에 총알이 새처럼 머리 위로 높이 날아다녔다. 하지만 간혹가다가 아주 가까운 곳에서 타다닥 소리를 내며 석회암을 쪼아댈 때도 있었는데, 그럴 때는 잽싸게 납작 엎드렸다. 그런데도 우리는 갈대를 주우러 갔다. 땔감보다 중요한 것은 없었으니까.

추위 외의 나머지 불편사항들은 별 것 아닌 것처럼 보였다. 물론 우리는 모두 항상 지저분했다. 식량처럼 물도 알쿠비에레에서 노새가 싣고 왔고 하루에 1리터가량이 개개인에게 지급됐다. 우유처럼 뿌연 것이 정말 더러웠다. 원칙적으로 식수 전용이었지만 나는 아침 세숫물로 늘 조금씩 남겨 뒀다. 그 물을 하루는 세수, 하루는 면도하는 데 썼다. 하루에 두 가지를 모두 할 만큼 충분치 않았다. 진지는 역겨울 정도로 악취가 났고 작은 바리케이드 담장 밖에는 사방천지가 똥이었다. 상습적으로 참호에서 변을 보는 의용병들도 있었는데, 캄캄할 때 참호 주위를 걸어 다녀야 할 때면 그 때문에 완전 죽을 맛이었다. 하지만 나는 더럽다고 걱정한 적은 없었다. 사람들은 더러움에 대해 지나치게 야단법석을 떠는 경향이 있다. 손수건 없이 지내는 데, 양철 접시 하나에 음식도 담아 먹고 세수도 하는 데 사람들은 깜짝 놀랄 만큼 빨리 익숙해진다. 옷을 입은 채 자는 것도 하루 이틀 지나면 전혀 어려운 일이 아니었다. 물론 밤에 옷, 특히 군화를 벗고 자는 일은 상상할 수도 없었다. 적의 공격을 받았을 시에 즉각 뛰어나갈 채비가 돼 있어야 했으니까. 80일 동안 나는 밤에 옷을 벗고 잔 적이 고작 세 번 있었다. 간혹 낮에 벗을 때도 있긴 했지만 말이다. 날씨가 너무 추워 이가 들끓지는 않았지만 쥐와 생쥐는 바글댔다. 쥐와 생쥐가 동시에 서식하는 곳은 없다고 말하는 사람들이 제법 있지만 먹을 게 풍족하면 그럴 수도 있다.

옹색하지 않은 측면도 있었다. 음식은 만족스럽고 포도주는 풍족했다. 그때까지도 담배가 하루에 한 갑 꼴로 지급됐고 성냥은 하루걸러 지급됐으며 심지어 초도 지급됐다. 크리스마스 케이크에 꽂는 초처럼 가느다란 초였는데, 교회에서 약탈한 것이라는 추측이 우세했다. 7센티미터 정도 되는 초가 각 방공호에 매일 지급됐는데 20분 정도면 다 타 버렸다. 당시까지만 해도 초를 살 수 있어서 나는 이곳에 올 때 몇 킬로그램 정도 가져왔다. 나중에 성냥과 초 부족이 계속되자 모두가 상당한 고역을 치렀다. 이런 것들은 부족해 봐야 얼마나 중요한지 깨닫게 된다. 야간 경보로 방공호에 있는 병사들이 자기 소총을 먼저 잡으려고 앞다투다가 다른 이들의 얼굴을 짓밟는 경우를 생각해 보라. 이때 성냥을 켤 수 있느냐 없느냐는 생사를 판가름 내는 결정적 요인이 될 수 있다. 각 의용병은 부싯돌과 몇 미터짜리 노란 심지를 소지했다. 부싯돌은 바람이 불어도 켤 수 있다는 큰 장점이 있지만 섬광 없이 연기만

나기 때문에 불을 밝히는 데는 쓸모가 없었다. 성냥 부족이 극에 달했을 때 섬광을 만들 유일한 방법은 탄약통에서 총알을 빼내서 부싯돌로 코르다이트 폭약을 점화시키는 것뿐이었다.

이곳 생활은 참 희한했다. 다시 말해 전쟁을 치르는 방식이 참 희한했다. 그런 것도 전쟁이라고 부를 수 있다면 말이다. 의용군 전체가 손 놓고 있는 것에 분통 터져 했고 왜 공격을 못하게 하는지 알려 달라고 끊임없이 아우성쳤다. 하지만 적이 먼저 쳐들어오지 않는 이상 한동안 전쟁 치를 일은 없을 게 불 보듯 뻔했다. 조르주 콥은 정기 검열을 돌 때마다 우리에게 꽤 솔직했다. "이건 전쟁이 아니라 간간이 사망자가 발생하는 코미디에 불과해."라고 말하곤 했다. 당시에 나는 전혀 몰랐지만 아라곤 전선의 소강상태는 정치적 이유 때문이었다. 하지만 예비 부대의 부족을 차치하더라도 순전히 군사적으로 문제가 있음은 누가 봐도 분명했다.

우선 그 지역은 자연에 문제가 있었다. 우리 전선과 파시스트 전선 모두가 자연지세 때문에 난공불락이었는데, 대개 한쪽으로만 접근 가능했다. 만일 몇 군데 참호를 파 뒀다면 그런 곳은 인해전술로 밀어붙이지 않는 한 보병 부대로 점령할 수 없었다. 우리 진지나 우리 주변의 여느 진지에서라면 병사 열댓 명과 기관총 두 문만 있어도 한 대대를 물리칠 수 있었을 것이다. 또 반대로 우리처럼 산 정상에 위치한 진지는 대포로 공격하기에 더없이 좋은 표적이었을 것이다. 하지만 대포가 없었다. 이따금 나는 주변 산세를 유심히 쳐다보며 두서너 개의 포대(砲臺)가 있으면 하고 바랐다. 아, 얼마나 절실했던가! 그렇기만 하면 망치로 호두를 깨듯 수월하게 적의 진지를 차례차례 파괴할 수 있었을 텐데. 그러나 우리에게 그런 대포는 없었다. 파시스트들은 이따금씩 사라고사에서 대포를 한둘 가져와 몇 발 쏘기도 했는데, 너무 적게 쏘는 바람에 착탄거리조차 몰라서 포탄이 헛되이 텅 빈 계곡에 쑤셔 박혔다. 기관총에 맞설 때 대포가 없으면 할 수 있는 일은 단 세 가지뿐이다. 안전한 곳, 예를 들어 4백 미터 이상 떨어진 곳에서 굴을 파고 숨든가, 탁 트인 곳을 가로질러 진군하다가 학살을 당하든가, 아니면 전반적인 정세에 영향을 미치지도 못할 소규모 야간 공격을 감행하는 것이다. 실제로 선택 가능한 것은 가만있든가 자살하든가 둘 중 하나다.

이것 말고도 각종 전쟁 물자가 전적으로 부족했다. 당시 의용군의 무장상태가 얼마나 형편없는 수준이었는지 실감하려면 어느 정도 수고가 필요하다. 영국의 공립학교 예비 장교 훈련대가 차라리 우리보다 현대식 군대에 훨씬 가까울 정도다. 얼마나 형편없는 무기였던지 까무러칠 정도라서 상세히 기록할 만하다.

이 지역 전선의 경우 전체 포대는 네 문의 박격포로 구성돼 있었고 각각에 열다섯 개의 포탄이 있었다. 물론 포탄이 엄청 귀했기 때문에 쏠 수 없었고 박격포는 알쿠비에레에 보관돼 있었다. 기관총은 대략 오십 명당 한 명 꼴로 있었다. 오래된 것이었지만 3, 4백 미터까지는 꽤 정확했다. 그것 말고 가진 거라고는 소총뿐이었고 그마저도 대부분 고철에 지나지 않았다. 소총은 세 가지 종류가 있었다. 첫 번째로 모제르 장총이 있었다. 거의 모두 20년 이상 된 것이었고 가늠쇠는 고장 난 속도계처럼 아무 쓸모가 없었으며 강선(鋼線)[18]은 복구가 불가능할 정도로 부식된 것이 허다했다. 하지만 열 자루 중 하나 정도는 나쁘지 않았다. 두 번째로 모스케톤이라는 모제르 단총이 있었는데, 딱 기병대 무기였다. 셋 중에서 가장 인기가 많았는데, 가지고 다니기에 더 가볍고 참호에서 덜 성가신데다가 비교적 새 것이어서 쓸 만해 보였기 때문이다. 하지만 실제로는 거의 무용지물이었다. 재조립된 부품으로 만들어졌기 때문에 노리쇠가 제 것인 경우가 없었고 4분의 3이 다섯 발 쏘고 나면 고장 날 게 뻔했다. 마지막으로 윈체스터 소총이 몇 자루 있었다. 쏘기에는 좋았지만 어처구니없게 부정확했으며 탄약통 연결 클립이 없어서 한 번에 한 발씩만 쏠 수 있었다. 탄약이 대단히 귀했기 때문에 전선에 오는 병사에게만 50개씩 지급됐지만 그마저도 질이 몹시 떨어졌다. 스페인산 탄약통은 하나같이 리필제품이라서 제아무리 좋은 소총도 망가뜨리기 일쑤였다. 멕시코산 탄약통은 스페인산보다 질이 좋았고, 그래서 기관총용으로 남겨 뒀다. 가장 좋은 것은 독일산 탄약이었지만 포로나 탈영병에게서만 구할 수 있었기 때문에 흔치 않았다. 나는 독일산이나 멕시코산 탄약 클립 하나를 늘 비상용으로 주머니에 넣어 가지고 다녔다. 하지만 비상시에 소총을 쏴 본 적은 거의 없었다. 몹쓸 소총이 고장 날까 봐 심히 겁을 먹기도 했고, 어찌 됐든 발사되는 탄약 한 발은 남겨 두고 싶은 마음이 컸다.

18) 총신 내부에 판 나선형 홈으로 탄환에 회전관성을 부여해 안정된 탄도를 가지게 한다.-역자주

우리는 철모나 총검이 아예 없었고 리볼버나 피스톨 같은 권총은 거의 없었으며 폭탄은 다섯 내지 열 명당 한 개 있을까 말까 했다. 당시 쓰던 폭탄은 'F.A.I. 수류탄'[19]으로 알려진 아주 살벌한 것이었는데, 무정부주의자들이 전쟁 초기에 만들었다. 밀스 수류탄[20]의 원리에 입각했지만 레버가 핀이 아니라 테이프로 고정돼 있었다. 테이프를 떼어 가능한 최대 속도로 던졌다. 사람들은 이 수류탄이 '공평'하다고 말했다. 표적이 된 사람은 물론 던진 사람도 죽어 나갔으니까. 다른 종류도 몇 가지 있었다. 더 원시적이기는 하지만 그나마 던지는 사람에게 조금은 덜 위험한 그런 것들 말이다. 나는 3월 말이 돼서야 던질 만한 수류탄을 봤다.

무기만이 아니라 전쟁에 필요한 사소한 물품들이 모두 부족했다. 지도도 해도도 없었다. 스페인은 여태껏 완전히 측량된 적이 없었고 이 지역이 상세히 나온 지도라고는 오래된 군용 지도뿐인데다가 그마저도 거의 대부분을 파시스트 진영에서 가지고 있었다. 거리 측정기도, 망원경도, 잠망경도 없었고, 개인이 소유한 몇 개를 제외하고는 쌍안경도 없었다. 조명탄, 베리식 신호용 조명탄, 철사 절단기, 병기제조자를 위한 공구도 없었고, 심지어 총을 청소할 것도 없었다. 스페인 사람들은 총신을 청소하는 줄에 대해 들어본 적도 없었는지 내가 만들어 사용하는 걸 보고는

---

19) F.A.I.란 이베리아무정부주의연합을 뜻함.-역자주

20) 1915년 영국의 윌리엄 밀스가 발명한 수류탄으로 손에 들기에 알맞은 크기였으며 안전핀과 함께 바깥 레버를 제거한 다음 던지면 시한장치가 된 신관이 작동돼 폭발함.-역자주

신기한 구경거리라도 난 양 쳐다봤다. 소총을 청소하고 싶을 때는 기다란 놋쇠 꼬챙이를 가진 병장에게 갔다. 하지만 꼬챙이가 늘 구부러져 있던 탓에 소총에 흠집이 났다. 총을 닦을 오일조차 없었다. 그래서 올리브 오일로 닦았는데, 이것도 그나마 구할 수 있을 때 얘기였다. 그렇지 못할 때 나는 바셀린이나 콜드크림, 그것도 없으면 베이컨 기름으로 닦았다. 게다가 랜턴과 손전등도 없었다. 생각건대 당시에 손전등 같은 것은 이 지역 전선 어디에도 없을 뿐만 아니라 바르셀로나 인근은 고사하고 바르셀로나에서조차 구하기 힘들었다.

시간은 덧없이 흘러갔고 두서없이 쏴 대는 총소리는 여전히 산 사이로 울려 퍼졌다. 갈수록 나는 회의에 빠져들었고 이런 황당무계한 전쟁에 약간의 생기, 아니면 죽음의 기운이라도 불어넣을 일이 과연 일어날지 의구심이 들기 시작했다. 우리가 맞서 싸웠던 것은 사람이 아니라 폐렴이었다. 참호들이 5백 미터 이상 떨어져 있을 때는 우연이 아니고서야 총에 맞을 일이 없다. 물론 부상자는 있었지만 대부분이 자초한 것이었다. 내 기억이 맞으면 스페인에서 내가 본 첫 다섯 명의 부상자는 모두 자기 무기 때문에 다쳤다. 내 말은 고의적이 아니라 사고나 부주의 때문에 다쳤다는 뜻이다. 우리의 낡은 소총은 그 자체로 위험했다. 일부 소총은 개머리판이 살짝 땅에 부딪치기만 해도 발사되는 간계를 부렸다. 이 때문에 어느 병사가 자기 총에 손 관통상을 입는 걸 나는 본 적이 있다. 갓 입대한 신병들은 캄캄해지면 늘 서로에게 총을 쏴댔다. 어느 저녁, 그것도 막 땅거미가 깔릴 때쯤 어느 보초병이 20미터 전방에서 나를 향해 총을 쐈다. 다행히 총알이 1미터가량 나를 비껴갔다. 스페인 사람들의 평균적인 사격 솜씨 덕에 내가 몇 번이나 죽다 살아났는지 누가 알랴. 또 한 번은 안개 속으로 정찰을 나가면서 보초 지휘관에게 신신당부를 했다. 하지만 돌아오는 길에 나는 덤불에 부딪쳐 휘청했고, 깜짝 놀란 보초병이 파시스트가 진격해 온다고 냅다 소리쳤다. 기쁘게도 모두에게 나를 향해 신속히 발포하라는 지휘관의 명령 소리가 들렸다. 물론 나는 잽싸게 엎드렸고 총알은 나를 헛되이 비껴갔다. 그 무엇으로도 스페인 병사들, 특히 젊은 스페인 병사들에게 소형 화기가 위험하다는 것을 납득시킬 수 없을 것이다. 이 일이 있고 얼마 후에 나는 총을 든 몇몇 기관총 사수들의 사진을 찍은 적이 있었는데 그들의 총구가 하나같이 나를 향해 있었다.

"쏘지 마." 나는 카메라 초점을 맞추며 반 농담으로 말했다.

"당연 안 쏘고말고."

하지만 말 끝나기가 무섭게 무시무시한 총성과 함께 총알들이 잇달아 내 얼굴 가까이로 스쳐 지나갔다. 코르다이트 화약 알갱이들 때문에 내 뺨이 따끔거릴 정도로 가까웠다. 고의는 아니었지만 사수들은 대단히 재밌는 일 정도로만 여겼다. 하지만 며칠 전에도 그들은 노새를 몰던 사람이 우연히 지나가다 총에 맞는 것을 목격했다. 어느 정계 대의원이 자동 권총을 갖고 놀다가 총이 발사되는 바람에 그 사람의 폐에 총알이 다섯 발이나 박혔던 것이다.

당시 군에서 사용하던 난해한 암호도 사소한 위험 요인이었다. 어느 한 단어를 말하면 다른 단어로 대답해야 하는, 아주 성가신 이중암호였다. 쿨투라와 프로그레소, 세레모스와 인벤시블레스처럼[21] 암호들은 대부분 고무적이고 혁명적인 뜻을 지닌 단어로 짜여 있었는데, 글을 모르는 보초병들에게 이런 고매한 단어들을 외우게끔 시키기가 불가능할 때가 많았다. 내 기억으로는 암호가 카탈루냐와 에로이카[22]였던 어느 밤이었다. 얼굴은 달덩이 같고 이름은 하이메 도메네크였던 시골 청년이 나에게 다가와 무척 당혹해하며 설명을 부탁했다.

"에로이카. 근데 에로이카가 무슨 뜻이죠?"

나는 그에게 발리엔테[23]와 같은 뜻이라고 말해 주었다. 잠시 후 그는 어둠 속에서 우연히 참호 앞에 다다랐고 보초병은 그를 검문했다.

"알토[24]! 카탈루냐!"

"발리엔테!" 하이메는 크게 외쳤다. 자신이 바른 암호를 말하고 있다고 확신하면서.

탕!

하지만 보초병은 그를 맞추지 못했다. 이 전쟁에서는 인간이라면 맞추고도 남을 상황인데도 늘 모두가 상대방을 맞추지 못했다.

---

21) 쿨투라/문화, 프로그레소/진보, 세레모스/될 것이다, 인벤시블레스/무적이라는 뜻.-역자주

22) 영웅이란 뜻.-역자주

23) 용감한 사람이란 뜻.-역자주

24) 정지란 뜻.-역자주

4장

내가 전선에 머문 지 석 주가량 지났을 때 영국의 독립노동당이 보낸 이삼십 명의 파견대가 알쿠비에레에 도착했다. 윌리엄스와 나는 파견대로 재배치돼 합류하게 됐는데, 이곳 전선에 있는 영국인들을 한곳에 집결시키고자 함이었다. 우리의 새 진지는 서쪽으로 몇 킬로미터 더 떨어진, 사라고사가 보이는 오스쿠로 산에 있었다.

새 진지는 면도날처럼 날카로운 석회암 산등성이에 자리를 잡았고 방공호들은 갈색제비 둥지처럼 절벽 쪽에 횡렬로 몰려 있었다. 그 방공호들은 땅속 깊숙한 곳에 들어앉아 있었기 때문에 그 안이 칠흑처럼 캄캄했고 천장은 어찌나 낮은지 서 있기는커녕 무릎을 꿇을 수조차 없었다. 우리 왼쪽의 산 정상에는 통일노동자당 진지가 두 개 더 있었다. 그중 한 곳은 전선에 있는 모든 병사들에게 선망의 대상이었는데, 취사를 담당하는 여자 의용병이 세 명 있었기 때문이다. 딱히 미인은 아니었지만 다른 중대의 남자 병사들이 그곳에 출입을 못하게 할 필요는 있었다. 오른쪽으로 5

백 미터 떨어진 곳에는 카탈루냐통합사회당 진지가 있었는데, 알쿠비에레 도로가 꺾이는 지점이었다. 바로 이곳이 도로의 주인이 바뀌는 경계였다. 밤이 되면 우리 편의 보급품 트럭 불빛이 알쿠비에레에서 구불구불대며 다가오는 것이 보였고, 그와 동시에 파시스트의 보급품 트럭 불빛이 사라고사에서 다가오는 것도 보였다. 남서쪽으로 20킬로미터 떨어져 있는 사라고사도 보였는데, 가느다란 불빛이 선박의 불 켜진 창문들처럼 일렬로 늘어서 있었다. 정부군들은 그 거리에서 1936년 8월부터 쭉 사라고사를 주시해 왔고 지금도 그것은 변함이 없다.

우리는 스페인 병사 한 명(윌리엄스의 처남 라몬)을 포함해 서른 명가량 됐고, 그 외에 스페인 기관총 사수가 여남은 명 있었다. 불가피한 한두 명의 골칫거리들을 빼면—모두 알다시피 전쟁은 쓰레기 같은 인간들을 끌어들이기 마련이다—영국인 파견대는 신체적으로나 정신적으로 이례적일 만큼 훌륭했다. 그중에서도 최고는 아마 밥 스밀리였을 것이다. 그는 유명한 광부 지도자의 손자였는데, 나중에 발렌시아에서 불운하고 무의미한 죽음을 맞았다. 언어 장벽에도 불구하고 영국 병사들과 스페인 병사들이 항상 잘 어울려 지냈다는 사실은 스페인 사람들의 성격에 대해 많은 점을 시사한다. 우리가 발견한 바, 스페인 사람들은 누구나 두 가지 영어 표현을 알았다. 하나는 "오케이, 베이비"였고, 다른 하나는 바르셀로나의 선원들과 거래를 할 때 사용하던 말인데 유감스럽게도 식자공은 그 단어를 조판하려고 하지 않을 것이다.

이전처럼 또 전선 전역이 잠잠했다. 들리는 소리라고는 무작

위로 울려대는 날카로운 총성뿐이었다. 또 매우 드물기는 했지만 파시스트 진영에서 쾅쾅 박격포를 쏠 때도 있었다. 그럴 때는 모두가 가장 높은 참호로 올라가 어느 산에서 포탄이 터지나 구경했다. 이곳 진지는 예전 진지보다 적들이 좀 더 가까이 있었는데, 3, 4백 미터 정도 떨어져 있는 것 같았다. 가장 가까운 적의 진지는 우리 진지 바로 맞은편에 있었다. 그곳에는 기관총 포대가 있었고 그 포대의 총안들이 계속해서 병사들로 하여금 탄약통을 낭비하도록 유혹했다. 파시스트들은 소총 사격에 거의 신경을 쓰지 않는 대신에 누구든 몸을 노출하기만 하면 정확하게 기관총을 쏴댔다. 그런데도 우리 쪽에 첫 부상자가 발생한 것은 열흘가량 지나서였다. 우리 맞은편 부대는 스페인 병사들이었지만 탈영병들에 따르면 그 가운데 독일 하사관이 몇 명 있었다. 중립지대 밖에서 무어인[25] 한 명이 죽은 채로 발견돼 그 지역에서 한차례 큰 구경거리가 난 적이 있었는데, 그걸로 봐서 예전에는 그곳에 무어인들도 있었던 것 같다. 불쌍한 녀석들, 얼마나 추웠을까. 우리 진지 왼쪽으로 2, 3킬로미터 떨어진 지점에서 전선이 끝났고 숲이 울창한 저지대 전원지대가 이어졌다. 그곳은 파시스트와 우리 진영 어느 쪽에도 속하지 않았다. 우리 진영과 그쪽 진영 모두 낮에는 그곳으로 정찰을 나가곤 했다. 보이스카우트 식으로 보면 그럭저럭 재밌었다. 내가 파시스트 정찰병을 가장 가까이에서 본 게 몇 백 미터나 떨어진 곳이기는 했지만. 배를 땅에 대고 하염없이 기

25) 8세기경에 이베리아 반도를 정복한 이슬람교도를 막연히 부르던 말.-역자주

어가다 보면 파시스트 진영까지 나아갈 수 있었다. 그뿐만 아니라 농가에 군주제 지지자들의 깃발이 걸려 있는 것을 볼 수도 있었는데, 그곳이 바로 그 지역의 파시스트 본부였다. 우리는 간간이 집중 사격을 퍼붓고는 적의 기관총들이 우리를 발견하기 전에 엄폐물 뒤로 잽싸게 몸을 숨기기도 했다. 유리창 몇 장 정도는 깼으면 하는 바람이지만 족히 8백 미터는 떨어져 있는데다가 우리 소총으로는 그런 거리에서 겨냥조차 맞추지 못할 것이 뻔했다.

날씨는 대체로 맑고 추웠다. 간혹 한낮에 햇볕이 내리쬘 때도 있었지만 늘 추웠다. 산비탈 여기저기에서 야생 크로커스나 아이리스가 녹색 주둥이를 빼꼼히 내민 모습이 눈에 띄었다. 봄이 오고 있음이 분명했지만 아주 느릿느릿 오고 있었다. 밤은 그 어느 때보다 추웠다. 새벽녘 보초 근무를 마치고 나면 취사장에서 쓰다 남은 불을 긁어모은 후에 벌겋게 타오르는 잉걸불 주위에 서 있곤 했다. 군화에는 나빴지만 발에는 정말 좋았다. 그러나 산꼭대기 사이사이로 새벽이 밝아오는 모습이 하도 멋져서 이른 시각에 잠자리에서 일어나는 게 괴롭지 않은 그런 아침도 있었다. 사실 나는 산을 싫어한다. 일대 장관을 이룬다고 해도 마찬가지다. 하지만 우리 뒤쪽 산봉우리들 너머로 동이 트는 광경은 이따금씩 지켜볼 만했다. 어둠을 가르는 검처럼 가느다랗게 새어 나오는 첫 황금 빛줄기. 점점 강렬해지는 빛. 끝없이 펼쳐지는 암적색의 구름바다. 밤새 잠 한숨 못 잤어도, 무릎 아래로 감각이 없어도, 요기를 하려면 앞으로 세 시간은 더 지나야 한다는 생각에 마음이 울적해도 정말 놓치기 아까운 장면이었다. 나는 여태껏 살아온 나날을 모두 합친 것보다 이 전쟁 기간에 동 트는 것을 더 많이 봤다. 앞으로 살아갈 나날을 모두 합친 것보다 더 많이 본 것이었으면 하는 바람도 있다.

이곳 진지는 일손이 부족했다. 이는 보초 시간이 더 늘어나고 잡일이 더 많아지는 것을 뜻했다. 더없이 조용한 이런 전쟁에서조차 피할 길 없는 수면 부족 때문에 나는 조금씩 힘에 부치기 시작했다. 보초 근무와 정찰 임무 외에도 야간 경보와 전투태세가 계속됐다. 하지만 설령 그렇지 않더라도 그런 끔찍한 지하 굴속에서, 그것도 추위로 발이 욱신거려 죽을 지경인데, 누가 제대로 잠을 잘 수 있겠는가? 전선에서 보낸 첫 서너 달 동안 24시간 한숨도 못 잔 적이 여남은 번을 넘지는 않았을 것이다. 하지만 확신하건대 숙면을 취했던 밤도 여남은 번을 넘지 않았다. 일주일에 2, 30시간 자는 것은 예삿일이었다. 그런데 그 결과가 생각만큼 나쁘지는 않았다. 갈수록 정신이 흐리멍덩해지고 산을 오르내리는 일이 수월해지기는커녕 더 힘들어졌지만 모두 건강했고 늘 배고파했다. 세상에, 그렇게 배가 고플 수도 있다니! 모든 음식이 훌륭해 보였다. 음식에 안 들어가는 경우가 없는, 그래서 누구든 스페인에 있다 보면 쳐다보기조차 싫어지는 그 강낭콩마저 맛있게 보였다. 있는 물이라고는 몇 킬로미터 떨어진 곳에서 노새나 혹은 핍박을 받던 작은 당나귀 등에 실려 왔다. 아라곤 농민들은 무슨 연유에서인지 노새는 잘 대해주면서 당나귀는 못살게 굴었다. 당나귀가 꼼짝 않고 고집을 피우면 으레 그놈의 불알을 찼다. 초 배급은 중단됐고 성냥은 동이 날 지경이었다. 스페인 병사들은 우리에게 연유 깡통과 탄약통 클립과 헝겊 조각으로 올리브유 램프를 만드는 법을 가르쳐 주었다. 흔치는 않았지만 올리브유만 있으면 이런 것들이 연기와 함께 깜박깜박 섬광을 일으키며 촛불의 4분의 1 밝기로 타올랐다. 그 정도면 옆에 있는 자기 소총을 찾을 수는 있었다.

실제로 전투가 벌어질 가능성은 전혀 없는 듯 보였다. 포세로 산을 떠날 때 내 탄약통을 세어 보니 3주가 다 되도록 내가 적에게 쏜 총알이 고작 세 발이었다. 한 사람을 죽이는 데 천 개의 총알이 필요하다고 한다. 그렇다면 내가 파시스트 한 명을 죽이려면 족히 스무 해는 걸린다는 소리가 아닌가. 오스쿠로 산에서는 전선도 더 가깝고 총도 더 자주 쐈지만 확신컨대 나는 아무도 맞추지 못했다. 사실 이곳 전선에서, 그리고 이 시기 전쟁에서 실질적인 무기는 총이 아니라 확성기였다. 적을 죽일 수 없으니 대신 고함이라도 지를 수밖에. 이런 전쟁 방식은 너무 이례적이어서 설명이 필요하다.

전선이 소리쳐 들릴 만큼 가까운 거리에 있을 때는 늘 서로가 참호에서 고래고래 소리를 지르곤 했다. 우리 편에서는 "파시스타스, 마리콘네스!"라고, 파시스트 편에서는 "비바 에스파냐! 비바 프랑코!"라고 고함을 쳤다. 우리 편에 영국인들이 있다는 걸 알기라도 하면 파시스트들은 "영국 놈들은 집으로 가라! 외국인은 필요 없다!"라고 외쳤다. 정부 진영과 정당 의용군에서는 적의 사기 저하를 위해 소리를 지르며 선전 공세를 펼치는 것을 정규 전술로 발전시켰다. 주로 기관총 사수들이기는 했지만, 어쨌든 적절한 위치에 있는 병사는 누구나 소리치는 임무 때문에 핀잔을 들었고 확성기를 제공받았다. 일반적으로 정해진 틀에 맞춰 소리를 질렀는데, 혁명적 감성으로 가득한 것들이었다. 파시스트 병사들은 국제 자본주의의 앞잡이에 불과하다, 자기 계급에 맞서 싸우고 있다 등의 설명조로 그들을 자극했고, 그러니 우리 진영으로 넘어오라고 촉구했다. 이런 선전 공세는 병사들이 돌아가면서 계속해서 반복 또 반복했다. 때로는 밤새 계속되기도 했다. 거의 의심의 여지없이 그것은 나름 효과가 있었다. 파시스트 탈영병들이 질금질금 넘어오는 것이 그것 때문이라는 데 모두가 동의했다. 생각해 보라. 어느 불쌍한 보초병이, 그것도 자기 의지와 무관하게 징집된 사회주의자 혹은 무정부주의자 노동조합원일 가능성이 높은 보초병이 초소에서 추위에 떨고 있는데 "자기 계급에 맞서 싸우지 마라!"라는 외침이 어둠을 뚫고 반복해서 울린다면 어찌 마음이 흔들리지 않겠는가. 그것은 탈영을 할지 안 할지를 결정짓는 한 방이 될 수도 있다. 물론 그런 행위는 영국인들이 생각하는 전쟁에서는 있을 수 없는 일이다. 사실 그런 장면을 처음 목격했을 때 나는 놀라고 분개했다. 적을 쏴 죽일 생각은 않고 자기편으로 만들려고 하다니! 하지만 지금은 어떤 관점에서 보든 참으로 적절한 묘책이었다는 생각이 든다. 일반적인 참호전에서 대포가 없으면 적에게 인명 손실을 입히기가 그에 필적하는 인명 손실을 입지 않고는 극히 어렵다. 그러니 적의 탈영을 도와 일정수의 병력을 마비시킬 수 있다면 그만큼 더 좋지 않겠는가. 게다가 탈영병은 정보를 제공하는 경우도 있기 때문에 실제로 시체보다 훨씬 유용하다. 하지만 처음에는 우리 모두 그런 행동에 실망했다. 그런 모습을 보면서 우리는 스페인 병사들이 그들 것인 이 전쟁을 충분히 진지하게 여기고 있지 않다고 느꼈다. 우리 오른편 아래에 위치한 카탈루냐통합사회당 초소에서 소리를 지르던 한 병사는 그 일에서 예술가 뺨칠 정도였다. 때로는 파시스트들에게 혁명적 구호 대신 우리가 그들보다 얼마나 잘 먹는지 외쳤다. 정부 배급량에 대해 말할 때는 툭하면 약간의 상상력을 보태곤 했다. "버터 바른 토스트! 우린 여기 앉아서 버터 바른 토스트를 먹고 있다! 정말 꿀맛이야!"라고 외치면 그의 목소리가 적막한 계곡을 가로질러 울려 퍼졌다. 우리처럼 그 또한 몇 주 아니 몇 달 동안 버터는 구경조차 못했으리라는 걸 나는 의심하지 않는다. 하지만 살을 에는 듯 추운 밤에 버터 바른 토스트 소식은 많은 파시스트들 입에 군침을 돌게 했을 게 뻔했다. 그가 거짓말을 하고 있다는 것을 아는 나도 입에 군침이 돌았으니까.

2월 어느 날 우리는 파시스트 비행기가 다가오는 것을 봤다. 늘 하던 대로 기관총을 트인 곳으로 끌고 나와 총신을 위로 젖히고 정확한 조준을 위해 모두가 바닥에 등을 대고 누웠다. 우리의 고립된 진지들은 폭격할 가치도 없었기 때문에 우리 상공을 지나가는 몇 안 되는 파시스트 비행기들은 기관총 사격을 피해 우회하곤 했다. 하지만 이번에는 곧장, 그것도 기관총으로 사격해봤자 아무 소용이 없을 정도로 높이 떠서 날아왔다. 그런데 비행기에서 폭탄이 아니라 하얗고 반짝거리는 것들이 공중에서 엎치락뒤치락하며 떨어지고 있었다. 그중 몇 개가 펄럭대며 우리 진지까지 날아들었다. 〈에랄도데아라곤〉이라는 파시스트 신문의 복사본들이었는데, 말라가를 함락했다고 쓰여 있었다.

그날 밤 파시스트들은 실패로 끝난 공격을 감행했다. 나는 반송장과 다름없이 깊은 잠에 빠져있었는데, 갑자기 머리 위로 총알이 빗발치며 날아왔고 누군가가 소리치며 방공호로 뛰어 들어왔다. "적이 쳐들어왔다!" 나는 소총을 집어 들고는 진지 꼭대기, 기관총 옆에 위치한 내 초소로 미끄러지듯 올라갔다. 칠흑처럼 어두웠고 귀청이 터질 듯 시끄러웠다. 기관총 다섯 정가량이 우리를 향해 난사했던 것 같다. 천지를 뒤흔드는 육중한 굉음이 잇달았다. 파시스트들이 자기네 흉벽 너머로 수류탄을 던지는 바람에 천지를 뒤흔드는 육중한 굉음도 잇달았다. 한심하기 짝이 없었다. 정말 깜깜했다. 우리 왼쪽 계곡 아래에서는 소총들이 초록빛 섬광을 뿜어대고 있었다. 정찰병들로 보이는 적은 수의 파시스트 무리가 전투에 합류한 것이었다. 어둠 속에서 총알들이 핑 소리를 내며 우리 주위를 날아다녔다. 몇몇 포탄이 머리 위로 휙 지나가곤 했지만 우리 근처에 떨어지는 일도 없었을 뿐만 아니라 이 전쟁에서 늘 그랬듯이 대부분이 불발탄이었다. 우리 후방 산꼭대기에서 또 다른 기관총 한 정이 사격을 개시하는 순간 나는 불길한 느낌이 들었다. 알고 보니 우리를 엄호하기 위해 끌고 간 것이었다. 하지만 당시에는 우리가 포위된 줄로만 알았다. 늘 그 빌어먹을 탄약통 때문에 그랬지만, 우리 기관총은 이내 고장이 났고 한 치 앞도 안 보이는 어둠 속에서 꽂을대마저 자취를 감췄다. 가만히 앉아서 총에 맞기만을 기다리는 수밖에 없는 듯 보였다. 스페인 기관총 사수들은 몸을 숨기는 것을 경멸했을 뿐만 아니라 사실 일부러 몸을 죄다 드러냈기 때문에 나도 그렇게 할 수밖에 없었다. 대단한 것은 아니었지만 그때 전투 경험은 매우 흥미진진했다. 포화 속에 있었다고 거리낌 없이 말할 수 있는 최초의 전투였고, 창피스럽게도 나는 몹시 겁에 질려 있었다. 누구라도 그런 집중 포화 속에서라면 똑같이 겁을 먹는다. 총에 맞는 것보다 어디에 총을 맞을지 몰라 더 두렵다. 총알이 내 몸 어디를 할퀴고 갈지 내내 안절부절못하게 되고 그 때문에 몸 전체가 심히 불쾌할 정도로 예민해진다.

한두 시간 지나자 총질이 뜸해지더니 곧 쥐 죽은 듯 잠잠해졌다. 우리 쪽 부상자는 고작 한 명이었다. 파시스트들은 두서너 정의 기관총을 가지고 중립지대까지 진격했지만 안전거리를 유지했고 우리 흉벽을 공격하려고 하지도 않았다. 사실 그들은 공격을 한 것이 아니라 탄약통을 낭비해 가면서 말라가 함락을 요란스레 축하했을 뿐이었다. 무엇보다도 중요한 것은 이번 전투로 내가 전쟁과 관련된 신문 보도를 더욱더 불신의 눈으로 읽게 됐다는 점이다. 그로부터 하루 이틀 지나서 신문과 라디오에서 기병대와 탱크를 동원한(그것도 경사가 직각인 산비탈에서!) 대대적인 공격이 있었으나 영웅적인 영국 병사들이 대파했다고 떠들어대는 게 아닌가.

파시스트들이 말라가를 함락했다고 떠벌릴 때 우리는 거짓말이라고 생각했지만 그 다음날 훨씬 설득력 있는 소문이 나돌았고, 하루 이틀 후에 이를 인정하는 공식 발표가 있었다. 그리고 낮부끄러운 전모가 점차 드러났다. 어떻게 총 한 발 쏘지 않고 그 도시를 적에게 비워주었는지, 사라진 군인들이 아니라 가엾은 민간인들이 화난 이탈리아 병사들한테 어떻게 날벼락을 맞았는지. 심지어 쫓기다가 150킬로미터도 넘은 지점에서 기관총 사격을 당한 민간인들도 있었다. 이 소식은 전선 전역에 찬물을 끼얹었다. 진실이 뭐였든 간에 의용병들은 하나같이 배신 때문에 말라가를 잃었다고 믿었다. 그때 나는 처음으로 배신이니 분열된 목표니 하는 말을 들었다. 이 때문에 내 마음속에 이 전쟁에 대한 의혹이 어렴풋이 싹트기 시작했다. 그전까지만 해도 시시비비가 아주 간단명료해 보였건만.

2월 중순에 우리는 오스쿠로 산을 떠났고, 그쪽 지구의 모든 통일노동자당 부대와 함께, 우에스카를 포위하고 있던 병력에 합류했다. 트럭을 타고 겨울 평원을 가로질러 80킬로미터가량 이동했다. 손질해 놓은 포도덩굴에는 아직 싹이 나지 않은 상태였고 겨울보리 잎들은 울퉁불퉁한 땅을 비집고 올라오고 있었다. 우리의 새 참호에서 4킬로미터 떨어진 우에스카는 인형의 집 도시처럼 작고 선명하게 반짝였다. 몇 달 전 시에타모를 점령했을 때 정부군을 지휘하던 장군이 "우리는 내일 우에스카에서 커피를 마실 거야."라고 신나서 말한 적이 있었다. 하지만 이내 그가 틀렸음이 드러났다. 피비린내 나는 공격이 이어졌지만 우에스카는 함락되지 않았고, "우리는 내일 우에스카에서 커피를 마실 거야."란 말은 전 군대의 우스갯소리로 전락하고 말았다. 내가 스페인에 다시 가게 되면 어떻게든 우에스카에서 꼭 커피를 마실 거다.

5장

우에스카 동쪽에서는 3월 말까지 아무 일도 일어나지 않았다. 진짜 말 그대로 아무 일도. 우리는 적과 천이백 미터 떨어져 있었다. 파시스트들이 우에스카로 쫓겨 갈 때 그쪽 전선을 맡았던 공화국 군대는 적들을 쫓아가려고 안달하지 않았고 이로 말미암아 그쪽 전선에 일종의 고립지대가 형성됐다. 물론 언젠가는 필히 그곳을 공격해야 할 테고 포화 속에서 수월찮은 일이 될 테지만 당장은 적들이 존재하지 않는 것이나 마찬가지였다. 우리는 몸을 녹이고 배불리 먹고 싶다는 생각뿐이었다. 사실 이 시기에 나는 매우 흥미로운 사실들을 발견했고 차후에 그 일부를 소개할 생각이다. 하지만 이 시점에서 정부 쪽의 내부 정치 사정을 조금이나마 설명한다면 사건의 추이를 따라가는 데 보탬이 될 듯싶다.

나는 이 전쟁의 정치적 측면을 처음에는 무시하다가 이 시기가 돼서야 부득불 관심을 기울이게 됐다. 정당 정치의 참상에 관심이 없는 사람은 이 부분은 그냥 넘어가도 좋다. 그렇게 하라고 전체 이야기 중에서 정치 부분을 별도로 구성한 것이니까. 하지만 스페인 내전을 오로지 군사적 각도로만 기술한다는 것은 사실상 불가능하다. 스페인 내전은 무엇보다도 정치적인 전쟁이었다. 따라서 정부 진영 배후에서 진행되던 정당 간의 투쟁을 아예 모르고서는 그 어떤 사건도, 적어도 첫해에 일어난 사건은 이해가 불가하다.

내가 스페인에 도착했을 때 그리고 그 후 얼마동안 정치 상황에 무관심했을 뿐만 아니라 아는 것도 없었다. 전쟁 중이라는 사실만 알았지 어떤 성격의 전쟁이었는지 몰랐다. 누가 내게 왜 의용군에 입대했냐고 물었다면 나는 '파시스트에 대항하기 위해'라고 대답했을 것이고, 무얼 위해 싸우느냐고 물었다면 '보통 사람들의 품위'를 위해서라고 대답했을 것이다. 히틀러의 앞잡이 블림프스 대령[26]이 군대를 동원해 일으킨 광란으로부터 문명을 수호하기 위한 투쟁이라고 이 전쟁을 치켜세우던 〈뉴스클로니클〉지[27]와 〈뉴스테이츠먼〉지[28]의 견해를 믿었다. 나는 바르셀로나의 혁명적 분위기에 매료됐지만 이를 이해하려고 시도조차 하지 않았다. 정당과 노동조합은 왜 그리도 많은지. 그 짜증스러운 명칭은 또 어떤가. P.S.U.C., P.O.U.M., F.A.I., C.N.T., U.G.T., J.C.I., J.S.U., A.I.T.[29] 등 생각만 해도 진절머리가 날 뿐이었다. 언뜻 보기에 스

---

26) 영국 만화가 데이비드 로우(1891-1963)가 그린 만화 속 등장인물 블림프 대령에서 따온 것으로, 거만하고 다혈질인 맹신적인 애국자를 상징함.-역자주

27) 1930년에 창간된 영국 자유당 계열 신문.-역자주

28) 1913년 창간된 영국의 시사주간지.-역자주

29) 순서대로 카탈루냐통합사회당, 마르크스통일노동자당, 이베리아무정부

페인은 머리글자 전염병을 앓고 있는 듯 보였다. 나는 내가 통일노동자당 소속의 의용병이라는 것은 알았지만 (내가 통일노동자당 의용병에 입대한 것은 영국의 독립노동자당에서 준 증명서를 가지고 바르셀로나에 도착했다는 오직 그 이유 하나 때문이었다) 정당 간 차이가 그토록 심한 줄은 몰랐다. 포세로 산에서 의용병들이 우리 왼쪽 진지를 가리키며 "저기는 사회주의자들(통합사회당을 뜻한다) 진지야."라고 말했을 때 나는 당황스러워하며 "우리 모두 사회주의자가 아닌가?"라고 대꾸한 적이 있었다. 내가 생각하기에 목숨을 걸고 싸우는 사람들이 각기 다른 정당에 소속돼 있다는 것은 바보 같은 짓이었다. "왜 우리는 이 당찮은 정치 놀음을 집어치고 전쟁이나 잘하면 안 되는 걸까?"라고 나는 늘 생각했다. 물론 아주 올바른 '반(反)파시스트적' 태도였다. 사람들이 이 투쟁의 본질을 파악하지 못하게 영국 신문들이 조심스럽게 유포했던 바로 그 태도. 하지만 스페인, 특히 카탈루냐에서는 그 누구도 무한정 그런 태도를 따를 수 없었을 뿐만 아니라 따르지도 않았다. 아무리 내키지 않아도 누구나 조만간은 어느 한쪽 편을 들었다. 설령 정당들과 그들의 상충되는 '노선'에 대해 무관심한 사람일지라도 자기 운명이 결부돼 있음을 잘 알았기 때문이다. 의용병은 프랑코에 맞서 싸우는 군인이었지만 그와 동시에 결판을 지어야 하는 두 정치 이론 간의 거대한 투쟁에 끌려나온 볼모

주의연합, 전국노동총연맹, 노동자총연합, 이베리아공산주의청년단, 통합사회주의청년단, 이베리아무정부주의자연맹의 약칭.-역자주

이기도 했다. 나는 땔감을 구하러 산비탈을 헤집고 다니면서 이런 것이 정말 전쟁인지 아니면 〈뉴스클로니클〉지가 꾸며낸 것인지 의문이 들었고, 바르셀로나 폭동에서 공산주의자의 기관총을 피해 다녔고, 경찰에게 뒤를 바짝 쫓기다가 구사일생으로 스페인에서 도망쳤다. 그 모든 일이 그런 험한 꼴로 내게 일어난 이유는 내가 P.S.U.C.가 아닌 P.O.U.M. 의용병이었기 때문이다. 그 두 머리글자의 차이가 그토록 크다니!

정부 쪽 구성을 이해하려면 전쟁이 어떻게 시작됐는지 기억할 필요가 있다. 7월 18일 전쟁이 발발했을 때 유럽 각지의 반(反)파시스트들은 희망의 전율을 느꼈을 것이다. 이곳에서 마침내 민주주의가 파시즘에 대항해 일어선 듯 보였기 때문이다. 수년 동안 소위 민주주의 국가들은 사사건건 파시즘에 굴복했다. 일본인들은 중국 만주에서 아무런 제재 없이 자기네 하고픈 대로 했다. 히틀러는 권력을 움켜쥐자 정적을 있는 대로 학살했다. 무솔리니가 아비시니아인들을 폭격할 때는 53개국(53개국이었다고 생각한다)이 '중지'라는 비현실적인 잡음만 냈다. 하지만 프랑코가 온건한 좌익 정부를 전복하려고 하자 스페인 국민은 모든 예측을 깨고 그에 대항해 일어섰다. 이로 말미암아 형세가 뒤바뀔 것처럼 보였고 또 얼마든지 그럴 가능성이 있었다.

하지만 널리 주목 받지 못한 사항이 몇 가지 있었다. 우선 프랑코는 엄격히 말해서 히틀러나 무솔리니에 버금가는 인물이 아니었다. 그의 봉기는 귀족 계급과 교회를 등에 업고 일으킨 군사적 반란이었다. 따라서 대체로, 특히 초기에 파시즘을 앞세우기보다는 봉건제로 회귀하려고 했다. 이런 사실은 노동자 계급만이 아니라 다양한 자유주의적 부르주아 집단들, 즉 파시즘이 좀 더 현대화된 형태를 띠고 나타나면 바로 그 지지자로 돌변하는 바로 그런 사람들까지도 프랑코에 저항했음을 뜻한다. 하지만 이보다 더 중요한 사실은 스페인의 노동자 계급이 '민주주의'와 현 체제 수호를 내걸고 프랑코에 저항한 것이 아니라는 점이다. 영국에서라면 충분히 그런 목표를 내걸었을 텐데. 그들은 저항뿐만 아니라 명명백백한 혁명을 일으켰다. 아니 그 저항 자체가 혁명으로 이루어져 있다고 말해도 좋을 듯싶다. 토지는 농민이 몰수했고, 수많은 공장과 대부분의 운송수단은 노동조합이 몰수했다. 교회는 파괴됐고 성직자는 내쫓기거나 살해됐다. 〈데일리메일〉지[30]가 가톨릭 성직자들의 갈채를 받으며 프랑코를 애국자로, 사악한 '빨갱이' 무리로부터 조국을 수호하려는 애국자로 기술할 수 있었던 것도 바로 그 때문이었다.

전쟁 발발 후 처음 몇 달 동안 프랑코의 실질적인 적은 정부라기보다 노동조합이었다. 프랑코가 반란을 일으키자마자 조직화된 도시 노동자들은 총파업으로 응대했고 정부 군수창고에 가서 무기를 달라고 요구했으며 투쟁을 통해 무기를 얻어냈다. 노동자들이 자발적으로 그리고 독립적으로 행동하지 않았더라면 프랑코는 전혀 제지받지 않았을 것이다. 물론 장담할 수 있는 것은 아니지만 적어도 그렇게 생각할 만한 근거가 있다. 정부는 이미 오

---

30) 1896년 영국에서 창간된 조간신문.-역자주

래 전부터 예측했음에도 프랑코 반란을 미연에 방지하려는 시도조차 거의 하지 않았다. 심지어 문제가 터졌을 때조차 정부의 태도는 미온적이고 우유부단했다. 단 하루 만에 총리가 세 차례나 바뀔 정도였다.[31] 게다가 당면한 상황을 피할 수 있는 유일한 조치 즉 노동자들을 무장시키는 조치를 민중의 거센 요구에 마지못해 취했다. 결국 무기가 지급됐고 스페인 동부의 대도시들에서 파시스트가 대파됐다. 노동자 계급이 각고의 노력을 기울인 결과였다. 정부에 충성하던 일부 무장 군대(돌격대 등)에게서 지원을 받기는 했지만 말이다. 이는 혁명적 목적의식, 예를 들어 현 체제보다 더 나은 무언가를 위해 싸우고 있다는 믿음을 가진 사람들만이 할 수 있는 노력이었다. 여러 저항의 중심지에서 단 하루에 삼천 명이 거리에서 죽었다고 한다. 다이너마이트만으로 무장한 남녀들이 광장을 가로질러 돌진했고, 기관총으로 무장한 훈련된 군인들이 장악하고 있던 석조건물들을 급습했다. 파시스트들이 전략적 요지에 설치해 놓은 기관총 포대들은 시속 백 킬로미터로 돌진하는 택시들에 박살났다. 설령 농민이 주도한 토지 몰수나 지역 소비에트 수립 등에 대해 들어본 적이 없는 사람일지라도 저항의 중추 역할을 했던 무정부주의자들과 사회주의자들이 자본주의적 민주주의의 보존을 위해 이런 일들을 했을 거라고는 믿기 힘들 것이다. 더군다나 무정부주의자 관점에서 그런 체제는 중앙

31) 키로가에서 바리오스로, 그리고 히랄로 바뀌었다. 처음 두 총리는 노동조합에 무기를 나눠 주는 것을 거부했다.-저자주

집권적 사취 기계에 불과하지 않던가.

그런 와중에 노동자들의 수중으로 무기가 들어왔고, 이 시기에 이르러 그들은 무기를 내놓으려 하지 않았다. (심지어 1년이 지난 뒤에도 카탈루냐의 무정부주의적 노동조합주의자들은 3만 정의 소총을 보유한 것으로 추산됐다.) 친파시스트 대지주들의 토지는 많은 곳에서 농민들에게 몰수당했다. 산업과 운송수단의 집산화와 더불어, 지역위원회, 구시대의 친자본주의적 경찰을 대신하는 노동자 순찰대, 노동조합에 토대를 둔 노동자 의용군 등을 통해 엉성하게나마 노동자 정부를 출범하려는 시도도 있었다. 물론 그 과정이 균일하게 진행된 것은 아니었는데, 여느 곳보다 카탈루냐에서 가장 많은 진전을 이뤘다. 일부 지역에서는 지방정부 기관들이 거의 고스란히 유지됐고, 그런 기관들이 혁명 위원회와 병존하는 지역 또한 있었다. 몇몇 지역에서는 독립적인 무정부주의자 코뮌이 세워지기도 했는데, 그중 일부는 1년 후까지 지속되다가 물리력을 동원한 정부에 진압당했다. 카탈루냐는 처음 몇 달 동안 실질적 권력이 주로 무정부주의적 노동조합주의자들의 수중에 있었고, 그들은 대부분의 주요 산업을 통제했다. 사실 스페인에서 일어난 일은 단순히 내전이 아니라 혁명의 시작이었다. 그런데 스페인 외부의 반(反)파시스트 언론은 바로 이러한 사실을 모호하게 만들려고 열을 올렸다. 이 사안은 '파시스트와 민주주의의 대결'로 협소화됐고 혁명적 측면은 최대한 은폐됐다. 언론이 훨씬 중앙집권적이고 대중이 여느 나라 대중보다 훨씬 잘 속는 영국에서는 스페인 내전과 관련해 달랑 두 가지 견해만이 언론의 주목을 받고 있다. 하나는 애국적인 기독교인들과 피로 물든 볼셰비키들의 대결이라는 우익적 견해이며 다른 하나는 신사적인 공화주의자들이 군사 반란을 진압하고 있다는 좌익적 견해다. 이런 식으로 핵심 사안이 성공리에 은폐되고 있다.

이렇게 하는 데는 몇 가지 이유가 있었다. 우선 친파시스트 언론을 통해 잔혹 행위에 대한 어처구니없는 거짓말들이 유포되고 있었기 때문에 선의의 선전원들은 스페인 정부를 도우려면 스페인이 '빨갱이 국가'가 됐다는 것을 부인해야 한다고 생각했음이 분명했다. 하지만 주된 이유는 각국의 소규모 혁명집단들을 제외한 전 세계가 스페인 혁명을 막기로 결정했다는 점에 있었다. 특히 공산당은 그 배후에 있는 소비에트 러시아와 함께 혁명을 막는 데 온 힘을 쏟았다. 이 단계에서 혁명은 치명적일 뿐이므로 스페인은 노동자의 지배가 아니라 부르주아 민주주의를 목표로 삼아야 한다는 것이 공산주의자들의 강령이었다. '자유주의적' 자본가들이 왜 그들과 동일한 노선을 취했는지는 굳이 언급할 필요조차 없다. 스페인에는 막대한 규모의 외국자본이 투자된 상태였다. 예를 들어 바르셀로나트랙션이라는 전력회사는 천만 파운드의 영국 자본을 대변했다. 그런데 노동조합이 카탈루냐의 모든 운송수단을 몰수했던 것이다. 혁명이 지속될 경우 보상 받을 길이 전혀 없거나 몇 푼 못 건질 판이었다. 반면에 자본주의 공화국이 승리하면 외국의 투자 자본은 아무 탈이 없을 터였다. 따라서 혁명은 진압돼야만 했고 이를 위해 혁명이 애당초 일어난 적도 없는 체함으로써 모든 상황을 지극히 단순화했다. 이런 식으로 매 사건의 참된 의의가 은폐될 수 있었고, 노동조합에서 중앙 정부로의 모든 권력 이동이 군의 재정비에 불가결한 단계처럼 기술될 수 있었다. 그 결과 몹시 특이한 상황이 벌어졌다. 스페인 밖에서는 혁명이 일어났다는 사실을 아는 사람이 거의 없었다. 반면에 스페인 내부에서는 혁명의 발발을 의심하는 사람이 아무도 없었다. 심지어 카탈루냐통합사회당 신문들도 공산주의자의 통제하에서 반(反)혁명적 정책에 헌신했음에도 '우리의 영광스러운 혁명'에 관해 이야기했다. 하지만 외국의 공산주의 언론은 그 어디에도 혁명의 징조는 없다고 외쳤다. 공장 몰수나 노동자 위원회 창설 등은 일어난 적도 없는 일이거나, 그렇지 않으면 '정치적 의의'가 전혀 없는 일이었다. 〈데일리워커〉지[32](1936년 8월 6일자)에 따르면 스페인 사람들이 사회 혁명을 위해 싸운다거나 혹은 부르주아 민주주의가 아닌 다른 어떤 것을 위해 싸운다고 말한 사람들은 '새빨간 거짓말을 하는 불량배들'이었다. 반면에 발렌시아 지방정부의 각료인 후안 로페스는 1937년 2월에 "스페인 국민은 민주주의 공화국과 명색뿐인 헌법이 아니라 ……혁명을 위해 피를 흘리고 있다"고 선언했다. 그러니 새빨간 거짓말을 하는 불량배에는 우리가 싸워서 지켜야 할 정부 각료들도 포함된 것처럼 보였을 것이다. 외국의 반(反)파시스트 신문들 중 일부는 교회가 파시스트 요새로 사용됐을 때만 공격을 받았던 것처럼 거짓말을 하는 한심스런 작태를 보이기도 했다. 사실 교회는 곳곳

32) 영국에서는 1939년, 미국에서는 1924년 창간된 공산당 기관지.-역자주

에서 약탈당했고, 이는 스페인 교회가 자본주의자들의 부정한 돈벌이 수단에 불과했음이 명백했기 때문에 당연한 일이었다. 스페인에서 여섯 달이 지나도록 내가 본 멀쩡한 교회는 단 두 군데뿐이었고, 1937년 7월까지 마드리드의 프로테스탄트 교회 한두 곳을 제외하고는 그 어떤 교회도 다시 문을 열어 예배를 볼 수 있게 허용되지 않았다.

어찌 됐든 그것은 혁명의 완성이 아니라 시작에 불과했다. 심지어 그럴 힘이 있을 때조차 노동자들은 정부를 전복하거나 전적으로 대체하지 않았다. 카탈루냐에서는 분명 그렇게 할 수 있었고 여느 지역에서도 가능했건만. 단연코 그들은 프랑코가 문을 쾅쾅 칠 때 그리고 중산계층이 자기편일 때 그렇게 하지 못했다. 스페인은 사회주의를 향해 전진하거나 아니면 평범한 자본주의 공화국으로 회귀할 수 있는 과도기 단계에 놓여 있었다. 농민들이 대부분의 토지를 소유했고, 프랑코가 승리하지 않는 한 계속 보유할 가능성이 높았다. 대규모 산업들은 집산화됐지만, 그대로 유지될지 아니면 자본주의가 재도입될지는 종국에 어느 집단이 통제권을 장악하느냐에 달려 있었다. 초기에 중앙정부와 헤네랄리테데 카탈루냐(반(半)자치적인 카탈루냐정부) 양쪽 모두 분명히 노동자 계급을 대변한다고 말할 수 있었다. 중앙정부의 수반은 좌익 사회주의자인 카바예로였고, 장관에는 노동자총연합(사회주의 노동조합)과 전국노동총연맹(무정부주의자들의 통제하에 있던 노동조합주의 노조)을 대표하는 이들이 포함돼 있었다. 사실상 헤네랄리테는 잠시나마 반(反)파시스트 방어위원회[33]로 대체됐는데, 주로 노동조합 대표자들로 구성됐다. 나중에 방어위원회는 해체됐고 헤네랄리테는 노동조합과 여러 좌익 정당을 대변하기 위해 재편성됐다. 그러나 차후에 이어진 모든 정부 개편은 우익 쪽으로 기울었다. 통일노동자당이 첫 타자로 헤네랄리테에서 축출됐다. 여섯 달 후에는 카바예로의 수장 자리를 우익 사회주의자 네그린에게 넘겨주었고, 그 직후에 전국노동총연맹과 노동자총연합이 차례로 정부에서 쫓겨났다. 그런 다음에는 전국노동총연맹이 헤네랄리테에서 축출됐다. 결국 정부에는 우익 사회주의자와 자유주의자와 공산주의자만 남았다. 전쟁과 혁명이 발발한 지 1년 후의 일이었다.

이러한 우익으로의 총체적 선회는 1936년 10월과 11월, 즉 소련이 정부에 무기를 공급하면서 무정부주의자에게서 공산주의자에게로 서서히 권력이 이동하던 때로 거슬러 올라간다. 러시아와 멕시코를 제외하고는 스페인 정부를 구하러 올 만큼 품위를 갖춘 나라가 하나도 없었으며, 멕시코는 누가 봐도 뻔한 이유로 무기를 대량으로 공급하지 못했다. 결과적으로 러시아가 조건들을 좌우할 수 있는 위치에 놓였다. 그리고 그 조건들이 본질적으로 "혁명을 저지하라. 그렇지 않으면 무기 지원은 없다."이었을

33) 스페인어로 Comite Central de Milicias Antifascistas다. 대표자들은 각 조직의 회원 수에 비례해 선출됐다. 구체적으로, 노동조합들에서는 아홉 명, 카탈루냐의 자유주의적 정당들에서는 세 명, 여러 마르크스주의 정당들(통일노동자당, 공산당 등)에서는 두 명이 대표자로 선출됐다.-저자주

것이 분명하다. 혁명파들을 향한 첫 번째 조치, 즉 카탈루냐의 헤네랄리테에서 통일노동자당을 축출하는 일 또한 소련의 지시로 행해졌을 것이 거의 확실하다. 러시아 정부의 직접적인 압력설은 줄곧 부인됐지만, 압력을 행사했다한들 그게 뭐 그리 중요한가. 어차피 각국의 공산당은 러시아의 정책을 따르기 마련인데. 따라서 처음에는 통일노동자당, 그 다음에는 무정부주의자, 또 그 다음에는 카바예로를 따르는 사회주의 일파, 그리고 혁명 정책 전반 등을 반대하고 나선 주동자가 바로 공산당이었음은 아무도 부인하지 않는다. 일단 소련이 끼어들자 공산당의 승리는 확실했다. 우선, 무기를 대주는 러시아에 대한 고마움, 그리고 특히 국제여단이 도착한 이후 공산당이 능히 전쟁에서 승리를 거머쥘 것처럼 보였다는 사실, 바로 이러한 점 때문에 공산당의 위신이 하늘을 찔렀다. 둘째, 러시아의 무기가 공산당과 그 연합 정당들을 통해 공급됐고, 그들은 무기가 가능한 정적의 수중에 들어가지 못하게 단단히 주의를 기울였다.[34] 셋째, 반(反)혁명적인 정책을 선언함으로써 공산주의자들은 극단주의자들 때문에 잔뜩 겁먹은 사람들을 모두 자기편으로 끌어 들일 수 있었다. 예를 들어 무정부주의자의 집산화 정책에 반대하는 부유한 농민들을 결집시키기가 쉬웠다. 공산당원 수가 급증했다. 주된 유입 계층은 상점주인과 관

34) 이 때문에 부대원이 대부분 무정부주의자였던 아라곤 전선에 러시아 무기가 그렇게 적었던 것이다. 1937년 4월 전까지 러시아산인지 아닌지 확실치 않은 비행기 몇 대를 제외하면 내가 본 러시아산 무기라고는 기관단총 한 정뿐이었다.-저자주

료, 장교, 부유한 농민 등과 같은 중산계층이었다. 전쟁은 본질적으로 삼파전이었다. 프랑코에 맞선 싸움은 계속돼야 했지만 정부는 그와 더불어 노동조합 수중에 남아 있는 권력을 되찾아 와야 했다. 이를 위해 일련의 작은 조치들이 아주 교묘하고 총체적으로 실행됐다. 어떤 이는 이런 조치들을 몹시 성가신 정책이라고 부르기도 했다. 전면적이고 겉으로 확연히 드러나는 반(反)혁명적 조치들은 전혀 없었기 때문에 1937년 5월까지 무력을 사용할 필요조차 없었다. "이러저러한 것을 안 하면 우리는 전쟁에 지고 말 것이다."라는 진술할 가치조차 없는 너무 빤한 주장을 통해 노동자들을 굴복시킬 수 있었다. 두말할 나위 없이 무슨 일이 있을 때마다 노동자들은 1936년에 자신을 위해 획득했던 것을 군사적 명목으로 포기하도록 강요받았다. 그런데도 이런 주장은 실패하는 법이 거의 없었다. 혁명 정당들은 무슨 일이 있어도 전쟁에 패하고 싶지 않았으니까. 만일 전쟁에서 지면 민주주의와 혁명, 사회주의와 무정부주의란 말 자체가 무의미했다. 이로 말미암아 유일하게 문제시될 정도로 덩치가 컸던 혁명 세력인 무정부주의자들은 하나씩 양보하지 않을 수 없었다. 집산화 과정이 저지됐고 지역위원회가 해체됐으며, 노동자 순찰대가 폐지됐고 이를 대신해 복원된 전전(戰前) 경찰은 한층 강화되고 중무장한 모습으로 나타났다. 노동조합 수중에 있던 여러 핵심 산업들도 정부에 인계됐는데, 이 과정에서 일어난 사건이 바로 5월 전투의 불씨가 됐던 바르셀로나 전화교환국 접수였다. 마지막으로 무엇보다 중요한 사실은 노동조합에 기초한 노동자 의용군이 점차 해체되고 그 대신에 새로 결성된 인민군, 즉 반(半)부르주아 노선에 기초한, 계급에 따라 차등적 임금과 특권이 적용되는 '비정치적' 군대에 재배치됐다는 점이다. 아주 특수한 상황에서 이러한 조치는 결정적인 한 방과도 같았다. 그나마 가장 뒤늦게 영향을 받은 곳은 혁명 정당들의 세력이 가장 강했던 카탈루냐였다. 노동자들이 쟁취한 것을 유지할 수 있는 길은 분명코 일부 병력을 자기 수중하에 계속 놓아두는 것뿐이었다. 늘 그렇듯, 의용군 해체가 군의 효율성이라는 구실로 행해졌다. 물론 철저한 군 재조직이 필요하다는 것을 누구도 부인하지 않았다. 하지만 노동조합의 직접적인 통제하에서도 의용군을 재조직하고 효율화할 수 있었다. 사실 이러한 변화의 주된 목적은 무정부주의자들이 자기 군대를 보유하지 못하게 하는 데 있었다. 게다가 의용군의 민주적 정신 때문에 의용군은 혁명 사상의 온상지와 다름없었다. 공산주의자들은 이를 너무도 잘 알았기에 통일노동자당과 무정부주의자들이 고수하는 지위고하를 막론한 동일 임금 원칙을 쉴 새 없이 맹비난했다. 전면적인 '부르주아화,' 즉 혁명 발발 직후 몇 달 동안 유지됐던 평등주의 정신을 고의적으로 파괴하는 일이 벌어지고 있었다. 모든 것이 너무나 급속하게 일어났기 때문에 몇 달 간격으로 잇달아 스페인을 방문한 사람들은 같은 나라를 방문하는 것 같지 않다고 말하곤 했다. 표면적으로 보였던 것 그리고 잠깐이나마 노동자 국가로 보였던 것이 눈앞에서 평범한 부르주아 공화국으로, 으레 부자와 빈자로 구분되는 사회로 변해가고 있었다. 1937년 가을쯤 '사회주의자' 네그린은 대중 연설에서 "우리는 사유재산을 존중한다."고 떠들곤 했다. 전쟁 초에 파시스트에 동조했다는 혐의 때문에 해외로 도피했던 코르테스[35] 의원들도 속속 스페인으로 돌아오고 있었다.

이 모든 과정을 쉽게 이해하려면 파시즘 때문에 부르주아와 노동자가 부득이하게 특정 형태로 일시적인 동맹을 맺으면서 그 과정이 시작됐음을 유념하면 된다. 인민전선으로 알려진 이 동맹은 본질적으로 적들 간의 동맹이기 때문에 언제든 어느 한쪽 파트너가 다른 한쪽을 집어삼킴으로써 끝장날 가능성이 아주 높다. 이런 스페인 상황에서 유일하게 예기치 못했던 특이점, 그리고 스페인 밖에서 엄청난 오해를 불러일으켰던 그 주범은 정부 쪽 정당들 중에서 공산주의자들이 극좌가 아니라 극우 편에 섰다는 사실이다. 실상 그리 놀랄 일도 아닌데, 프랑스를 비롯한 여타 지역 공산당이 어쨌든 당분간은 공식적인 공산주의가 반(反)혁명 세력으로 분류돼야 한다고 그들의 전술에서 분명히 밝혔기 때문이다. 모든 코민테른 정책의 최우선 고려 사항은 이제 소련 수호이며(세계정세를 고려하면 이해할 만한 일이다), 이는 군사동맹체제에 의존한다. 특히 소련은 자본주의적 제국주의국가인 프랑스와 동맹 관계에 있다. 이 동맹은 프랑스 자본주의가 무력해지면 러시아에게 거의 무용지물이다. 따라서 프랑스 공산당의 정책은 반(反)혁명적이어야 한다. 이는 프랑스 공산주의자들이 이제 삼색기 아래서 행진하고 마르세예즈[36]를 부른다는 뜻일 뿐만 아니

35) 스페인 의회.-역자주

36) 프랑스 국가(國歌).-역자주

라, 더 중요한 것으로 자국 식민지들에서 모든 효과적인 선동을 중단해야 했다는 뜻이기도 하다. 프랑스 공산당 서기장인 토레즈는 불과 3년 전에 자국 노동자들이 속임수에 넘어가 독일 동지와 맞서 싸우는 일 따위는 결코 없을 것이라고 선언했다.[37] 그랬던 그가 이제는 자국에서 둘째가라면 서러울 정도로 목청 큰 애국자가 됐다. 어느 나라에서든 공산당의 행동은 그 나라와 소련과의 실재적 혹은 잠재적 군사적 관계를 단초로 파악될 수 있다. 예를 들어 영국의 경우 그 관계가 아직까지 불확실한 상태이고, 그런 까닭에 영국 공산당은 여전히 자국의 거국 내각에 적대적이고 겉으로는 재무장에 반대한다. 하지만 대영제국이 소련과 동맹관계 내지 군사적 이해관계를 맺을 경우, 영국 공산주의자들은 프랑스 공산주의자들처럼 훌륭한 애국자이자 제국주의자가 될 수밖에 없을 것이며, 그 전조가 이미 나타나고 있다. 스페인에서 공산당 노선은 러시아의 동맹국인 프랑스가 혁명적인 이웃국가에 강력히 반발할 것이고 스페인령 모로코의 해방을 막기 위해 온갖 수단을 총동원할 것이라는 사실에 분명코 영향을 받았다. 모스크바로부터 재정지원을 받아 붉은 혁명 이야기를 쓰는 〈데일리메일〉지는 평상시보다 훨씬 더 걷잡을 수 없이 진실에서 벗어났다. 실제로 스페인 혁명을 적극 저지하고 나선 사람은 다른 누구보다도 공산주의자들이었다. 나중에 우익 세력이 정세를 완전히 주도하게 됐을 때 혁명 지도자들을 색출하는 일에 공산주의자들이 자유주의

37) 1935년 3월 프랑스 하원에서.-저자주

자보다 훨씬 더 적극적인 모습을 보이기까지 했다.[38]

나는 스페인 혁명 첫해의 전체적 추이를 개괄적으로 설명해 보려고 애썼는데, 언제가 됐든 당시 상황을 더 쉽게 이해하는 데 이런 설명이 보탬이 되기 때문이다. 그러나 앞서 말한 설명에 함축된 내 견해가 2월에 생각했던 것과 전적으로 일치하지는 않는다. 우선, 나를 대오각성토록 한 일은 당시에 아직 일어나지 않았고, 설령 그랬다 치더라도 내가 동조했던 견해는 여러 모로 지금과 달랐다. 이는 부분적으로나마 내가 전쟁의 정치적 측면을 따분해 했고 이로 말미암아 내가 가장 많이 들었던 견해, 예를 들어 통일노동자당과 독립노동자당의 견해에 자연스레 반감을 갖게 됐기 때문이다. 나와 함께 있던 영국인들은 공산당 당원 몇 명을 제외하고 대부분이 독립노동당 당원이었으며 그들 대부분이 나보다 정치적으로 훨씬 더 나은 교육을 받은 사람들이었다. 몇 주 내내 우에스카 주변이 쥐 죽은 듯 잠잠해 따분하기 그지없던 시기에 나는 내 자신이 끝도 없고 끝날 기미도 없는 정치 토론의 한가운데 놓여 있는 걸 발견했다. 우리에게 임시숙소로 제공됐던 찬바람이 술술 들어오고 고약한 냄새가 진동하는 농가 헛간에서도, 답답하고 깜깜한 방공호에서도, 살을 에는 듯 추운 한밤중에 흉벽 뒤에서도, 우리는 앞뒤 안 맞는 당 '노선'에 대해 토론하고 또

---

38) 정부 쪽 정당들이 상호 간에 미친 영향에 대해 가장 잘 서술한 책을 원한다면 프란츠 보르케나우의 《스페니쉬 콕피트(The Spanish Cockpit)》를 보라. 스페인 내전에 관해 출간된 책 가운데 최고 중의 최고라고 할 수 있다.-저자주

토론했다. 스페인 병사들도 우리와 똑같았고, 우리가 접하는 신문들 대부분이 정당 간의 반목을 주요 특집기사로 다뤘다. 그러니 귀머거리나 바보가 아닌 이상에야 각 정당들이 지지하는 견해를 주워듣지 못할 리가 없었다.

정치 이론의 측면에서 중요한 정당은 단 세 개, 즉 통합사회당과 통일노동자당 그리고 대충 뭉뚱그려 무정부주의자라고 불리던 전국노동총연맹과 이베리아무정부주의연합이었다. 우선 가장 중요한 통합사회당에 대해 살펴보겠다. 이 정당은 전쟁의 최종 승자였을 뿐만 아니라 이 시기에 확연한 상승세를 보였다.

누군가가 통합사회당의 '노선'에 대해 말한다면 그 노선이 진정 의미하는 것은 공산당 '노선'임을 미리 말해둘 필요가 있다. 통합사회당(Partido Socialista Unifcado de Cataluña)은 카탈루냐 사회당으로, 전쟁 초기에 카탈루냐 공산당을 포함해 여러 마르크스주의 정당들이 연립해서 창설됐다. 하지만 지금은 공산주의자들이 완전히 장악했으며 제3인터내셔널에 가입했다. 그 외의 스페인 지역에서 사회주의자와 공산주의자가 공식적으로 연합한 적은 없었지만 공산주의자의 관점과 우익 사회주의자의 관점은 어느 곳에서든 동일한 것으로 간주될 수 있었다. 대략적으로, 통합사회당은 사회주의 노동조합들인 노동자총연합(Unión General de Trabajadores)의 정치기구였다. 이 노동조합들의 조합원 수는 지금 스페인 전역에서 150만 명가량 됐다. 그 가운데 육체노동자 집단도 다수 포함돼 있었지만, 전쟁 발발 이후 중산층이 대거 유입되면서 그 덩치가 훨씬 커졌다. 초기 '혁명적' 시기에 각계각층의 사람들이 노동자총연합이나 전국노동총연맹에 가입하는 것이 본인들한테 유리하다고 판단했던 것이다. 이 두 노동조합 블록은 중첩되는 측면이 있었지만, 전국노동총연맹이 노동자 계급의 조직에 훨씬 더 가까웠다. 따라서 통합사회당은 노동자들뿐만 아니라 상점주인, 관료, 부유한 농민 등의 소부르주아들이 뒤섞여 있는 정당이었다.

전 세계의 공산주의와 친공산주의 언론에서 설파했던 통합사회당의 '노선'은 대략 다음과 같았다.

"현 시점에서 전쟁에서 승리하는 것보다 더 중요한 일은 없다. 전쟁에서 승리하지 못하면 그 외의 모든 것도 무의미해진다. 따라서 지금은 혁명을 밀어붙여야 한다고 말할 때가 아니다. 농민들에게 집산화를 강요해 그들을 기피 대상으로 만들 여유가 없을뿐더러 우리 편에 서서 싸우는 중산층들을 겁주어 도망가게 할 여유도 없다. 무엇보다도 효율성 차원에서 혁명이 초래한 혼란을 끝내야 한다. 우리에게 필요한 것은 지역위원회가 아니라 강력한 중앙정부다. 또한 통일된 명령 체계 아래에 있는, 잘 훈련되고 완전 무장한 군대를 보유해야 한다. 파편적인 노동자들의 지배만을 고집하고 앵무새처럼 혁명적 구호들을 되풀이하는 것은 유해무익하다. 다시 말해 이런 행동은 파시스트에게 이용당할 소지가 있는 분열을 초래하기 때문에 방해가 되는 것은 물론 반(反)혁명적이기까지 하다. 현 단계에서 우리는 프롤레타리아 독재가 아니라 의회 민주주의를 위해 싸우고 있다. 이 내전을 사회 혁명으로 전환하려고 애쓰는 사람은 누가 됐든 파시스트의 손에 놀아나고 있는 것이며, 의도한 바는 아닐지라도 사실상 반역자다."

통일노동자당의 '노선'은 모든 점에서 이와 달랐다. 물론 전쟁에서 승리하는 것이 중요하다는 인식만은 같았지만. 통일노동자당은 '스탈린주의'에 반대한 결과로 지난 몇 년에 걸쳐 많은 나라에 출현했던 반대파 공산주의 정당에 속했다. 예를 들어 그들은 실제로든 외양상이든 공산주의 정책의 변화에 반대한다. 구성원에는 전(前) 공산주의자들도 있었고 그 이전 정당이었던 노동자 농민 블록(Workers' and Peasants' Bloc)의 사람들도 있었다. 수적으로는 작은 정당이었고[39] 카탈루냐 이외의 지역에서는 그다지 힘을 발휘하지 못했지만, 정치의식을 가진 당원의 비율이 이례적으로 높았기 때문에 중요시됐다. 카탈루냐에서 그들의 주요 거점은 레리다였다. 통일노동자당은 그 어떤 노동조합 블록도 대변하지 않았다. 소속 의용병들은 대개 전국노동총연맹의 조합원이었지만, 실제 당원들은 주로 노동자총연합에 속했다. 하지만 통일노동자당이 조금이나마 영향력을 행사할 수 있었던 곳은 전국노동총연맹뿐이었다. 통일노동자당의 '노선'은 대략 다음과 같았다.

"부르주아 '민주주의'로 파시즘에 맞서겠다고 이야기하는 것은 말도 안 되는 소리다. 부르주아 '민주주의'는 자본주의의 또 다

---

39) 통일노동자당의 당원 수는 1936년 7월에는 1만 명, 1936년 12월에는 7만 명, 1937년 6월에는 4만 명이었다. 그러나 이러한 수치는 통일노동자당 측의 정보다. 아마도 통일노동자당을 적대시하는 진영에서는 그 수치의 4분의 1 정도로 추정했을 것이다. 스페인 정당의 당원 수에 관해 확실히 말할 수 있는 것은 각 정당이 자기 당원 수를 부풀린다는 점이다.-저자주

른 이름일 뿐이고, 파시즘도 이와 다를 것이 없다. 따라서 '민주주의'를 위해 파시즘에 대항하는 것은 언제든 파시즘으로 돌변하기 십상인 민주주의를 위해 자본주의의 한 형태에 맞서 싸우는 것과 같다. 파시즘에 대한 실질적 대안은 노동자의 지배뿐이다. 이보다 못한 목표를 세운다면 프랑코에게 승리를 넘겨주든지 아니면 기껏해야 뒷문으로 파시즘을 들여보내는 결과만 초래할 것이다. 한편 노동자들은 자신들이 획득한 것을 하나도 빠짐없이 고수해야 한다. 반(半)부르주아 정부에 조금이라도 양보하면 확신컨대 노동자들은 기만을 당하게 될 것이다. 노동자 의용군과 경찰력은 현 재 상태로 보존되어야 하며 그들을 '부르주아화'하려는 모든 노력은 기필코 저지돼야 한다. 노동자들이 군대를 통제하지 못하면 그 군대가 노동자를 통제할 것이다. 전쟁과 혁명은 분리될 수 없다."

무정부주의자의 관점은 명확히 설명하기가 쉽지 않다. 어쨌든 '무정부주의자'라는 느슨한 용어는 다종다양한 의견을 지닌 다수의 사람들을 한데 묶기 위해 사용된다. 전국노동총연맹(Confederación Nacional de Trabajadores)을 구성하는 거대한 노동조합 블록은 조합원이 대략 총 2백만 명에 달했고 정치기구로는 무정부주의자 조직인 이베리아무정부주의연합(Federación Anarquista Ibérica)이 있었다. 이베리아무정부주의연합의 구성원들은, 스페인 사람들 대부분이 그렇듯, 늘 무정부주의 철학에 물들어 있었지만, 그들조차도 철저히 따져 보면 반드시 무정부주의자인 것만은 아니었다. 특히 전쟁 발발 이후 그들은 사회주의 쪽으로 더 많이 이동했다. 이는 정황상 어쩔 수 없이 중앙집권적 행정부에 참여해야 했고 심지어 정부에까지 진출함으로써 자신들의 모든 원칙을 깰 수밖에 없었기 때문이다. 그럼에도 통일노동자당처럼 의회민주주의가 아니라 노동자의 지배를 목표로 삼았다는 점에서 공산주의자들과 근본적으로 달랐다. 그들은 덜 교조적이긴 했지만 어쨌든 통일노동자당의 슬로건, 즉 "전쟁과 혁명은 분리될 수 없다."를 받아들였다. 전국노동총연맹과 이베리아무정부주의연합은 대략적으로 (1)운송이나 섬유공장 등처럼 각 산업에 종사하는 노동자의 직접적인 산업 통제, (2)지역위원회가 주도하는 정부, 그리고 모든 형태의 중앙집권적 권위주의에 대한 저항, (3)부르주아와 교회에 대한 단호한 적대심 등을 지지했다. 그리고 마지막으로 가장 중요하면서도 가장 모호한 사항은 무정부주의자들이 소위 혁명가라는 사람들 대다수와 정반대였다는 점이다. 비록 그들의 원칙들은 다소 흐릿했지만 특권과 불의에 대한 그들의 증오심만은 한 치의 거짓도 없었다. 철학적으로 공산주의와 무정부주의는 천양지차였다. 양쪽이 목표로 삼은 사회 형태를 비롯해 둘 간의 차이는 주로 무엇을 강조하느냐의 차이이지만 타협점을 찾기가 상당히 힘들다. 공산주의자들은 늘 중앙집권제와 효율성을 강조하는 반면에 무정부주의자들은 늘 자유와 평등을 강조한다. 무정부주의는 스페인에 깊게 뿌리를 내렸기 때문에 러시아가 스페인에서 손을 떼면 공산주의보다 더 오래 지속될 가능성이 높다. 전쟁 첫 두 달 동안 그 누구보다도 무정부주의자들 덕에 위기를 헤쳐 나갈 수 있었고, 이보다 훨씬 후에도 무정부주의자 의용병들은 규율이 엉망이었음에도 스페인 병사들 중에서 가장 뛰어난 전투원으로 악명을 떨쳤다. 1937년 2월 무렵 이래로 무정부주의자들과 통일노동자당은 어느 정도까지 한데 묶일 수 있었다. 처음부터 무정부주의자와 통일노동자당 그리고 좌익 사회주의자가 분별력 있게 연합해서 현실적인 정책을 밀고 나갔더라면 전쟁의 역사는 달라졌을지도 모른다. 하지만 혁명 정당들이 승부의 주도권을 쥔 것처럼 보였던 초기에는 그렇게 할 수 있는 상황이 결코 아니었다. 무정부주의자와 사회주의자 사이에는 해묵은 반목이 존재했다. 또 마르크스주의자인 통일노동자당은 무정부주의에 회의적이었던데 반해 순수한 무정부주의 관점에서 보면 통일노동자당의 '트로츠키주의'는 공산당의 '스탈린주의'보다 더 나을 것이 없었다. 그럼에도 통일노동자당과 무정부주의자들은 공산주의자의 전술 때문에 하나로 뭉치는 경향이 있었다. 통일노동자당은 처참했던 5월 바르셀로나 전투에 합류했을 때 본능적으로 전국노동총연맹의 곁을 지켰으며, 후에 통일노동자당이 탄압을 받을 때는 오직 무정부주의자들만이 용감스레 목청 높여 통일노동자당을 옹호했다.

각 세력을 간단히 정리하면 다음과 같았다. 한쪽에서는 전국노동총연맹과 이베리아무정부주의연합, 통일노동자당, 그리고 사회주의자들 일부가 노동자의 지배를 지지했고, 다른 한쪽에서는 우익 사회주의자, 자유주의자, 공산주의자가 중앙집권적 정부와 무장한 군대를 지지했다.

왜 이 시기에 내가 통일노동자당의 관점보다 공산주의자의 관점을 더 좋아했는지는 쉽게 이해할 수 있다. 공산주의자들은 정책이 명확하고 실용적이었으며 고작 몇 달 앞만 내다보는 상식의 관점에서 볼 때 분명 더 뛰어났다. 반면에 통일노동자당은 그날그날의 정책이라든가 선전 등이 말할 수 없을 정도로 형편없었다. 분명 그랬던 게 틀림없다. 그렇지 않았다면 훨씬 더 많은 사람을 추종자로 끌어들일 수 있었을 테니까. 내가 보기에 우리와 무정부주의자들이 제자리걸음을 할 때 공산주의자들은 전쟁을 잘 치르고 있었다. 그리고 그 점이 모든 것을 결정지었다. 이는 당시의 지배적인 생각이기도 했다. 공산주의자들은 권력을 움켜쥐었고 당원 수도 급증했다. 반(反)혁명적 정책으로 중산층에 호소한 탓도 있었지만 전쟁의 승자가 될 역량을 지닌 유일한 사람들로 보였기 때문이기도 했다. 러시아에서 지원 받은 무기와 그들의 통제하에 있던 부대들이 일군 감격스런 마드리드 수호 덕분에 공산주의자들은 스페인의 영웅으로 떠올랐다. 누군가 말했듯이, 우리 머리 위로 날아가는 모든 러시아 비행기는 공산주의자들의 선전물이었다. 내게 통일노동자당의 혁명적 순수주의는 그 논리야 십분 이해할 만했지만 부질없어 보였다. 어쨌든 가장 중요한 것은 전쟁에서 이기는 것이었으니까.

한편, 신문과 팸플릿, 포스터, 책 등 도처에서 정당 간의 극악한 불화가 계속됐다. 이 시기에 내가 가장 많이 접한 신문은 통일노동자당의 〈라바타야〉지와 〈아델란테〉지였는데, '혁명에 역행하는' 통합사회당에 대한 끝없는 트집 잡기가 나한테는 같잖고 따분했다. 나중에 통합사회당과 공산주의 언론을 좀 더 꼼꼼히 살펴보고 난 후에야 나는 통일노동자당이 자기 적들에 비하면 거의 잘못한 것도 없다는 사실을 깨달았다. 무엇보다도 그들은 기회가 턱없이 부족했다. 공산주의자들과 달리 외국에 발판이 될 만한 언론이 전무했다. 또한 자국 내에서도 대단히 불리한 입장에 있었는데, 언론 검열이 주로 공산주의자들의 통제하에 있었기 때문에 통일노동자당 신문들은 반대 세력에게 뭔가 해가 될 만한 말만 하면 발행이 금지되거나 벌금을 물기 십상이었다. 게다가 혁명에 대해 끊임없이 설교하고 레닌을 지겹도록 인용했을 수는 있지만 개인에 대한 비방을 일삼지는 않았다. 이 정도는 말해 주어야 그들이 덜 억울하지 않겠는가. 그들은 또한 주로 신문에서만 적들을 반박했다. 광범위한 대중을 배려해 만든 그들의 큼지막한 형형색색의 포스터들은(스페인에는 문맹이 많기 때문에 포스터가 중요하다) 경쟁 정당들을 공격하는 내용이 아니라 반(反)파시스트적 혹은 추상적으로 표현한 혁명적 내용을 담고 있었다. 의용병들이 부르던 노래도 마찬가지였다. 공산주의자들의 공격은 상당히 다른 문제였다. 나는 그중 일부를 이 책 후반부에서 다룰 생각이다. 여기서는 공산주의자들의 공격 노선에 대해서 간단히만 살펴보겠다.

표면상 공산주의자와 통일노동자당 간의 싸움은 전술 싸움이었다. 통일노동자당은 즉각적인 혁명을 지지했지만 공산주의자들은 그렇지 않았다. 거기까지는 좋았으나 양쪽 모두 할 말이 많았다는 것이 문제였다. 게다가 공산주의자들은 통일노동자당의 선전이 정부 쪽 세력을 분열시키고 약화시킬 뿐만 아니라 전쟁까지 위태로운 상황으로 몰고 간다고 주장했다. 비록 내가 최종적으로 동의하는 바는 아니지만, 이런 주장을 토대로 건설적인 주장이 나올 법도 했다. 하지만 그러기는커녕 공산주의자들만의 기이한 전술이 끼어들었다. 처음에는 소심하게, 그 다음에는 자신만만하게, 그들은 통일노동자당이 잘못된 판단 때문이 아니라 치밀한 계획하에서 정부 쪽 세력을 분열시키고 있다고 주장했다. 통일노동자당은 프랑코와 히틀러를 위해 일하는 위장한 파시스트 패거리에 지나지 않으며 파시스트의 명분을 지원하기 위해 사이비 혁명 정책을 밀어붙이고 있다고 공산주의자들은 공공연히 떠들어댔다. 그들에게 통일노동자당은 '트로츠키주의'를 신봉하는 조직이었고 '프랑코의 제5열'[40]이었다. 이는 전선의 참호에서 추위에 떨고 있는 팔천 내지 만 명의 군인들이, 파시즘에 맞서 싸우기 위해 종종 생계와 국적도 내팽개치고 스페인에 온 수백 명의 외국인들이, 그리고 수만 명에 달하는 노동자들이 적에게 봉사하는 반역자에 불과하다는 뜻이었다. 이런 이야기는 포스터 등을 통해 스페인 전역으로 퍼져 나갔고, 전 세계 공산주의와 친공산주의 언론을 통해 수없이 되풀이됐다. 이와 관련된 인용문을 수집하려고 마음만 먹으면 책 대여섯 권은 채울 수 있을 정도다.

다시 말해 그들은 우리를 보고 트로츠키주의자, 파시스트, 반역자, 살인자, 겁쟁이, 첩자 등이라고 말하고 있었다. 사실 그런 말을 듣는 것이 유쾌한 일은 아니었다. 특히 일을 그 지경으로 만들어 놓은 사람들 중 몇몇에 대해 생각할 때는 더욱 그랬다. 열다섯 살 된 스페인 사내아이가 얼떨떨하니 허연 얼굴을 담요들 사이로

40) 적과 내통하는 집단을 뜻함.-역자주

빼꼼히 내민 채 들것에 실려 전선 아래로 내려가는 모습을 지켜 보면서, 그리고 런던과 파리의 부티 나는 사람들이 이 사내아이가 위장한 파시스트임을 입증하기 위해 팸플릿을 쓰고 있다고 생각하면서 기분 좋을 리가 있겠는가. 전쟁에서 가장 소름끼치는 일 중 하나는 전쟁 관련 선전, 절규, 거짓말, 증오 등 그 모든 것이 예외 없이 싸우지 않는 사람들에게서 비롯된다는 사실이다. 내가 전선에서 알고 지냈던 통합사회당 의용병들과 가끔씩 만났던 국제여단의 공산주의자들은 나를 트로츠키주의자라든가 반역자라고 부른 적이 없었다. 그들은 그런 종류의 일을 후방에 있는 기자들에게 맡겼다. 우리에게 맞서는 팸플릿을 쓰고 여기저기 신문에서 우리를 비방하던 사람들은 하나같이 안전한 곳, 예를 들어 집이라든가 혹은 최악의 경우라도 탄환과 진창에서 수백 킬로미터나 떨어진 발렌시아 지역의 신문사 사무실에서 지냈다. 정당 간의 불화로 인한 중상모략 외에도 전쟁이 터지면 늘 있기 마련인 일들, 열변을 토한다든지 허풍을 떤다든지 적을 험담한다든지 하는 그 모든 일이 통상 전쟁터에 나가본 적도 없는, 그리고 많은 경우에 싸우기보다는 질겁하고 줄행랑을 쳤을 사람들에 의해 행해졌다. 이 전쟁이 특히나 암울했던 것은 좌익 언론이 우익 언론과 한 치도 다름없이 거짓되고 부정직하다는 사실을 내게 가르쳐 주었기 때문이다.[41] 진정으로 나는 우리 편 즉 정부 쪽 진영에게 이 전쟁은

41) 〈맨체스터가디언〉지는 예외라고 말하고 싶다. 이 책과 관련해 나는 많은 영국 신문들을 살펴봐야 했다. 영국의 대형 신문들 중에서 정직함 때문에 내

통상적인 제국주의 전쟁과 달랐다고 생각한다. 하지만 전쟁 관련 선전을 봤다면 결코 그런 인상을 받지 못했을 것이다. 교전이 시작되자마자 우익과 좌익 신문들은 일제히 욕설의 시궁창으로 뛰어들었다. 우리는 모두 "빨갱이들, 수녀들을 십자가에 못 박다."라는 〈데일리메일〉지의 포스터를 기억한다. 반면에 〈데일리워커〉지 관점에서 보면 프랑코의 외인부대는 '살인자, 백인노예, 마약중독자, 그리고 유럽 각국의 쓰레기들로 구성돼' 있었다. 최근에 해당하는 1937년 10월에도 〈뉴스테이츠먼〉지는 살아 있는 어린애들 몸뚱이(바리케이드를 만들기에 대단히 불편한 재료)로 파시스트 바리케이드를 만든다는 기사로 우리를 대접했고, 아서 브라이언트는 '보수주의자 소상인의 다리를 톱으로 절단하는 일'이 충성파 스페인에서는 '아주 흔한 일'이라고 언명했다. 그런데 그런 글을 쓰는 사람은 전쟁터에 싸우러 나오는 법이 없다. 아마 글 쓰는 일로 싸우는 일을 대신할 수 있다고 생각하는 것 같다. 모든 전쟁이 다 그렇다. 군인은 싸우고 기자는 고함친다. 그리고 진정한 애국자라는 사람은 전쟁 관련 선전을 위해 최대한 짧게 전선의 참호를 방문하는 것 외에는 그 근처에도 가는 법이 없다. 때로는 비행기가 전쟁 환경을 바꾸고 있다는 생각이 내게 위안이 된다. 다음번 큰 전쟁에서는 역사상 전례 없는 광경을 보게 될지 또 누가 알겠는가. 탄흔이 있는 광신적 애국자를 말이다.

기자와 관련해서는 이 전쟁 또한 여느 전쟁처럼 시끌벅적한

가 더욱 존경하게 된 신문은 〈맨체스터가디언〉지가 유일하다.-저자주

잡음의 연속이었다. 하지만 차이점이 있었다. 사실 기자는 대개 살기를 뿜을 정도의 지독한 욕설은 아껴두었다가 적에게 퍼붓는 편인데, 이 전쟁에서는 시간이 지날수록 공산주의자와 통일노동자당 모두가 파시스트에 대해서보다 서로에 대해 신랄하게 비난했다. 그렇지만 그때 나는 이를 대수롭지 않게 여겼다. 물론 정당 간의 갈등이 짜증나고 역겹기조차 했지만 내게는 티격태격하는 집안싸움으로 보였다. 그렇게 싸운다고 뭔가가 바뀔 것 같지도 않았고 정책상의 차이가 일말의 타협도 불가할 정도는 아니라고 생각했으니까. 나는 공산주의자와 자유주의자가 혁명의 진전을 강력히 반대한다는 것을 잘 알았지만 그들이 혁명을 되돌릴 능력까지 있는 줄은 몰랐다.

내가 모르는 데에는 그럴 만한 이유가 있었다. 이 시기 내내 나는 전선에 있었고, 전선에서는 사회적, 정치적 분위기가 바뀌지 않았다. 바르셀로나를 떠날 때가 1월 초였고 휴가를 받은 때가 4월 말이었다. 그 몇 달 동안, 실은 그 이후까지도, 무정부주의자와 통일노동자당 부대가 장악한 좁고 긴 아라곤 지역에서는 적어도 겉보기에 똑같은 상황이 지속됐다. 혁명적 분위기는 내가 처음 접했던 그대로였다. 장군과 사병, 농민과 의용병은 여전히 평등했다. 모두가 똑같은 임금을 받았고 똑같은 옷을 입었으며 똑같은 음식을 먹었고 상대방을 '당신' 또는 '동지'라고 불렀다. 우두머리도, 하인도, 거지도, 매춘부도, 변호사도, 성직자도, 아첨도, 모자를 들어 경의를 표하는 일도 없었다. 나는 평등의 공기를 들이마시면서 스페인 전역이 그런 줄로만 알았다. 얼마나 순진했던가. 나는 우연히도 스페인 노동자 계급 중 가장 혁명적인 집단에 끼여 세상물정 모르고 지내고 있음을 까맣게 몰랐던 것이다.

정치적으로 훨씬 박식한 동지들이 사람은 전쟁에 대해 순전히 군사적인 태도로만 일관할 수 없으며, 고로 혁명과 파시스트 중 어느 하나를 선택해야 한다고 내게 말했을 때 나는 콧방귀를 뀌곤 했다. 전반적으로 나는 통일노동자당의 관점이 아니라 공산주의자의 관점을 수긍했다. 통일노동자당의 관점은 한마디로 "전진하지 않으면 후퇴하게 될 것이다."였던 반면에 공산주의자의 관점은 한마디로 "전쟁에서 승리할 때까지 혁명에 대해 논할 수 없다."였다. 나중에 내가 통일노동자당이 옳다고, 혹은 적어도 공산주의자들보다는 옳다고 판단했을 때도 이론적 측면만을 염두에 두고 그렇게 생각한 것은 아니었다. 이론적으로 공산주의자의 주장은 훌륭했다. 문제는 실제 행동을 보면 그런 주장이 진심에서 우러나온 것인지 의심이 든다는 점이었다. 수시로 반복되던 슬로건, "전쟁이 먼저고 혁명은 나중이다."라는 구호는 입발림에 불과했다. 물론 평범한 통합사회당 의용병들은 그 말을 충심으로 믿었고, 솔직히 전쟁에서 이긴 후에도 혁명이 계속될 수 있다고 생각했다. 하지만 공산주의자들의 목적은 좀 더 적당한 시기가 올 때까지 스페인 혁명을 늦추자는 것이 아니라 혁명이 일어난 적도 없다는 사실을 공고히 다잡는 것이었다. 이런 의도는 시간이 지날수록, 노동자 계급이 권력을 하나둘 빼앗길수록, 각계각층의 혁명가들이 투옥되는 일이 빈번해질수록 더욱 분명해졌다. 모든 조치가 군사적 필요성이라는 명목으로 취해졌다. 이 구실은 말하자면 지극히 편의적인 것이었지만, 바로 그런 이유 때문에 노동자들은 유리한 고지에서 물러났고 전쟁이 끝났을 때 자본주의의 재도입에 항거할 수 없는 위치로 떨어졌다. 나는 공산당의 평당원들, 특히 마드리드 주변에서 영웅적으로 전사한 수천 명의 공산주의자들에게 대고 뭐라고 하는 것이 결코 아니다. 하지만 그들이 정당 정책을 좌우하는 사람은 아니지 않는가. 저 높은 곳에 있는 사람들이 눈을 감고 행동할 리가 없다.

하지만 최종적으로는 혁명을 희생시켜서라도 전쟁은 이길 가치가 있었다. 그리고 마침내 나는 장기적으로 공산주의자의 정책이 승리에 기여했는지 의심하게 됐다. 전쟁의 국면이 바뀌면 정책도 바뀔 수 있다고 진지하게 고민했던 사람은 거의 없었던 것 같다. 무정부주의자들은 전쟁 첫 두 달 동안은 위기를 타개하는 데 공을 세웠으나 어느 선을 넘어서부터는 저항을 조직할 역량이 부족했다. 한편 공산주의자들은 10월에서 12월 사이에 위기를 타개하는 데 공을 세웠으나 완전한 승리를 거두는 것은 별개의 문제였다. 영국에서는 공산주의자의 전쟁 정책이 두말 않고 받아들여졌다. 이는 정책 비판이 활자화되기 힘들었던 탓도 있고, 일반적인 정책 노선 즉 혁명적 혼란을 일소하고 생산을 가속화하며 군대를 무장시킨다는 행동방침이 현실적이고 효율적으로 들렸던 탓도 있다. 그런 만큼 이런 정책에 내재된 약점을 지적할 필요가 있다.

모든 혁명적 경향을 저지하고 전쟁을 가능한 평범한 전쟁처럼 보이게 하려면 실제로 존재하는 전략적 기회를 내버려야 했다. 나는 아라곤 전선에서 우리의 무장, 아니 비무장 상태가 어느 정도였는지 설명했다. 의도적으로 무기가 공급되지 않았다는 점에는 의심의 여지가 없다. 지나치게 많은 무기가 무정부주의자의 수중에 들어갔다가 나중에 혁명을 달성하는 데 이용될까 봐 우려했던 것이다. 그 결과, 프랑코를 빌바오[42]에서 퇴각시켰을 수도, 혹은 마드리드에서 물러나게 했을지도 모를 아라곤 대공세는 결코 일어나지 않았다. 하지만 이것은 비교적 사소한 문제에 불과했다. 정작 중요한 것은 전쟁이 '민주주의를 위한 전쟁'으로 협소화되자 해외에 있는 노동자 계급에게 대대적으로 도움을 청하기가 불가능해졌다는 점이다. 현실을 직시하려면 우리는 전 세계 노동자 계급이 스페인 내전에 무심했음을 인정해야 한다. 물론 일개인의 신분으로 전쟁터를 찾아온 사람이 수만 명에 달했지만, 그 뒤에 남은 수천만 명은 심드렁했다. 전쟁 첫해에 영국 국민 전체가 이러저러한 '스페인 원조' 기금으로 대략 25만 파운드가량을 기부했다고 한다. 그 정도 액수는 아마 그들이 한 주 동안 영화 관람하는 데 쓰는 돈의 절반도 안 될 것이다. 차라리 민주주의 국가의 노동자 계급이 파업이나 보이콧 같은 노동쟁의를 일으켰더라면 스페인 동지들에게 정말 큰 도움이 됐을 것이다. 하지만 그런 일은 일어날 조짐조차 보이지 않았다. 도리어 노동당과 공산주의자들의 지도자들은 생각할 수도 없는 일이라고 곳곳에서 선언했다. 그들이 '붉은' 스페인은 '붉지' 않다고 목청 높여 외치는 한 그들의 말은 분명 옳았다. 1914년에서 1918년 이래로 '민주주

42) 분리주의 운동이 활발했던 바스크 지방의 대표도시.-역자주

의를 위한 전쟁'에서는 사악한 소리가 났다. 지난 수년 동안 공산주의자들은 각국의 전투적인 노동자들에게 '민주주의'는 자본주의를 고상하게 표현한 이름일 뿐이라고 몸소 가르쳤다. 처음에 "민주주의는 사기다."라고 말하다가 나중에 "민주주의를 위해 싸우라."라고 말을 바꾸는 것은 훌륭한 전술이 아니다. 만일 소비에트 러시아의 후광과 더불어 그들이 전 세계 노동자 계급에게 '민주적 스페인'이 아닌 '혁명적 스페인'이라는 이름으로 호소했더라면 호응을 얻지 못했을 리가 없다.

그러나 무엇보다 중요한 것은 혁명적이지 않은 정책으로 프랑코의 후방을 공격하기가 불가능까지는 아니더라도 몹시 힘들었다는 점이다. 1937년 여름 무렵 프랑코 진영은 정부 진영과 비교했을 때 부대 수는 거의 같았지만 인원수는 훨씬 더 많았고, 여러 식민지들까지 포함하면 그 규모는 훨씬 더 커졌다. 모두 알다시피 후방에 적대적인 주민들이 있는 경우, 전선에서 군대를 유지하려면 그와 동일한 규모의 군대가 후방에서 통신설비를 보호하거나 사보타주를 진압하는 일 등을 수행해야 한다. 따라서 프랑코의 후방에서는 실질적인 민중운동이 없었던 것이 확실하다. 그의 영토 내에 있던 사람들, 적어도 도시 노동자와 빈곤한 농민들이 프랑코를 좋아했거나 원했다고는 상상할 수조차 없지만 정부의 우세는 우익 쪽으로 기울 때마다 흔들렸다. 모로코의 경우를 보면 이를 명확히 알 수 있다. 왜 모로코에서는 봉기가 전혀 일어나지 않았을까? 프랑코는 악명 높은 독재정부를 수립하려고 기를 쓰는데, 무어인들은 실제로 인민전선 정부보다 그를 더 좋아했다! 명백히 모로코에서는 봉기를 조성하려는 시도조차 없었다. 그랬다면 전쟁에 혁명적 의미를 부여했다는 뜻이 될 테니까. 무어인들에게 정부 쪽의 선의를 납득시키고자 했다면 모로코의 해방을 선언하는 것이 급선무였을 것이다. 그런 일이 실제로 있었다면 프랑스인들이 얼마나 좋아했을지 가히 상상이 되지 않는가! 프랑스와 영국의 자본주의를 달래 보려는 헛된 바람 때문에 전쟁에서 더없이 좋은 전략적 기회를 날려 보낸 셈이었다. 공산주의자의 정책은 전체적으로 전쟁을 혁명과 무관한 평범한 전쟁으로 환원시키는 경향이 있었다. 그렇게 되면 정부 진영이 몹시 불리했는데도 말이다. 그런 유형의 전쟁은 기계적인 수단, 예를 들어 궁극적으로 무제한적인 무기 공급 등을 통해 승리를 거둬야 하기 때문이다. 그리고 정부의 무한한 무기 기부자인 소련은 이탈리아와 독일에 비해 지리적으로 매우 불리했다. 따라서 "전쟁과 혁명은 분리될 수 없다."는 통일노동자당과 무정부주의자의 슬로건은 아마도 보기보다 덜 비현실적이었을 수 있다.

지금까지 나는 공산주의자의 반(反)혁명적 정책이 오판이었다고 생각하는 내 나름의 이유를 들었지만, 그러한 정책이 전쟁에 미친 영향과 관련해서는 내 판단이 틀리길 바란다. 정말 틀리길 수천 번 바라고 또 바란다. 무슨 수를 써서라도 파시스트가 패하는 것을 보고 싶으니까. 물론 우리는 앞으로 무슨 일이 일어날지 단정할 수 없다. 정부가 다시 좌익 쪽으로 선회할 수도, 무어인들이 자발적으로 반란을 일으킬 수도, 영국이 이탈리아를 매수할 수도, 간단히 군사적 수단을 동원해 전쟁을 이길 수도 있다. 결코 알 수 없는 일이다. 하지만 앞에서 제시한 내 의견에는 변함이 없으며, 시간이 그 시시비비를 가려 줄 것이라고 생각한다.

그러나 1937년 2월에는 생각이 조금 달랐다. 나는 아라곤 전선의 정체된 상태에 신물이 났고, 무엇보다도 이 전쟁에서 내게 주어진 몫을 다하지 못했다는 생각에 사로잡혔다. 행인들에게 힐난조로 "당신은 민주주의를 위해 무엇을 했는가?"라고 묻는 바르셀로나의 모병 포스터가 떠오르곤 했다. 내 대답은 고작 "식량만 타다 먹었다."였다. 의용군에 입대했을 때 나는 파시스트 한 명을 꼭 죽이겠다고 자신에게 약속했다. 어쨌든 우리 각자가 한 명씩만 죽여도 금세 그들의 씨를 말릴 수 있을 테니까. 하지만 나는 아직까지 아무도 못 죽였을 뿐만 아니라 그럴 기회조차 거의 없었다. 물론 나는 마드리드에 가고 싶었다. 군대에 있는 사람은 누구나 자신의 정치적 소신과 무관하게 늘 마드리드에 가고 싶어 했다. 그런데 그렇게 하려면 아마 국제군에 들어가야 했을 것이다. 통일노동자당은 마드리드에 부대가 거의 없었고 무정부주의자들도 전처럼 많지 않았기 때문이다.

물론 당분간 누군가는 전선을 지켜야 했지만, 나는 휴가를 받으면 가급적 국제군에 들어갈 것이라고 모두에게 말했다. 이는 내가 공산주의자의 명령을 받게 된다는 것을 뜻했다. 여러 사람이 나를 만류했지만 그렇다고 적극 가로막는 사람은 아무도 없었다. 그들의 특수한 상황을 고려할 때 충분치는 않겠지만 어쨌든 통일노동자당에는 이단자 사냥이 거의 없었다고 말하는 것이 공정할 것이다. 친파시스트가 아닌 이상 누구도 정치적 소신이 잘

못됐다고 처벌 받는 법이 없었다. 나는 의용군에 있을 때 꽤 많은 시간을 통일노동자당의 '노선'을 혹독히 비판하는 데 소비했지만 그 때문에 곤란을 겪은 적은 한 번도 없었다. 심지어 아무도 정당의 당원이 되라는 압박을 받지 않았다. 대부분의 의용병이 당원이 됐던 것 같기는 하지만 말이다. 나는 정당에 가입하지 않았다. 그 때문에 나중에 통일노동자당이 탄압을 받을 때 조금 미안한 마음이 들었다.

6장

전선에서의 일과, 특히 야간일은 평범했다. 보초근무와 정찰과 땅파기가 반복됐다. 진흙탕 천지에 늘 비가 왔고 바람은 날카로웠으며 가끔씩 눈이 왔다. 4월하고도 한참 지나서야 밤에도 점점 따뜻해지는 것이 확연히 느껴졌다. 이곳 고원지대의 3월은 대체로 영국의 3월과 비슷해서 하늘은 청명한 푸른빛이었고 바람은 그칠 줄 몰랐다. 겨울보리는 30센티미터가량 자랐고, 벚나무에는 선홍색 꽃봉오리가 맺히고 있었다(이곳 전선은 버려진 과수원과 채소밭을 관통했다). 도랑을 살피다 보면 제비꽃도 보였고 볼품없는 블루벨처럼 생긴 야생 히아신스 종도 보였다. 전선 바로 뒤에서는 멋진 초록빛 개울이 콸콸 흐르고 있었는데, 그렇게 맑은 물은 전선에 온 이후 처음 봤다. 한 번은 6주 만에 처음으로 목욕을 하겠다고 이를 악물고 그 개울에 들어갔다. 그런데 눈이 녹은 물이라서 수온이 빙점과 별 차이가 없었기 때문에 시늉만 내고 후다닥 나왔다.

그동안 아무 일도 일어나지 않았다. 정말로 아무 일도. 영국인들은 이건 전쟁이 아니라 빌어먹을 무언극이라는 말을 입버릇처럼 내뱉었다. 우리는 파시스트에게서 직접 총격을 받아본 적이 거의 없었다. 위험한 것이라고는 유탄뿐이었다. 전선들이 양쪽에서 곡선을 그리며 나아갔기 때문에 유탄들이 여기저기서 날아왔다. 아서 클린턴은 정체불명의 총알을 맞고 왼쪽 어깨가 완전히 으스러져서 한쪽 팔이 안타깝게도 평생 불구가 됐다. 약간의 포격이 있었지만 기가 찰 정도로 무력했다. 포탄의 날카롭고 요란한 굉음은 사실 가벼운 기분전환거리로 여겨졌다. 파시스트들은 포탄을 우리 흉벽에 명중시킨 적이 없었다. 우리 뒤로 몇 백 미터 떨어진 곳에 라 그랑하[43]라고 불리는 시골별장이 있었는데, 그 안에 큼직큼직한 농장건물들이 있어서 이 지역 전선의 창고나 본부, 취사장 등으로 사용됐다. 바로 이곳을 파시스트 사수들이 호시탐탐 넘보고 있었다. 하지만 5, 6킬로미터나 떨어져 있던 탓에 기껏해야 창문을 박살내거나 벽을 약간 부수는 정도였을 뿐, 그 이상을 노리기에 역부족이었다. 위험에 노출되는 경우라고는 도로 위를 걸어 올라가는데 때마침 포격이 시작돼 포탄이 자기 양옆의 들판에 떨어질 때뿐이었다. 병사들은 포탄이 얼마나 가까이 떨어질지 소리만 듣고 판단하는 불가사의한 기술을 거의 순식간에 터득했다. 이 시기에 파시스트들이 쏘던 포탄은 지독히 형편없었다. 150밀리미터 포탄이었음에도 떨어져 터졌을 때의 구멍이 고작 폭이

43) 프랑스의 베르사유 왕궁에 필적하는 스페인 왕궁으로 펠리페 5세의 여름 별장임.-역자주

2미터 깊이가 1미터 정도였고, 네 발 중 적어도 한 발은 터지지 않았다. 파시스트 공장들의 사보타주와 불발탄과 관련해 흔히 있는 낭만적인 이야기들이 나돌았다. 그 이야기에 따르면 불발탄 안에 화약 대신 '붉은 전선'이라고 쓰인 종이쪽지가 들어 있었다고 한다. 하지만 내가 직접 본 적은 없었다. 그런데 실은 포탄이 어이없을 정도로 낡았기 때문에 터지지 않았던 것이다. 누구는 제조 날짜가 1917년으로 찍힌 놋쇠 신관 뚜껑을 주운 적도 있었다. 파시스트의 총은 제작한 곳과 총포 구경이 우리 총과 똑같았기 때문에 불발탄은 주어다 고쳐서 적들에게 도로 날려 보냈다. 어느 낡은 포탄은 별명이 붙을 정도로 절대로 터지는 법 없이 매일 적군과 아군이 주거니 받거니 했다고 한다.

밤에는 소규모 정찰대가 중립지대에 파견돼 나가서 파시스트 전선 근처의 도랑에 엎드려 집합 나팔 소리나 자동차 경적 소리 등에 귀 기울이며 우에스카의 동정을 살폈다. 파시스트 부대가 줄기차게 오갔고, 그 인원수는 정찰병의 보고를 통해 어느 정도 확인이 됐다. 우리는 교회 종이 울리면 항상 보고하라는 특명을 받았다. 파시스트들은 전투를 개시하기 전에 항상 미사에 참석하는 것 같았다. 들판과 과수원 사이에는 버려진 토담집들이 있었는데, 창문을 가리면 성냥불을 켜고 안을 뒤져 봐도 위험하지 않았다. 간혹 손도끼나 파시스트가 쓰던 수통(우리 것보다 나았기 때문에 모두 혈안이 돼서 찾곤 했다) 같은 귀중한 전리품을 건질 때도 있었다. 낮이라고 못할 것은 없었지만 그렇게 하려면 네 발로 기어 다니며 뒤져야 했다. 추수시기에 딱 맞춰 모든 것이 멈춰 버린 그 텅 빈 비옥한 들판에서 이리저리 기어 다니다 보면 기분이 묘했다. 작년 농작물은 손도 안 댄 채 있었다. 손질하지 않은 포도나무 넝쿨은 뱀처럼 땅 위에 구불구불 뻗어 있었고, 서 있는 옥수수나무의 옥수숫대는 돌처럼 딱딱하게 굳어 버렸으며, 사탕무는 지나치게 비대해져서 거대한 나무 덩어리로 변했다. 농민들이 양쪽 군대를 얼마나 욕했을까! 이따금씩 병사들이 무리를 지어 중립지대에 감자를 캐러 왔다. 우리 오른쪽으로 1.5킬로미터가량 가면 양쪽 전선이 여느 곳보다 훨씬 가까워지는 지점이 있었고, 그곳에 파시스트와 우리가 자주 찾던 감자밭이 있었다. 그 감자밭은 우리 기관총의 사정거리 안에 있었기 때문에 우리는 낮에, 파시스트는 밤에만 그곳을 찾았다. 어느 밤에는 파시스트들이 일제히 몰려와 감자를 모조리 캐가는 바람에 벌컥 짜증이 치민 적도 있었다. 우리는 좀 더 멀리 떨어진 곳에서 또 다른 감자밭을 발견했다. 그런데 실질적으로 몸을 숨길 만한 엄폐물이 없어서 엎드린 채로 감자를 캐야 했다. 여간 힘든 일이 아니었다. 파시스트 기관총 사수에게 발각되기라도 하면 문 밑에서 꿈틀대는 쥐새끼처럼 납작 엎드려야 했다. 바로 몇 미터 뒤에서 총알이 땅에 박히며 흙덩어리가 튀어 올랐으니까. 그런데도 당시에는 그럴 가치가 있는 일처럼 보였다. 감자가 갈수록 귀해지고 있었다. 감자를 한 포대 캐서 취사장에 갖다 주면 물 한 병 분량의 커피를 얻을 수 있을 정도였으니.

여전히 아무 일도 없었다. 뭔가 일어날 기미조차 보이지 않았다. "대체 언제 공격하는 거야?"라든가 "왜 공격을 안 하는 거야?"라는 질문을 스페인 병사와 영국 병사가 똑같이 밤낮으로 해댔다. 전투란 말에 담긴 뜻을 헤아려 보면 군인들이 싸우고 싶어 한다는 것이 기이할 테지만 그럼에도 분명 그들은 싸우고 싶어 한다. 소강상태에 놓인 전쟁에서 모든 군인들이 간절히 원하는 것이 세 가지 있다. 그것은 바로 전투, 더 많은 담배, 일주일간의 휴가다. 우리의 무장 상태는 전보다 다소 나아졌다. 탄약이 일인당 50발에서 150발로 늘었고, 점진적으로 총검과 철모 그리고 약간의 수류탄도 지급됐다. 전투가 임박했다는 소문이 끊임없이 나돌았지만, 그때부터 나는 군인들이 긴장을 풀지 못하게 고의로 그런 소문을 유포시킨다는 생각을 갖게 됐다. 군사적 지식이 많지 않은 사람일지라도 최소한 당분간은 우에스카의 이쪽 전선에 중대한 군사작전은 없을 것이라는 사실을 눈치 챌 수 있었다. 전략적 요충지는 맞은편으로 넘어갈 수 있는, 하카로 가는 도로였다. 나중에 무정부주의자들이 하카 도로를 공격했을 때 우리의 임무는 '견제공격'을 해서 파시스트가 부대를 건너편에서 딴 방향으로 돌리도록 강제하는 것이었다.

대략 6주에 해당하는 이 기간 내내 우리 쪽 전선의 군사작전이라고는 고작 단 한 번뿐이었다. 이 작전에서 우리 기습부대가 마니코미오를 공격했다. 이곳은 문을 닫은 정신병원으로, 파시스트들이 요새로 개조해 사용했었다. 통일노동자당에는 수백 명의 독일 피난민이 있었다. 이들은 바탈리온 데 초케라고 불리는 특수대대에 조직돼 있었는데, 군사적 관점에서 볼 때 나머지 의용군과는 수준 자체가 달랐다. 실은 그간 내가 스페인에서 본 군인들 중에서 돌격대[44]와 일부 국제군을 제외하고는 가장 군인다웠다. 공격은 늘 그랬듯이 실패였다. 도대체 이 전쟁에서 정부 쪽 군사작전이 성공한 적이 몇 번이나 있단 말인가? 기습부대는 마니코미오를 단번에 공략했지만, 어느 의용군 소속인지까지는 기억이 안 나는 부대들이 일을 그르친 것이었다. 그 부대들은 마니코미오가 한눈에 내려다보이는 이웃 산을 점령해서 기습부대를 지원하기로 돼 있었다. 지휘관은 충성심이 가히 의심스러운 정규군 장교였는데, 정부 쪽에서 그에게 지휘를 맡기겠다고 고집했다. 무서워서 그랬는지 아니면 처음부터 배반할 속셈이었는지 여하간 그는 파시스트들이 2백 미터나 떨어져 있는 상황에서 수류탄을 던짐으로써 그들에게 우리의 공격을 귀띔 해주고 말았다. 기쁘게도 그의 부하들이 현장에서 그를 사살했다. 그러나 기습공격이 기습이 아닌 꼴이 됐다. 의용병들은 집중포화에 살육되거나 산에서 쫓겨 내려왔으며, 어둑어둑해지자 기습부대도 어쩔 수 없이 마니코미오를 버리고 떠나야 했다. 밤새 구급차들이 시에타모로 가기 위해 끔찍한 도로 위를 줄지어 내달렸다. 구급차가 어찌나 흔들렸던지 부상이 심한 병사들은 오히려 그 때문에 죽었을 것이다.

이맘때쯤 우리 몸에는 이가 득실댔다. 여전히 추웠지만 이가 들끓을 만큼은 따뜻했다. 나는 몸에 기생하는 벌레들을 겪을 만큼 겪어 봤는데, 지독한 순으로 말하면 내가 만난 놈 중에 이가 단연

44) 스페인어로는 Guardia de Asalto이며 스페인 제2공화국 때 창설된 경찰조직으로 도심에서 활동함.-역자주

으뜸이다. 다른 곤충들, 예를 들어 모기 같은 놈들은 물면 더 아프기야 하지만 그래도 '몸에 붙어살지는' 않는다. 인간에 기생하는 이는 아주 작은 바다가재와 다소 비슷하고 주로 바지 틈에 산다. 옷을 모조리 태우지 않는 한 그 놈들을 박멸할 방법이 없다. 바지 솔기에 작은 쌀 알갱이처럼 생긴, 반짝거리는 하얀 알들을 낳고, 부화한 알들은 또 가공할 속도로 종족을 번식한다. 내가 생각하기에 평화주의자들이 팸플릿에 이를 확대한 사진을 삽화로 쓰면 참 유용하다고 느낄지도 모르겠다. 이것이 진정 전쟁의 영광이 아니고 무엇이겠는가! 적어도 날씨가 따뜻할 경우, 전쟁터에 있는 '모든' 군인의 몸에는 이가 득실댄다. 베르됭, 워털루, 플로든, 센락, 테르모필레 등에서 싸웠던 병사들은 하나같이 고환에 이가 스멀스멀 기어 다녔다. 우리는 알을 태우고 가능한 자주 목욕을 해서 이 악랄한 놈들이 번지는 것을 어느 정도는 막았다. 이만 아니었다면 내가 얼음장처럼 차가운 물속에 들어갈 일은 없었을 것이다.

모든 것이 갈수록 부족했다. 군화, 옷, 담배, 비누, 초, 성냥, 올리브 오일 모두. 우리 군복은 해어져 너덜너덜했고, 많은 병사들이 군화가 없어서 밧줄을 엮어 밑창을 댄 샌들을 신었다. 닳아서 못 쓰게 된 군화 더미가 도처에 널려 있었다. 한번은 이틀 동안 방공호에서 주로 군화를 이용해 불을 지핀 적이 있었는데, 그다지 몹쓸 연료는 아니었다. 이 무렵 내 아내는 바르셀로나에 머물렀고, 구할 수 있을 때마다 차며 초콜릿이며 심지어 담배까지 내게 보내곤 했다. 하지만 바르셀로나에서조차 모든 것이, 특히 담배가 부족했다. 우유는 아예 없었고 설탕도 거의 없었지만 차는 뜻밖에 찾아온 행운과도 같았다. 영국에서는 파견대에 있는 병사들에게 줄기차게 소포를 보냈건만 그 소포가 도착하는 일은 결코 없었다. 음식, 옷, 담배 등 모든 것이 우체국에서 퇴짜를 맞거나 프랑스에서 압수됐다. 그런데 신기하게도 내 아내에게 차 꾸러미 그리고 심지어 한 번이었지만 두고두고 기억할 만한 일로 비스킷 한 통을 보내는 데 성공한 유일한 상사(商社)가 있었으니, 바로 육해군 구매조합매점이었다. 아, 불쌍한 육해군! 그들은 자신의 임무를 훌륭히 해냈지만 그 물품들이 프랑코 진영으로 갔더라면 아마 더 좋아했을 텐데. 담배 부족은 가장 심각했다. 초기에는 하루에 한 갑씩 지급되던 것이 여덟 개비로, 그리고 다시 다섯 개비로 줄었다. 그러더니 결국에는 열흘 동안이나 담배가 지급되지 않아 죽을 것만 같은 날을 보내야 했다. 스페인에서 처음으로 나는 런던에서 매일 볼 수 있는 장면, 즉 사람들이 담배꽁초를 줍는 모습을 보게 됐다.

3월 말쯤 나는 손에 염증이 생기는 바람에 절개해서 고름을 짜낸 뒤 팔걸이 붕대를 해야 했다. 병원에 입원해야 했지만 그렇다고 시에타모까지 가기에는 부상이 너무 경미했다. 그래서 몬플로리테에 있는 소위 병원이란 곳에 머물렀는데, 그곳은 부상자 응급 치료소에 불과했다. 그곳에 열흘 동안 있었고 그중 며칠은 침대에 누워 있었다. 그런데 프락티칸테(병원 보조)들이 카메라와 사진 전부를 비롯해 내 귀중한 물건을 사실상 모조리 훔쳐 갔다. 전선에서는 물자 부족의 필연적 결과로 누구나 남의 물건에 손을 댔지만, 병원 사람들이 늘 최악이었다. 나중에 바르셀로나에 있는 병원에서 어느 미국인을 만났는데, 국제군에 입대하러 배를 타고 오는 도중에 배가 이탈리아 잠수함한테 어뢰를 맞았다고 했다. 그는 내게 자신이 어떻게 부상을 입은 채 해안가로 실려 왔는지, 그리고 또 어떻게 들것 드는 사람들이 자신을 구급차에 실어 올리면서 손목시계를 훔쳐 갔는지 이야기해 주었다.

팔걸이 붕대를 매고 있는 동안 나는 시골길을 배회하며 더없이 행복한 나날을 보냈다. 몬플로리테는 흙과 돌로 만든 집들이 옹기종기 모여 있는 평범한 마을이었고, 마을의 좁고 구불구불한 골목들은 트럭들이 하도 휘저어 놓은 탓에 달 분화구처럼 보였다. 교회는 여기저기 심하게 부서졌지만 군용 창고로 사용됐다. 인근 전체에 농가라고는 토레 로렌조와 토레 파비안이라고 불리는 두 채뿐이었다. 정말 큼직한 건물도 단 두 채뿐이었는데, 예전에 그곳 시골마을에서 떵떵거리며 살았던 지주들의 저택인 것이 분명했다. 그들이 얼마나 부자였는지는 농민들의 허름하기 짝이 없는 오두막집을 보면 알 수 있었다. 강 바로 뒤편, 전선 근처에는 거대한 방앗간과 그에 딸린 시골저택이 있었다. 엄청 값나가는 기계가 쓸모없이 녹슬어 가고 목재로 된 밀가루 활송 장치가 땔감으로 뜯겨 나간 것을 보고 있노라면 망신스런 일처럼 느껴졌다. 그 후에도 훨씬 더 먼 후방에 있는 부대들에게 땔감을 조달해 주기 위해 병사 무리들을 트럭에 태워 그곳에 보냈는데, 이 때문에 그곳은 조직적으로 만신창이가 됐다. 그들은 방에 수류탄을 터뜨려 마룻장을 부수곤 했다. 우리의 창고이자 취사장인 라 그랑하는 한때 수녀원이었을 가능성이 있다. 족히 4천 평방미터는 돼 보이는 그곳에는 넓디넓은 뜰과 별채들이 있었고 서른 내지 마흔 마리의 말을 수용할 수 있는 마구간도 있었다. 그 지역 스페인의 시골저택들은 건축학적으로 전혀 흥미로울 것이 없었다. 하지만 농장 건물들은 회칠을 한 돌들을 사용해 지었고 둥근 아치와 웅장한 지붕보가 있었다. 한마디로 기품이 있었다. 아마도 수세기 동안 변경된 적이 없는 설계도면에 기초해 지었을 것이다. 의용군들이 건물들을 장악한 후에 어떤 식으로 다뤘는지 알면 파시스트였던 전 주인들에게 왠지 모를 연민이 생길 만도 했다. 라 그랑하의 쓰지 않는 방은 모두 변소로 돌변했고 부서진 가구와 분뇨로 아수라장이 됐다. 그 근처의 작은 교회는 벽에 포탄 구멍 천지였고 마루에 똥이 수북 쌓여 있었다. 취사병들이 배급식량을 국자로 듬뿍 퍼주던 널따란 뜰에는 녹슨 깡통과 진흙, 노새 똥, 썩어가는 음식 등이 어지럽게 널려 있어 역겨웠다. 그런 걸 보고 있노라면 오래된 군가가 한층 실감났다.

쥐, 쥐,
고양이만 한 쥐들이
병참창고에 있네!

라 그랑하에 있던 놈들은 정말 고양이만 하거나 거의 비슷했다. 배가 터질 듯 불룩한 거구의 쥐들이 똥밭을 뒤뚱뒤뚱 걸어 다녔고, 어찌나 뻔뻔한지 총을 쏘지 않는 한 도망갈 생각조차 하지 않았다.

드디어 이곳에 정말 봄이 찾아왔다. 하늘은 한층 더 부드러운 푸른빛을 띠었고 공기는 갑작스레 따뜻해졌다. 개구리들이 도랑에서 시끄럽게 짝짓기를 했다. 마을 노새들의 식수로 사용되던 웅덩이 주변에서 나는 1페니만 한 깜찍스런 초록빛 개구리들을 발견했는데, 옆에 있던 어린 풀잎들이 칙칙해 보일 정도로 윤이 났다. 시골 총각들은 양동이를 들고 달팽이를 잡으러 다녔고, 잡은 후에는 양철판 위에 산 채로 구웠다. 날씨가 좋아지자마자 농민들은 봄갈이 차 모습을 드러냈다. 이곳 토지가 집산화된 것인지 농민들이 자기들끼리 단순히 나눠 가진 것인지 나는 도저히 분간이 되지 않았다. 스페인의 농지개혁이 지극히 모호하게 이루어졌음을 단적으로 보여주는 사례다. 짐작컨대 이곳은 통일노동자당과 무정부주의자들이 장악한 곳이니까 원칙적으로는 집산화됐을 것이다. 여하튼 지주들은 사라졌고 들판은 경작됐으며 사람들은 만족스러워 보였다. 농민들이 우리에게 너무도 친절해서 나는 놀라고 또 놀랐다. 나이가 지긋한 일부 농민들에게는 전쟁이 무의미했음에 틀림없다. 단지 전쟁 때문에 모든 것이 부족하고 삶이 우울하고 지루할 뿐이었다. 사실 가장 좋을 때조차 농민들은 군대가 마을에 숙영하는 것을 싫어한다. 그런데도 그들은 변함없이 친절했다. 그들에게 우리는 아무리 몹쓸 짓을 해도 이전 지주들이 되돌아오는 것을 막아주는 존재였던 것 같다. 내전이란 참으로 기이하다. 우에스카는 8킬로미터도 채 안 됐고 이곳 사람들의 시장이기도 했다. 그들의 친척들이 사는 곳이었으며 매주 닭과 채소를 내다 팔던 곳이었다. 그런데 지금은 여덟 달 동안이나 가시

철조망과 기관총으로 철통같이 막아 놓은 장벽이 그 사이에 떡하니 버티고 있었다. 가끔씩 그들은 이런 사실을 깜빡할 때가 있었다. 한번은 어느 할머니가 스페인 사람들이 올리브 오일을 태우는 조그만 철제 램프를 들고 가는 걸 보고 내가 말을 건넨 적이 있었다. "그런 거 어디 가면 살 수 있나요?"라고 나는 물었다. "우에스카."라고 할머니는 무심코 대답했다. 그리고 우리 두 사람은 웃음을 터트렸다. 칠흑처럼 새까만 머리카락을 지닌 마을 처녀들은 예쁘고 발랄했으며 발걸음도 씩씩했다. 사람을 대하는 태도 또한 솔직하고 당당했는데, 이는 아마도 혁명의 부산물인 듯 보였다.

너덜너덜한 푸른 셔츠와 검은 코듀로이 반바지를 입고 챙이 넓은 밀짚모자를 쓴 남자들은 노새들을 앞세우고 밭을 갈고 있었다. 노새들은 마치 박자를 맞추는 듯 귀를 퍼덕거렸다. 쟁기는 하도 형편없어서 흙을 휘저어 놓기만 할 뿐 고랑이라고 여길 만한 것을 만들지 못했다. 농기구들이 하나같이 한심할 정도로 낡았는데, 실은 값비싼 금속 때문에 모든 것이 그 모양이었다. 쟁깃날만 하더라도 부러지면 땜질하고 또 땜질해서 쓰는 바람에 간혹 땜질 안 한 곳을 찾기 어려운 경우도 있었다. 갈퀴나 쇠스랑은 나무로 만들어 썼다. 심지어 가래는 장화도 없이 사는 부류의 사람들에게 미지의 도구였다. 그래서 그들은 인도인들이 쓰던 것과 비슷한 조야한 괭이로 땅을 팠다. 써레도 있긴 했지만 이름만 써레지 당장에 석기시대 후반을 떠올리게 했다. 여러 장의 판자를 이어 부엌 식탁만 하게 만든 것이었는데, 판자들에 수백 개의 이음새 구멍을 뚫어 각 구멍에 부싯돌 조각을 쑤셔 박아서 이어 붙였다. 그런데 그 부싯돌을 쪼개 놓은 꼴이 만 년 전에나 그랬을 법한 모양과 완전 똑같았다. 나는 중립지대의 버려진 오두막집에서 이런 것을 처음 봤는데, 그때 얼마나 소름이 끼쳤는지 지금도 생생하다. 한참 머리를 쥐어짜내고서야 그것이 써레라는 것을 알았다. 그런 것을 만드느라 얼마나 힘들었을지, 도대체 얼마나 가난하면 철 대신 부싯돌을 쓸 수밖에 없는지 생각할수록 화가 치밀었다. 그런 일이 있고 난 후부터 나는 산업주의에 대해 좀 더 긍정적으로 생각하게 됐다. 하지만 마을에 최신형 경작용 트랙터가 두 대나 있었다. 대지주의 사유지에서 징발해 온 것이 분명했다.

마을에서 1, 2킬로미터 떨어진 곳에 사방이 벽으로 둘러싸인 작은 묘지가 있었는데, 나는 그곳에 한 번인가 두 번 가봤다. 전선에서 죽은 병사들은 보통 시에타모로 옮겨졌으므로 그곳은 마을 사람들을 위한 묘지였다. 그런데 영국 묘지와는 괴이할 정도로 달랐다. 망자에 대해 눈곱만큼의 예도 갖추지 않다니! 무성하게 자란 덤불과 거친 풀들이 모든 것을 뒤덮었고 유골이 사방에 흩어져 있었다. 그러나 정말 놀라운 것은 모든 무덤이 혁명 이전의 것이었는데도 묘비에 종교적인 내용의 비문을 새긴 경우가 거의 없었다는 점이다. 가톨릭 신자의 무덤에서 흔히 볼 수 있는 "아무개의 영혼을 위해 기도하다."라고 새긴 비문을 그곳에서는 딱 한 번 봤다. 그 외의 대부분은 죽은 자의 미덕을 찬미하는 우스꽝스런 시가 딸린, 순전히 세속적인 것들이었다. 네댓 곳 중 한 무덤에는 작은 십자가가 세워져 있거나 혹은 천국에 대한 형식적인 언급이 있는데, 이는 보통 근면한 무신론자가 끌로 새겨 놓은 것이었다.

스페인의 이 지역 사람들은 진짜로 종교적 감정이 없는 것 같다는 생각이 불현듯 떠올랐다. 내가 말하는 종교적 감정이란 정통파를 염두에 둔 것이다. 신기하게도 스페인에 있는 동안 나는 사람들이 성호를 긋는 모습을 한 번도 본 적이 없었다. 하지만 그런 동작은 혁명과 무관한 본능적인 것이라고 생각하는 사람도 있을 것이다. 물론 밤과 예수회는 늘 다시 돌아온다는 속담처럼 스페인 교회는 분명 제자리로 돌아올 테지만 혁명의 발발로 스페인 교회는 붕괴됐고 철저히 박살났다. 절멸 직전의 성공회조차도 그 정도 상황에까지는 이르지 않을 것이다. 스페인 사람들에게, 적어도 카탈루냐와 아라곤 지역 사람들에게 교회는 그야말로 부정한 돈벌이 조직이었다. 어쩌면 이로 말미암아 기독교 신앙이 일정 정도 무정부주의로 대체됐을지 모른다. 현재 무정부주의는 곳곳에 영향력을 미치고 있으며 명백히 종교적 색채를 띠고 있다.

내가 병원에서 돌아온 바로 그날 우리는 적을 공격하기에 더없이 적절한 진지로 진군했다. 파시스트 전선에서 2백여 미터 떨어진 작은 개울을 따라 1킬로미터가량 전진했다. 이 작전은 몇 달 전에 수행했어야 했다. 지금에 와서 하게 된 이유는 무정부주의자들이 하카 도로를 공격하고 있어 이를 지원할 필요가 있었기 때문이다. 이쪽에서 공격을 감행해 파시스트들이 부대들을 우리 쪽으로 이동시키게 할 심산이었다.

우리는 6, 70시간 동안 한숨도 못 잤다. 그래서인지 당시 일은 흐릿하게, 아니 일련의 사진들과 같은 형상으로만 기억이 난다. 임무는 중립지대에서 적의 동태를 청취하는 것이었다. 그곳에서 백 미터 떨어진 곳에 파시스트 전선에 속한, 카사 프란세사라는 요새화된 농가가 있었다. 무려 7시간이나 갈대 냄새가 코를 찌르고 물이 흥건히 고인 끔찍한 습지에 엎드려 있었다. 시간이 갈수록 몸이 점점 밑으로 가라앉았다. 갈대 냄새, 몸을 마비시키는 추위, 새까만 밤하늘에 총총 박혀 있는 별들, 귀 따갑게 울어대는 개구리들. 4월이었는데도 내 기억 속에 그날은 스페인에서 가장 추운 밤이었다. 불과 백 미터 앞에서 작업반들이 열심히 일하고 있었지만 개구리 합창 소리 외에는 아무 소리도 들리지 않았다. 그날 밤새 내가 들은 소리는 딱 한 번, 삽으로 모래주머니를 두드려 펴는 익숙한 소리였다. 어떻게 스페인 사람들은 간혹가다 그토록 눈부신 조직적 위업을 달성할 수 있는지 참으로 신기할 뿐이다. 전체적인 움직임이 환상적일 만큼 질서정연했다. 7시간 동안 육백 명의 병사가 파시스트 전선에서 백오십에서 삼백 미터 떨어진 곳에 천이백 미터의 참호와 흉벽을 구축했다. 그런 와중에도 쥐 죽은 듯 고요해 파시스트들은 아무런 낌새도 못 챘고 밤새 부상자는 단 한 명뿐이었다. 물론 그 다음날에는 부상자가 더 많았다. 모든 병사는 각자의 임무를 할당받았다. 작업이 끝났을 때 브랜디를 가미한 포도주 들통을 들고 갑작스레 도착한 취사장의 잡역부들도 예외는 아니었다.

날이 밝아오자 파시스트들이 갑작스레 우리의 존재를 발견했다. 비록 2백 미터가량 떨어져 있기는 했지만 카사 프란세사의 네모반듯한 하얀색 건물은 우리 위로 높이 솟아 있는 것처럼 보였다. 게다가 위쪽 창문가에는 모래주머니를 쌓아 기관총을 올려놓았는데, 하나같이 우리 참호 쪽을 곧장 겨누고 있는 것처럼 보였다. 우리는 파시스트들이 왜 우리를 못 보는지 의아해하면서 넋을 잃고 바라보고 있었다. 그때였다. 총알들이 맹렬히 소용돌이치며 날아 들어왔다. 모두 잽싸게 무릎을 꿇고 미친 듯이 땅을 파서 참호를 더 깊게 만들었고 그 옆에 작은 피난처를 팠다. 나는 그때까지도 팔을 붕대로 감고 있던 탓에 땅을 팔 수가 없었다. 그래서 그날은 대부분의 시간을《행방불명된 사채업자》라는 추리소설을 읽으며 보냈다. 줄거리는 기억나지 않지만 그곳에 앉아 책을 읽을 때 어떤 기분이었는지는 지금도 아주 생생하다. 앉아 있던 참호 바닥의 눅눅한 진흙이며, 참호를 파느라 바쁜 병사들에게 방해가 되지 않으려고 계속 이리저리 다리를 옮기던 일이며, 머리 위로 손을 들어 올리면 닿을 만큼 가까운 거리에서 탕탕 소리를 내며 날아다니던 총알들까지. 토마스 파커는 윗허벅지에 관통상을 입었다. 그의 말에 따르면 생각했던 것보다 부상이 심해서 하마터면 무공훈장을 받을 뻔했다고 했다. 전선 곳곳에서 부상자가 속출하고 있었지만 그날 밤 파시스트가 동분서주하는 우리를 발견했더라면 어땠을지 생각하면 그 정도는 아무것도 아니었다. 나중에 어느 탈영병의 얘기를 들어보니 파시스트 보초병이 다섯이나 근무태만으로 총살을 당했다. 하지만 그들이 그때 과단성 있게 박격포를 갖고 왔더라면 우리는 몰살당했을지 모른다. 부상자를 비좁고 북적이는 참호로 옮기는 것은 여간 불편한 일이 아니었다. 내가 본 어느 부상자는 불쌍하게도 반바지가 피로 시커멓게 물들었고 들것에서 내동댕이쳐지는 바람에 고통으로 헉헉 댔다. 사람들은 부상자들을 1.5킬로미터가 넘는 먼 곳까지 실어 날라야 했는데, 도로가 있어도 구급차가 전선 가까이 들어오는 법이 없었기 때문이다. 너무 가까이 들어오면 십중팔구 파시스트들에게 포탄 세례를 받았다. 당연했다. 현대전에서는 누구나 아무런 가책 없이 구급차를 이용해 탄약을 운반하니까.

다음날 밤 우리는 토레 파비안에서 공격대기 중이었다. 하지만 마지막 순간에 공격이 취소됐다는 무전을 받았다. 우리가 대기하던 헛간은 바닥에 사람의 뼈와 소의 뼈가 뒤섞인 두툼한 뼈밭 위에 야트막하게 왕겨를 덧씌워 놓은 곳이었던지라 쥐들이 득시글댔다. 그 더러운 잡놈들은 사방 천지에서 우르르 뛰쳐나왔다. 내게 다른 어떤 것보다 싫어하는 한 가지가 있다면 그것은 캄캄한 곳에서 쥐가 내 몸을 가로질러 뛰어가는 것이다. 하지만 확실한 한 방으로 그중 한 놈을 날려 보내고 흡족해하던 적도 있었다.

그 후에는 파시스트 흉벽에서 5, 60미터 떨어진 곳에서 공격명령을 기다렸다. 병사들은 용수로에 길게 줄지어 웅크리고 앉아 있었다. 그들의 총검이 언저리 너머로 살짝 날을 드러냈고 눈의 흰자위가 어둠 속에서 반짝거렸다. 콥과 벤자민은 무전수신상자를 어깨에 둘러맨 병사와 함께 우리 뒤편에 쭈그리고 있었다. 서쪽 지평선에서는 총의 장밋빛 섬광이 뿜어져 나오다가 몇 초 후에 거대한 폭발로 이어졌다. 그러자 무전상자에서 삐삐삐 소리가 났고 상황이 괜찮을 때 그곳에서 빠져 나오라고 명령하는 소리가 나지막이 들렸다. 우리는 명령대로 했지만 신속히 빠져나오지는 못했다. 다름 아니라 파시스트 흉벽에서 불과 40미터 떨어진 곳에 배치돼 있던 사내아이들 열두 명이 안타깝게도 새벽녘까지 그곳에 갇혀 도망 나오지 못했던 것이다. 이베리아공산주의청년단(통일노동자당의 청년동맹이며, 이와 비슷하게 통합사회당에는 통합사회주의청년단이 있다) 소속의 아이들이었다. 몸을 숨길 엄폐물이라고는 풀 뭉치밖에 없었기에 그들은 하루 종일 그곳에 엎드려 있어야 했다. 몸을 움직일 때마다 파시스트들이 총질을 해댔다. 어둑어둑해질 무렵까지 일곱 명이나 전사했고, 나머지 다섯은 어둠을 틈타 간신히 기어 나왔다.

그 후에도 한동안 아침마다 우에스카 건너편에서 무정부주의자들의 공격 소리가 들려왔다. 항상 같은 소리였다. 우선 이른 새벽에 느닷없이 포탄 수십 발이 일제히 터지는 소리가 들렸다. 몇 킬로미터나 떨어져 있는 곳에서도 귀청이 터질 듯한 무시무시한 폭발음이었다. 그러고 나면 소총과 기관총이 한데 어우러져 연신 으르렁댔다. 신기하게도 묵직하게 울려 퍼지는 것이 마치 북소리 같았다. 총격전은 점차적으로 우에스카를 둘러싼 전선들 곳곳으로 번져 나갔다. 총알들이 거친 소리를 내며 무의미하게 머리 위를 날아다닐 때면 우리는 휘청거리며 참호로 기어 들어가 졸린 눈을 껌벅이며 흙벽에 기대어 앉아 있곤 했다.

낮에는 포탄들이 우레와 같은 소리를 내며 간헐적으로 날아다녔다. 우리의 새 취사장인 토레 파비안은 포탄을 맞아 일부분이 파괴됐다. 참 희한하게도 누구든 안전한 거리에서 포탄 사격을 지켜보다 보면 사수가 그의 표적을 명중시켰으면 하는 마음이 든다. 그 표적에 자신의 저녁거리와 동지들 몇몇이 포함되어 있을지라도 말이다. 그날 아침 파시스트들은 멋진 사격 솜씨를 뽐냈다. 아마도 독일 사수들이 있었던 것 같다. 그들은 토레 파비안을 표적으로 깔끔하게 협차 사격을 했다. 한 발은 표적보다 멀리, 또 한 발은 조금 못 미치게, 그러고 나서는 부웅, 쾅! 부서진 서까래가 위쪽으로 솟구쳤고 우랄석판은 카드가 튕겨 나가듯 미끄러지며 땅으로 곤두박질쳤다. 그 다음에 날아온 포탄은 마치 거인이 칼로 자른 듯 아주 매끈하게 건물 모서리를 베어냈다. 그런데도 취사병들은 저녁식사를 시간 맞춰 내놓았다. 결코 잊을 수 없는 위업이었다.

며칠 지나자 보이지는 않지만 소리는 들리는 포들이 각각 나름의 특징을 띠기 시작했다. 우선 우리 후방에서 가까운 곳에는 러시아산 75밀리미터 포가 두 문 있었는데, 내게 뚱뚱한 사람이 골프공을 치는 모습을 연상시켰다. 이 포들은 내가 처음 본, 아니 정확히 말하면 소리를 들은 러시아산 포였다. 탄도가 낮고 속도가 엄청 빨라서 탄약통 터지는 소리와 휙 날아가는 소리 그리고 포탄 터지는 소리가 거의 동시에 들렸다. 몬플로리테 뒤편에는 하루에 몇 차례씩 쏘곤 하던 매우 육중한 두 문의 중포가 있었다. 이 포들은 작고 나직한 소리로 으르렁댔기 때문에 마치 쇠사슬에 묶인 괴물들이 멀리서 울부짖는 듯했다. 아라곤 산에는 정부군이 작년에 급습했던(정부군 역사상 처음 있는 일이었다고 한다) 중세에 지은 요새가 있었는데, 우에스카로 가는 진입로 중 하나를 감시하는 일을 맡았다. 이곳에는 제작 시기가 족히 19세기까지 거슬러 올라갈 듯한 중포 한 문이 있었다. 그 포의 거대한 포탄은 휘파람 소리를 내며 날아갔는데, 어찌나 속도가 느렸던지 누구든 옆에서 같이 달리다 보면 따라잡을 수 있을 성싶었다. 참호 박격포의 경우, 크기는 작았지만 소리만큼은 가장 지독했다. 생김새가 선술집에서 던지며 놀던 다트와 비슷했고 크기는 1쿼트 병만 했는데, 정말이지 날개 달린 어뢰 같았다. 날아갈 때 나는 극악한 금속 소리는 잘 부서지는 강철로 만든 무시무시한 구체를 모루에 놓고 산산조각 내는 소리와 흡사했다. 우리 편 비행기들이 상공에서 공중 어뢰를 투하할 때도 간혹 있었다. 그럴 때면 그 으르렁대는 소리가 천지를 뒤흔들 듯 울려 퍼지는 바람에 3킬로미터나 떨어진 곳에서도 땅이 흔들렸다. 파시스트들이 대공포로 포탄을 쏘면 저급한 수채화 속 구름조각처럼 포탄이 하늘 위로 점점이 날아올랐지만 비행기와의 거리를 1킬로미터 이내로 좁힌 경우를 나는 한 번도 본 적이 없었다. 비행기가 급강하해서 기관총으로 쏘아댈 때도 있는데, 아래에서 그 소리를 들으면 날개가 퍼덕거리는 소리처럼 들렸다.

우리 쪽 전선에서는 별다른 일이 없었다. 우리 오른쪽으로 2백 미터 떨어진 곳에는 파시스트들이 좀 더 높은 곳에 진을 치고 있었는데, 그쪽 저격병들이 우리 동지 몇몇을 사살했다. 왼쪽으로 2백 미터 떨어진 곳에는 개울 위로 다리가 나 있었다. 그 다리 위에서는 일종의 결투가 벌어지고 있었다. 다리를 가로질러 콘크리트 바리케이드를 짓는 우리 병사들과 파시스트 박격포와의 싸움이었다. 작고 사악한 포탄들이 휙휙 날아와서는 쾅쾅댔다. 아스팔트 도로 위로 떨어지기라도 하면 두 배나 더 끔찍한 소리를 냈다.

백 미터 정도 떨어진 곳에 서 있으면 더할 나위 없이 안전하게 흙기둥과 검은 연기가 마법 나무처럼 공중으로 솟아오르는 것을 구경할 수 있었다. 하지만 다리 근처에 있던 병사들은 불쌍하게도 낮 시간 대부분을 참호 옆에 파놓은 작은 맨홀 안에 쭈그리고 있어야 했다. 그래도 부상자는 예상했던 것보다 적었고, 바리케이드도 갈수록 높아졌으며, 기관총 두 정과 야포 한 문을 위한 총안이 있는 콘크리트 벽은 두께가 50센티미터도 더 됐다. 그 콘크리트는 낡은 침대 프레임을 사용해 계속 보강됐다. 분명 그 용도에 적합한 철이라고는 그것뿐이었을 것이다.

7장

어느 날 오후 베냐민은 우리에게 열다섯 명의 지원자가 필요하다고 말했다. 지난번에 취소됐던 파시스트 보루에 대한 공격이 오늘 밤 감행될 예정이었다. 나는 내가 갖고 있던 멕시코산 탄약통 열 개에 기름칠을 하고 총검에 흙을 묻혔으며(지나치게 번쩍거리면 위치가 노출된다) 빵 한 덩어리, 8센티미터 길이의 선홍색 소시지와 아내가 바르셀로나에서 보내준 오랫동안 아껴뒀던 시가 한 대를 챙겼다. 수류탄도 일인당 세 개씩 지급됐다. 스페인 정부는 얼마 전 드디어 제대로 된 수류탄을 생산하는 데 성공했다. 밀스 수류탄과 비슷하게 제작됐지만 핀이 하나가 아니라 두 개였다. 핀들을 뽑고 난 다음 수류탄이 터지기까지 7초가 걸렸다. 두 개의 핀 중 하나는 매우 빡빡하고 다른 하나는 매우 헐겁다는 게 이 수류탄의 가장 큰 단점이었다. 따라서 핀 두 개를 그대로 두고 긴급 상황에서 빡빡한 핀을 뽑지 못하거나, 빡빡한 핀을 미리 뽑아놓고 주머니 속에서 터질까 봐 전전긍긍하는 수밖에 없었다. 하지만 던지기에는 좋은 자그마한 수류탄이었다.

자정이 다가올 즈음 베냐민은 나를 포함한 열다섯 명의 지원자를 이끌고 토레 파비안까지 내려갔다. 비가 저녁부터 퍼붓고 있었다. 용수로는 물이 넘쳐흐를 정도여서 한번 빠질 때마다 물이 허리까지 차올랐다. 칠흑 같은 어둠과 쏟아지는 빗속에서 농장 마당에 한 무리의 사람들이 기다리고 있는 모습이 흐릿하게 보였다. 콥은 처음에는 스페인어로, 그 다음에는 영어로 우리에게 공격계획을 설명했다. 이곳의 파시스트 전선은 L자 모양으로 휘어져 있었고 우리가 공격할 흉벽은 L자의 모퉁이 부분에 있는 둔덕에 자리하고 있었다. 나를 포함해 영국 병사 반, 스페인 병사 반으로 이루어진 대략 서른 명의 무리는 호르헤 로카대 대장(의용군의 한 대대는 약 4백 명으로 구성돼 있었다)과 베냐민의 지휘 하에 파시스트 진영에 조용히 다가가 철조망을 끊어놓기로 했다. 호르헤가 첫 수류탄을 던지는 것을 신호로 나머지도 수류탄 폭격을 가해 흉벽에서 파시스트 병사들을 몰아내고 그들이 반격하기 전에 완전히 점령한다는 계획이었다. 이와 동시에 칠십 명의 기습부대가 우측으로 약 2백 미터 거리에 교통호로 연결돼 있는 다음 파시스트 '진지'를 공격하기로 돼 있었다. 한치 앞도 보기 힘든 가운데 아군간의 오인사격을 방지하기 위해 팔에 흰색 완장을 차기로 했다. 이때 연락병이 도착해 흰색 완장이 없다고 전했다. 어둠 속에서 애처로운 목소리가 들려왔다. "파시스트 병사들한테 흰색 완장을 차도록 하면 안 될까요?"

아직 한두 시간 정도가 남아 있었다. 노새 외양간 너머의 헛간은 포격으로 만신창이가 돼 불빛 없이는 다닐 수가 없을 정도였다. 날아온 포탄으로 인해 바닥의 반이 날아가고 6미터 가량 패여 아래에 깔린 돌들이 보였다. 누군가 곡괭이를 발견해 바닥에서 부서진 널빤지를 뜯어냈다. 우리는 금세 불을 피웠고 흠뻑 젖은 옷에서 김이 모락모락 올라왔다. 다른 누군가가 카드 한 벌을 꺼냈다. 전쟁터에서는 언제나 출처를 알 수 없는 소문들이 생겨나기 마련인데, 이번에도 브랜디를 넣은 뜨거운 커피가 제공될 것이라는 소문이 돌았다. 우리는 들뜬 마음으로 무너지기 직전인 계단을 따라 줄지어 내려가 어둠이 깔린 마당을 서성이며 커피가 어디 있는지 물었다. 애석하게도 커피는 없었다. 대신 호르헤와 베냐민이 우리를 모두 불러 한 줄로 세운 후 신속히 어둠 속으로 발을 내딛었고, 우리도 그 뒤를 따랐다.

아직도 비가 내리고 있었고 매우 어두웠지만 바람은 멎은 상태였다. 길바닥은 말도 못할 정도로 질척거렸다. 사탕무밭 사이로 난 길은 기름칠한 막대기처럼 미끄러운 진흙 덩어리들을 뭉쳐놓은 것과 다를 바 없었고, 물웅덩이가 곳곳에 산재해 있었다. 우리 쪽 흉벽을 벗어나게 될 지점에 도착하기 한참 전에 모두 이미 몇 번씩은 넘어졌으며 소총은 진흙투성이가 됐다. 흉벽에 다다르자 지원군 몇 명과 함께 군의관과 한 줄로 쭉 늘어놓은 들것이 우리를 기다리고 있었다. 우리는 줄지어 흉벽의 틈새를 통과한 후 또 다른 용수로를 건넜다. 철퍽철퍽, 쿨렁쿨렁. 다시 한 번 물이 허리까지 차올랐으며 더럽고 질척한 진흙이 군화를 뒤덮었다. 호르헤는 우리가 모두 수로를 건널 때까지 그 앞의 잔디밭에서 기다렸다. 그러더니 몸을 최대한 웅크리고 천천히 앞으로 가기 시작했다. 파시스트 흉벽은 백오십 미터 정도 떨어져 있었다. 거기까지 도달하기 위해서는 소리 없이 움직여야만 했다.

나는 호르헤, 베냐민과 함께 앞쪽에 있었다. 몸을 웅크리고 고개만 든 채로 우리는 한치 앞을 보기 힘든 어둠 속에서 점차 더 느린 속도로 나아갔다. 빗방울이 얼굴을 가볍게 두드렸다. 흘낏 돌아보니 바로 뒤에 있는 무리가 거대한 목이버섯처럼 잔뜩 웅크려 앞으로 천천히 미끄러지듯 움직이고 있었다. 하지만 내가 머리를 들어 올릴 때마다 바로 옆에 붙어있던 베냐민이 내 귀에 대고 험악한 목소리로 속삭였다. "머리 숙여! 숙이라고!" 사실 걱정할 필요는 없었다. 어두운 밤에는 스무 걸음 앞에 있는 사람도 절대 볼 수 없다는 사실을 경험으로 알고 있었기 때문이다. 소리를 내지 않고 조용히 가는 것이 훨씬 더 중요했다. 적이 우리가 다가오는 소리를 듣기라도 하면 모든 게 끝이었다. 그들은 어둠 속을 향해 기관총을 마구잡이로 발사할 테고 그러면 우리는 도망가거나 죽거나 둘 중 하나였다.

하지만 비로 흠뻑 젖은 땅 위에서 조용히 움직인다는 것은 불가능에 가까웠다. 어떻게 하더라도 발이 진흙에 달라붙었으며 걸을 때마다 발밑에서 찰파닥거리는 소리가 났다. 무엇보다도 바람이 멎어 비가 내리고 있음에도 매우 고요한 밤이었다는 게 문제였다. 소리가 멀리까지 울려 퍼질 그런 밤이었다. 지나가다가 깡통을 걷어차 몇 킬로미터 반경 내에 있는 파시스트 병사들이 그 소리를 전부 들었으면 어쩌나 하고 마음 졸인 순간도 있었다. 하지만 파시스트 전선에서는 아무런 소리도 나지 않았고, 응사나 그 어떤 움직임도 없었다. 우리는 계속 속도를 늦춰가며 앞으로 살금살금 움직였다. 내가 얼마나 간절히 그곳에 도달하고 싶었는지는 말로 다 표현할 수가 없다. 그들이 눈치를 채기 전에 수류탄 사정거리 이내로 접근하고 싶었다. 그런 순간에는 두려움도 모두 사라지고 목표한 곳까지 남은 거리를 어서 줄이고픈 감당하기 힘들 정도의 엄청난 열망이 존재할 뿐이다. 야생 동물에게 조심스럽게 다가갈 때 이와 똑같은 감정을 느꼈다. 동물을 맞출 수 있는 사정거리 이내로 다가가고픈 간절한 욕망과 그것이 불가능하다는 어렴풋한 확신. 그리고 왜 거리는 점점 늘어나는 것만 같은지! 주변 지리에 환해 백오십 미터가 될까 말까한 거리라는 걸 알면서도 마치 1킬로미터를 훌쩍 넘는 것 같았다. 그 정도로 느리게 움직이다 보면 개미처럼 발밑에 닿는 것 하나하나에 민감해진다. 부드럽고 상태가 좋은 잔디밭, 질척이고 상태가 끔찍한 진창, 무슨 일이 있어도 피해야 할 길고 바스락거리는 갈대들과 소리를 내지 않고는 도저히 그 위를 지나갈 수 없을 것 같아 모든 희망을 버리게 만드는 돌무더기까지.

그렇게 느릿느릿 움직인 지 한참 지나자 우리가 길을 잘못 들어선 것일 수도 있다는 생각이 들기 시작했다. 그때 어둠보다 더 짙은 색의 가는 평행선들이 희미하게 모습을 드러냈다. 바깥쪽 철조망이었다. (파시스트들은 바깥쪽에 철조망을 하나 더 설치해 놓았다.) 호르헤는 무릎을 꿇고 주머니를 뒤적거렸다. 우리 쪽에 하나밖에 없는 철조망 절단기를 그가 갖고 있었다. 뚝, 뚝. 잘려진 부분을 한쪽으로 조심스럽게 들어올렸다. 뒤따르는 무리가 모여들기를 기다렸다. 제법 큰 소리를 내면서 다가오고 있었다. 이제 파시스트 흉벽까지는 50미터 정도 남아있었다. 몸을 웅크린 채 계속 앞으로 나아갔다. 쥐구멍에 다가가는 고양이처럼 조심스럽게 한 발을 내딛고, 잠시 멈춰 서서 귀를 기울이다가 다시 한 발을 내딛었다. 한번은 내가 머리를 들자 베냐민이 아무 말 없이 내 뒷덜미에 손을 가져가더니 거칠게 아래로 잡아 내렸다. 흉벽에서 20미터도 안 되는 거리에 안쪽 철조망이 있다는 걸 알고 있었다. 서른 명의 병사들이 거기까지 가는데 적진에서 아무도 눈치를 채지 못한다는 것은 나로서는 상상도 할 수 없는 일이었다. 숨소리만으로도 우리는 발각되기 충분했다. 하지만 어찌 됐든 우리는 거기까지 무사히 도착했다. 이제 저 높이 쌓아올려진 검은색 흉벽이 흐릿하게 보였다. 호르헤는 다시 한 번 무릎을 꿇고 주머니를 뒤적거렸다. 뚝, 뚝. 소리가 나지 않게 철조망을 자를 수 있는 방법은 없었다.

안쪽 철조망도 그렇게 처리했다. 우리는 엎드려 전보다 좀 더 빠른 속도로 철조망 사이를 기어갔다. 이제 위치만 제대로 잡으면 문제될 일이 없었다. 호르헤와 베냐민은 오른쪽으로 기어갔다. 하지만 뒤쪽에 흩어져 있던 무리는 철조망에 낸 좁은 구멍을 통과하기 위해 한 줄로 늘어서야 했는데, 바로 그 순간 파시스트 흉벽에서 불빛이 번쩍이더니 쿵 하고 큰소리가 났다. 보초가 마침내 우리가 다가오는 소리를 들은 것이다. 호르헤는 한쪽 무릎으로 중심을 잡고 앉더니 볼링 선수처럼 팔을 휘둘렀다. 쾅! 날아간 수류탄이 흉벽 너머 어디에선가 터졌다. 그 즉시 파시스트 흉벽에서 예상했던 것보다 훨씬 빠른 속도로 열에서 스무 자루 정도의 소총이 굉음을 내며 불을 내뿜었다. 우리가 가까이 오기만을 기다리고 있었던 것이다. 쌓여있던 모래주머니가 번쩍이는 불빛 속에서 순간 뚜렷하게 보였다. 저 멀리서는 우리 쪽 병사들이 수류탄을 던지고 있었는데, 그중 일부는 흉벽 근처까지 날아오지도 못했다. 흉벽의 총안이란 총안은 전부 불꽃을 내뿜고 있는 듯했다. 어둠 속에서 표적이 되는 것—소총의 섬광이 전부 나를 향하고 있는 것 같다—은 언제나 괴롭지만 제일 견딜 수 없는 것은 역시 수류탄이다. 깜깜한 밤에, 바로 옆에서 터지는 걸 보기 전까지는 수류탄의 진정한 공포를 상상조차 할 수 없을 것이다. 낮에는 수류탄이 터지는 소리만 들릴 뿐이지만, 밤에는 붉은 빛까지 번쩍인다. 저쪽에서 사격을 시작하자마자 몸을 던져 엎드렸다. 질척이는 바닥에 모로 누워서 줄곧 수류탄의 핀과 씨름하고 있었다. 망할 핀은 도무지 뽑히질 않았다. 마침내 내가 핀을 반대 방향으로 돌리고 있다는 사실을 깨달았다. 핀을 뽑고, 무릎을 꿇고, 수류탄을 집어 던진 후 다시 엎드렸다. 수류탄은 흉벽 밖 오른쪽에서 터졌다. 두려워서 제대로 겨냥을 못한 것이다. 그 순간 또 다른 수류탄이 바로 내 앞에서 터졌다. 너무나 가까워서 폭발의 열기가 느껴질 정도였다. 바닥에 몸을 바짝 붙이고 엎드려 진창에 얼굴을 박았다. 너무 세게 박아서 목이 다 아팠고 어딘가 부상을 입은 것 같았다. 계속되는 굉음 속에서 내 뒤에 있던 영국인 병사가 "나 맞았어."라고 힘없이 말하는 소리가 들렸다. 알고 보니 나는 괜찮았어도 주변에 있던 여러 명은 그 수류탄 때문에 부상을 입었다. 나는 무릎으로 딛고 일어나 두 번째 수류탄을 던졌다. 어느 방향으로 날아갔는지는 생각이 나지 않는다.

앞에서는 파시스트 병사들이 총을 쏘고 있었고, 뒤에서는 우리 병사들이 총을 쏘고 있다 보니 내가 그 중간에 끼어있다는 사실을 의식하지 않을 수 없었다. 총알이 스쳐 지나가는 느낌에 내 바로 뒤에서 한 병사가 총을 쏘고 있다는 사실을 깨달았다. 나는 일어서서 그에게 소리쳤다. "나한테 쏘지 마, 이 멍청아!" 그 순간 오른쪽으로 10미터, 아니 15미터 정도 떨어진 곳에 있던 베냐민이 나에게 손짓하고 있는 것이 보였다. 그쪽으로 달려갔다. 불꽃을 내뿜는 총안들을 지나쳐 가야만 했기 때문에 달려가면서 왼쪽 손으로 뺨을 가렸다. 물론 손으로 총알을 막을 수는 없으므로 어리석은 행동이었지만 나는 얼굴에 총알을 맞을지도 모른다는 두려움에 휩싸여 있었다. 베냐민은 한쪽 무릎을 꿇고 즐거운, 어떻게 보면 악마 같은 표정을 지으며 자동권총으로 번쩍이는 소총의 불빛을 향해 신중히 사격을 하고 있었다. 호르헤는 적진에서 사격을 처음 시작했을 때 부상을 입었고 어디에 쓰러져 있는지 알 수 없었다. 나는 베냐민 옆에 무릎을 꿇은 채 세 번째 수류탄의 핀을 뽑고 던졌다. 이번에는 틀림없이 제대로 던졌다. 수류탄은 근처에 기관총이 자리한 흉벽 안 모퉁이에서 터졌다.

어느 순간 갑자기 파시스트 병사들의 사격이 멈춘 것 같은 느낌이 들었다. 베냐민은 벌떡 일어나 소리쳤다. "전진! 돌격!" 우리는 흉벽이 자리한 둔덕의 짧고 가파른 비탈길을 따라 재빨리 달려 올라갔다. '재빨리 달려' 올라갔다고 말하지만 사실 '어기적어기적 걸어' 올라갔다고 하는 게 더 맞을 것이다. 머리끝부터 발끝까지 비에 젖고 진흙으로 범벅이 된 상태에서 총검을 장착한 소총에 탄약통 백오십 개를 지고 빠르게 움직인다는 것은 사실상 힘들다. 나는 파시스트 병사가 꼭대기에서 날 당연히 기다리고 있을 거라고 생각했다. 그 거리에서 날 겨냥한다면 맞추지 못할 리가 없었지만, 웬지 모르게 나는 그가 총을 쏘지 않고 대신 총검으로 나를 공격할 것이라는 생각이 들었다. 서로의 총검이 맞닿는 느낌이 어떨지 상상이 되면서 그의 팔 힘이 나보다 셀지 궁금해졌다. 하지만 날 기다리고 있는 파시스트 병사는 없었다. 어렴풋한 안도감을 느끼며 나는 이 흉벽이 낮은 편이고 모래주머니들 덕분에 발을 디디기가 편하다는 걸 알아챘다. 대체로 흉벽은 넘어가기 어렵게 만들어진다. 안쪽에 있던 모든 것이 박살나 기둥이 여기저기 굴러다녔으며 큼직한 우랄석 조각들이 산재해 있었다. 우리가 던진 수류탄으로 인해 막사와 방공호가 전부 무너진 것이었다. 파시스트 병사들은 여전히 한 명도 모습을 드러내지 않았다. 지하 어딘가에 숨어있을 거라는 생각에 나는 영어로 소리쳤다. 그 순간에는 스페인어가 전혀 떠오르지 않았다. "당장 나와! 항복해!" 아무런 대답이 없었다. 그때 어스름 속에서 한 흐릿한 형체가 무너진 한 막사의 지붕을 뛰어 넘더니 왼쪽으로 쏜살같이 달려갔다. 나는 그를 뒤쫓아 달려가며 어둠 속에서 총검을 이리저리 휘둘렀지만 딱히 소득은 없었다. 막사 모퉁이를 돌자 아까 봤던 사람과 동일 인물인지는 모르겠으나 어쨌든 한 남자가 다음 파시스트 진지로 이어지는 교통호를 따라 도망치고 있는 것이 보였다. 남자의 모습이 선명하게 눈에 들어오는 것으로 보아 상당히 가까운 거리에 있는 모양이었다. 그는 대머리였고 어깨에 두르고 있는 담요 밑으로는 아무것도 걸치지 않은 듯했다. 만약 내가 총을 쐈다면 명중했을 것이다. 하지만 아군 오인사격을 방지하기 위해 흉벽 안에 들어와서는 총검만 사용하라는 명령을 들은 터였기도 했고, 총을 쏜다는 것 자체를 생각해본 적도 없었다. 대신 20년 전, 학교에서 권투 교사가 자신이 다르다넬스 해협에서 터키군 병사를 어떻게 총검으로 찔렀는지 생생한 동작과 함께 설명해주던 모습을 떠올렸다. 나는 소총의 개머리판을 잡고 남자의 등을 향해 달려들었다. 찌르기엔 약간 부족했다. 다시 한 번 달려들었지만 이번에도 찌르지 못했다. 남자는 교통호를 따라 달려가고 나는 윗길에서 그의 어깨를 향해 총검을 휘두르지만 한 번도 제대로 찌르지 못하는 추격전이 잠시 벌어졌다. 나에게는 어찌 보면 흥미로운 기억으로 남겠지만 그 남자에게는 웃어넘길만한 상황이 아니었을 것이다.

물론 나보다 주변 지리를 잘 파악하고 있던 그는 얼마 지나지 않아 날 피해 도망쳤다. 돌아가 보니 진지는 소리치는 병사들로 가득했다. 총격 소리는 어느 정도 줄어들었다. 둘러싼 삼면에서 파시스트 병사들은 여전히 집중 포화를 하고 있었지만 그 거리는 훨씬 멀어져 있었다. 당분간이나마 적을 몰아낸 것이었다. 마치 신탁을 내리는 것처럼 말을 꺼내던 내 모습이 떠오른다. “이곳을 30분 정도는 지킬 수 있겠지만 그 이상은 안 될 거야.” 왜 굳이 30분이라고 했는지는 잘 모르겠다. 오른쪽 흉벽 너머에서는 소총에서 무수히 발사되는 푸른색 불빛들이 어둠을 찌르고 있었지만 백 미터나 이백 미터 정도 떨어진 곳이었다. 이제 진지를 샅샅이 뒤져 쓸모 있는 물건을 전부 챙겨가는 게 우리가 할 일이었다. 베냐민과 다른 병사들 몇몇은 이미 진지 중앙에 있는 커다란 막사 혹은 방공호의 잔해 속을 파헤치고 있었다. 베냐민은 무너진 지붕 사이를 비틀비틀 걸어 다니며 탄약 상자의 밧줄 손잡이를 신나게 잡아당겼다.

"동지들! 탄약이야! 여기 탄약이 많다고!"

"탄약은 필요 없습니다. 소총이 필요하죠." 누군가 말했다.

맞는 말이었다. 우리가 갖고 있는 소총 중에 절반이 진흙으로 가득 차 사용할 수 없었다. 소총을 청소하면 되지만 어둠 속에서 소총의 노리쇠를 분리하는 것은 위험했다. 어딘가 내려놓았다가 잊어버릴 수 있기 때문이다. 나는 아내가 바르셀로나에서 힘겹게 구해다준 작은 손전등 하나를 갖고 있었는데 이걸 제외하면 우리에게는 빛을 낼만 한 도구가 하나도 없었다. 그럭저럭 쓸 만한 소총을 들고 있는 병사 몇몇이 저 멀리 보이는 불빛들을 향해 대충 사격을 했다. 총알을 마구 쏘려는 사람은 없었다. 아무리 상태가 좋은 소총이라도 지나치게 열이 오르면 고장 날 수 있었기 때문이다. 흉벽 안에는 부상자 한두 명을 포함해 나까지 총 열여섯 명 정도가 있었다. 밖에도 부상을 입은 영국 병사와 스페인 병사들 여럿이 누워 있었다. 응급치료 훈련을 받았던 북아일랜드 벨파스트 출신의 패트릭 오하라는 붕대 뭉치를 들고 이리저리 뛰어다니며 부상자들의 상처를 감싸주었다. 물론 흉벽 안으로 돌아올 때마다 아무리 성난 목소리로 "포움!"이라고 외쳐도 어디에선가 총알이 날아왔다.

우리는 진지를 살펴보기 시작했다. 파시스트 병사들의 시체가 보였지만 건드리지 않았다. 내 목표는 기관총이었다. 우리가 밖에 엎드려 있는 동안 줄곧 왜 기관총을 쏘지 않는지 조금 의문이 들었다. 기관총이 있어야 할 자리에 손전등을 비춰본 나는 실망하지 않을 수 없었다. 기관총은 보이지 않았다. 삼각대도 그 자리에 있었고 탄약과 부품들이 들어 있는 상자도 여러 개 있었지만 기관총은 그 자리에 없었다. 우리가 접근한 것을 눈치채자마자 분리해서 가지고 도망간 것이 분명했다. 물론 명령에 따라 그리 했겠지만 어리석고 용기 없는 행동이었다. 만약 기관총을 그대로 두었다면 우리를 순식간에 물리칠 수도 있었을 것이다. 기관총 하나를 챙겨가는 게 간절한 바람이었던 우리는 몹시 분개했다.

여기저기 둘러봤지만 가져갈 만한 것은 거의 없었다. 파시스트 병사들이 사용하는, 줄을 잡아당겨 터뜨리는 방식의 조악한 수류탄이 잔뜩 나뒹굴고 있어서 기념으로 두세 개를 챙겼다. 방공호 안은 놀라울 정도로 처참했다. 우리 방공호에서 볼 수 있던 여분의 옷, 책, 음식이나 소소한 개인 소지품은 흔적조차 찾아볼 수 없었다. 무보수로 참전한 이 징집병들이 갖고 있는 것이라고는 모포와 젖은 빵 몇 덩어리뿐인 듯했다. 반대쪽 끝에는 땅 위로 약간 나와 있고 조그마한 창문이 달린 작은 방공호가 있었다. 창문 쪽으로 손전등을 비추어본 우리는 곧바로 환호성을 내질렀다. 가죽 케이스에 담긴 높이 1미터, 지름 15센티미터 정도의 원통형 물체가 벽에 기대어져 있었다. 기관총 총열이 분명했다. 서둘러 방공호를 돌아 입구로 들어갔지만 가죽 케이스에 들어있는 것은 기관총이 아니었다. 대신 무기가 많이 필요한 우리 입장에서도 더 귀중한 물건이었다. 최소 60배에서 70배의 배율을 가진, 접이식 삼각대까지 딸린 거대한 망원경이었다. 우리 쪽에는 이런 망원경이 없었기 때문에 절실히 필요했다. 의기양양하게 망원경을 들고 나온 우리는 나중에 가져가기 위해 우선 흉벽에 기대어 세워놓았다.

그 순간 누군가 파시스트 병사들이 몰려온다고 소리쳤다. 그러고 보니 총소리도 더 크게 들렸다. 하지만 파시스트들이 오른쪽에서 역습을 가할 리는 없었다. 중립지대를 건너 자신들의 흉벽을 공격하게 되기 때문이었다. 조금이라도 생각이 있다면 전선 안쪽에서 공격을 할 것이었다. 방공호 건너편으로 돌아가 보았다. 진지는 말굽 모양으로, 방공호들은 한가운데 자리해 왼쪽에 있는 흉벽이 우리를 보호해 줄 수 있었다. 왼쪽에서 집중포화가 가해지고 있었지만 큰 문제는 아니었다. 보호막이 전혀 없는 바로 앞쪽이 가장 위험했다. 머리 위로 총알 세례가 지나갔다. 전선 위쪽에 있는 다른 파시스트 진지에서 날아오는 것이 분명했다. 결국 기습부대는 그 진지를 점령하지 못한 모양이었다. 이번에는 귀가 먹먹할 정도로 큰 소리가 들려왔다. 좀 떨어진 거리에서는 자주 들어보았던, 마치 북이 울리듯 끊이지 않는 소총 소리였다. 그 한가운데에 놓인 것은 이번이 처음이었다. 물론 이쯤 되자 근방 몇 킬로미터의 전선 곳곳에서 총알이 날아오고 있었다. 더글라스 톰슨은 부상당한 팔 한쪽을 늘어트린 채 흉벽에 기대어 다른 쪽 손으로 전선을 향해 총을 쏘고 있었다. 소총이 고장 난 한 병사가 총알을 대신 장전해주고 있었다.

이쪽에는 나까지 네다섯 명뿐이었다. 우리가 해야 할 일은 분명했다. 앞쪽 흉벽에 있는 모래주머니들을 끌고 와 임시 바리케이드를 세워야만 했다. 머뭇거릴 틈도 없었다. 지금은 총알이 위쪽으로 날아오고 있었지만 언제 낮아질지 모를 일이었다. 주변에 터지는 불빛으로 보아 상대편은 백 명에서 이백 명 정도인 듯 했다. 우리는 모래주머니들을 빼내 20미터 앞으로 들고 가 아무렇게나 쌓아놓았다. 괴로운 작업이었다. 무게가 약 50킬로그램인 모래주머니를 빼내려면 마지막 남은 힘까지 짜내야 했다. 다 썩어가던 자루가 찢어지기라도 하면 축축한 흙더미가 온몸을 덮쳐 목에서 소매 안까지 파고 들어갔다. 당시에는 혼란, 어둠, 끔찍한 소리, 진창 속에서 이리저리 뒹구는 일, 찢어지고 터지는 모래주머니와의 사투 등 모든 것이 엄청난 공포로 다가왔다. 이 와중에 잊어버릴까 봐 내려놓지 못하는 소총은 너무나도 거추장스러웠다. 함께 비틀거리며 모래주머니를 들고 가던 병사에게는 이렇게 소리치기도 했다. “이게 전쟁이야! 정말 끔찍하지?” 그 순간 갑자기 앞쪽 흉벽을 잇따라 넘어오는 키 큰 병사들이 보였다. 가까이 다가오자 기습부대 군복을 입은 병사들이라는 걸 알 수 있었다. 지원군이 왔다고 생각한 우리는 환호했다. 하지만 흉벽을 넘어온 것은 독일 병사 세 명에 스페인 병사 한 명까지 총 네 명뿐이었다. 나중에 기습부대가 무슨 일을 당했는지 들을 수 있었다. 근방 지리에 대해 잘 알지 못했던 기습부대는 어둠 속에서 엉뚱한 곳으로 찾아갔고 많은 병사들이 파시스트 철조망에 걸려 총알을 맞고 전사한 것이었다. 여기까지 찾아온 네 명은 어찌 보면 다행히도 길을 잃은 병사들이었다. 독일 병사 세 명은 영어, 불어는 물론 스페인어 한마디도 하지 못했다. 손짓, 발짓을 섞어가며 겨우 우리가 뭘 하고 있는지 설명했고 함께 바리케이드를 쌓기로 했다.

파시스트 병사들은 이제 기관총까지 끌고 나왔다. 백 미터나 이백 미터 정도 떨어진 곳에서 폭죽처럼 터져 나오는 불꽃이 보였다. 탕탕 소리를 내며 총알은 계속 날아왔다. 오래 지나지 않아 우리가 쌓아올린 모래주머니는 낮지만 뒤에 엎드려 총을 쏠 수 있을 정도의 흉벽이 됐다. 나는 다른 병사들 뒤에 무릎을 꿇고 앉아 있었다. 박격포 하나가 빠른 속도로 날아와 중립지대 어딘가에서 터졌다. 역시나 위험했지만 우리를 정확히 겨냥하려면 몇 분 정도는 걸릴 터였다. 모래주머니와의 힘든 사투를 끝내고 나니 각종 소음이나 어둠, 다가오는 섬광, 그리고 그 섬광을 향해 반격하는 아군들까지 현 상황이 그리 나쁘게 다가오지만은 않았다. 잠시 생각할 여유마저 생겼다. 내가 지금 정말 두려워하고 있는지 고민해 봤고, 그렇지 않다는 결론을 내렸던 것 같다. 사실 진지 밖에 있을 때가 덜 위험했겠지만 그때는 두려움이 온몸을 감싸고 있었다. 파시스트 병사들이 다가온다는 소리가 다시 한 번 들려왔다. 소총에서 터져 나오는 섬광이 훨씬 가깝게 보였기 때문에 의심의 여지가 없었다. 20미터도 안 되는 거리에서 섬광이 번쩍였다. 교통호를 따라 올라오고 있는 게 틀림없었다. 20미터면 수류탄을 던져 무리 없이 명중시킬 수 있는 거리였다. 나까지 여덟, 아홉 명이 뭉쳐있는 이곳으로 수류탄 하나가 정확히 날아온다면 우리는 끝난 거나 다름없었다. 얼굴에 난 작은 상처에서 피가 줄줄 흘러내리던 밥 스밀리는 몸을 벌떡 일으켜 무릎을 꿇더니 수류탄을 하나 던졌다. 우리는 몸을 웅크리고 수류탄이 터지길 기다렸다. 도화선에 불이 붙은 수류탄은 멀리 날아갔지만 터지지 않았다. (이런 수류탄 중 최소 4분의 1이 불발탄이었다.) 내게 있는 것이라고는 파시스트 진영에서 가져온 수류탄이 전부였고 어떻게 써야 할지도 잘 몰랐다. 다른 병사들에게 남는 수류탄이 있는지 물어봤다. 더글라스 모일이 주머니를 뒤지더니 하나를 건네주었다. 모일이 준 수류탄을 던지고 납작 엎드렸다. 소총이 번쩍이는 곳에 그 수류탄이 거의 정확히 떨어진 것은 기적이나 다름없었다. 폭탄이 터지는 소리와 함께 끔찍한 비명과 신음소리가 들려왔다. 적어도 적진에 있는 병사 한 명은 맞춘 것이었다. 치명타였는지는 알 수 없지만 큰 부상을 입은 것은 분명했다. 불쌍한 것, 불쌍한 것! 비명소리를 들으며 나는 잠시 슬픔에 잠겼다. 하지만 그 순간 소총의 희미한 불빛 속에서 근처에 누군가 서 있는 모습이 보였다. 혹은 보인 듯했다. 소총을 들어 올려 한 발을 쐈다. 비명소리가 또 들려왔지만 수류탄 때문인 것 같았다. 몇 개를 더 던졌다. 그 이후에 본 소총의 섬광은 백 미터 넘게 떨어져 있었다. 잠시나마 적들을 몰아낸 것이었다.

모두 욕설을 퍼부으며 대체 왜 지원군을 보내주지 않는 것인지 불만을 쏟아냈다. 기관단총 하나, 혹은 제대로 작동하는 소총을 가진 병사 스무 명만 있어도 우리는 한 대대에 맞서 이곳을 지켜낼 수 있을 터였다. 그 순간 명령을 받으러 돌아갔던 베냐민의 부사령관인 패디 도노반이 앞쪽 흉벽을 넘어왔다.

"거기! 얼른 나와! 당장 철수한다!"

"네?"

"철수하라고! 당장 나와!"

"무슨 일입니까?"

"명령이다. 우리 진지로 어서 돌아가."

병사들은 벌써 앞쪽 흉벽을 넘어가고 있었다. 몇 명은 무거운 탄약상자를 들고 우왕좌왕하고 있었다. 진지 건너편에 있는 흉벽에 세워 놓았던 망원경이 생각났다. 하지만 그때 기습부대원 네 명이 전에 무슨 명령을 받았는지는 모르겠지만 교통호를 따라 달려가고 있는 것이 보였다. 다른 파시스트 진지로 향하는 길이었고, 그곳에 도착한다면 살아남을 수 없을 터였다. 그들은 어둠 속으로 사라지고 있었다. 기습부대원들을 뒤쫓아 달려가며 스페인 말로 '철수'를 생각해내고자 애를 썼다. 마침내 나는 "아트라스! 아트라스!"[45]라고 외쳤다. 제대로 말한 모양이었는지 스페인 병사가 다른 병사들을 데리고 돌아왔다. 패디가 흉벽에서 기다리고 있었다.

"자, 어서 서둘러."

"하지만 망원경이!"

"망원경은 무슨 망원경이야! 베냐민이 밖에서 기다리고 있어."

---

45) 스페인어로 '후퇴'라는 뜻.-역자주

우리는 흉벽을 타고 넘어갔다. 패디가 철조망을 잡아주었다. 우리를 보호해 주던 파시스트 흉벽에서 벗어나자마자 사방에서 총알 세례가 날아왔다. 전선을 따라 모두가 총을 쏘고 있었기 때문에 일부는 우리 진영에서 날아오는 것이 분명했다. 어느 쪽을 돌아보더라도 총알이 잇따라 날아왔다. 수류탄 한 상자와 파시스트 소총 몇 자루, 그리고 무게가 50킬로그램 정도 나가고 총알이 1750개가 든 탄약상자까지 끌고 가는 중이었기 때문에 더 힘든 상황이었다. 우리 쪽 흉벽까지 거리가 채 2백 미터도 안 되고 주변 지리를 잘 알고 있었음에도 우리는 몇 분 만에 길을 잃었다. 진흙밭에서 발은 계속 미끄러지고 양쪽에서는 총알이 계속 날아왔다. 달도 보이지 않았지만 다행히 날이 조금씩 밝아오고 있었다. 우리 진지는 우에스카 동쪽에 있었다. 나는 동이 틀 때까지 지금 위치에서 기다렸다가 어느 쪽이 동쪽이고 서쪽인지 파악하려고 했으나 다른 병사들은 나와 생각이 달랐다. 우리는 계속 미끄러지고 비틀거리며 전진했다. 이리저리 방향을 바꾸면서 나아갔고 교대로 탄약 상자를 끌었다. 마침내 낮고 평평한 흉벽이 어렴풋이 보이기 시작했다. 우리 쪽 흉벽이거나 파시스트 흉벽이었다. 우리가 어느 쪽으로 향하고 있는지 아무도 모르고 있었다. 베냐민은 납작하게 엎드려 길고 희끄무레한 잡초 사이를 기어가 흉벽에서 20미터 정도 떨어진 곳에 도달해 우리 쪽 암호를 말했다. "포움!"이라는 응답이 돌아왔다. 우리는 벌떡 일어나 흉벽을 따라 걸어갔고 다시 한 번 철벅거리는 용수로를 통과해 안전지대에 이르렀다.

콥이 스페인 병사 몇 명과 함께 안에서 기다리고 있었다. 군의

관과 들것은 없었다. 실종된 호르헤와 우리 소대의 히들스턴이라는 병사를 제외한 부상자들은 모두 후송되고 없었다. 콥은 창백한 얼굴로 이리저리 서성였다. 심지어 목 뒤에 접힌 두툼한 살마저도 창백했다. 낮은 흉벽을 넘어 머리 근처까지 날아오는 총알들에 전혀 신경을 쓰고 있지 않았다. 대부분의 병사들은 흉벽 뒤에 숨어 쭈그리고 앉아 있었다. 콥은 중얼거렸다. "호르헤! 코그뇨! 호르헤!" 그러더니 영어로 말했다. "호르헤가 사라졌다면 정말 끔찍한 일이야. 끔찍한 일이라고!" 호르헤는 그와 개인적으로도 친한 친구이자 가장 뛰어난 장교 중 하나였다. 갑자기 우리 쪽을 돌아본 콥은 실종자들을 찾으러 갈 영국 병사 둘에 스페인 병사 셋, 총 다섯 명의 지원병을 모집했다. 모일과 나는 스페인 병사 세 명과 함께 자원했다.

밖으로 나가자 스페인 병사들은 이미 날이 밝아와 위험하다고 중얼거렸다. 틀린 말은 아니었다. 하늘은 희미한 푸른빛을 띠고 있었다. 파시스트 보루에서 흥분된 목소리가 크게 들려왔다. 전보다 훨씬 많은 병사들을 데리고 온 게 분명했다. 흉벽에서 5, 60미터 정도 떨어진 곳까지 도달했을 때 우리가 다가온 걸 알아챘는지 총알이 마구잡이로 날아오기 시작했다. 우리는 바닥에 바짝 엎드렸다. 파시스트 진영의 한 병사가 흉벽 너머로 수류탄을 던졌다. 겁에 질린 게 틀림없었다. 우리는 풀밭에 엎드려 전진할 기회를 노리고 있었는데, 그때 파시스트 병사들의 목소리가 훨씬 더 가까이서 들렸다. 아마도 착각한 것이었겠지만 당시에는 정말 그렇게 들렸다. 그들은 흉벽을 벗어나 우리 쪽으로 오고 있었다. 나는 모일에게 "뛰어!"라고 소리치며 벌떡 일어났다. 그러고 나서 얼마나 열심히 달렸는지! 밤중에는 머리부터 발끝까지 젖은 채 소총과 탄약통까지 들고서는 도저히 달릴 수 없다고 생각했었다. 하지만 이제 오십에서 백 명 정도의 무장한 병사들이 뒤쫓아 온다는 생각만 하면 언제든지 달릴 수 있다는 사실을 깨달았다. 그러나 내가 빨리 뛸 수 있다면, 다른 사람들은 더 빨리 뛸 수도 있었다. 죽어라 도망치고 있는데 옆으로 유성우 같은 것이 휙 지나갔다. 아까 내 앞쪽에 있던 스페인 병사 세 명이었다. 우리 쪽 흉벽까지 멈추지 않고 달려간 그들을 간신히 따라잡을 수 있었다. 우리 모두 극도로 긴장한 상태였다. 하지만 나는 혼자 다시 가보기로 했다. 새벽의 어슴푸레한 빛 속에서는 다섯 명은 눈에 잘 띄어도 한 명은 그렇지 않다는 것을 잘 알고 있었기 때문이다. 파시스트 진영의 바깥쪽 철조망까지 가서, 납작 엎드려 있었기 때문에 샅샅이 둘러보지는 못했지만 나름대로 최선을 다해 주변을 수색했다. 호르헤나 히들스턴을 찾을 수 없었던 나는 우리 쪽 진영으로 돌아왔다. 우리는 나중에 호르헤와 히들스턴이 이미 응급 치료소로 후송됐다는 소식을 전해 들었다. 호르헤는 어깨에 경상을 입었다. 반면 히들스턴은 왼쪽 팔에 총알을 맞아 뼈가 부서진 상태에서 바닥에 쓰러져 있다가, 옆에서 수류탄까지 터지는 바람에 다른 부위에도 중상을 입었다. 정말 다행히도 몸은 완전히 회복됐다. 나중에 그가 말하길 당시에 등을 대고 누워 한참 앞으로 움직이다가 부상당한 스페인 병사를 만났고, 둘은 서로 도와가며 우리 쪽 진영으로 돌아왔다고 했다.

이제 날이 완전히 밝아오고 있었다. 폭풍이 잦아진 후에도 계속 내리는 비처럼 전선 몇 킬로미터를 따라 총격전이 계속됐다. 진흙투성이인 땅바닥, 가지가 늘어진 포플러 나무, 방공호 바닥에 고인 흙탕물, 연기로 시커메진 눈 주변, 진흙 범벅인데다가 수염까지 지저분하게 자란 병사들의 지친 얼굴 등 황폐하고 적막했던 광경이 생각난다. 우리 쪽 방공호로 돌아왔을 때 나와 같은 방을 쓰는 세 명은 이미 잠에 푹 빠져 있었다. 군장을 채 벗지 못하고 여기저기 진흙이 묻은 소총도 움켜쥔 채로 누운 터였다. 방공호 안팎은 다 축축이 젖어 있었다. 한참 둘러본 끝에 마른 장작 조각들을 찾아 작은 불을 지폈다. 그러고 나서 여태껏 아껴뒀던, 용케 부러지지 않은 시가 한 대를 피웠다.

이후에 우리는 그 작전이 성공적이었다는 사실을 알게 됐다. 그저 무정부주의자들이 재차 공격을 퍼붓고 있는 우에스카 건너편에서 파시스트 부대를 유인하기 위한 기습공격일 뿐이었다. 파시스트 진영에서 반격을 가할 때 백 명에서 이백 명가량의 병사들을 투입했다고 생각했었는데 사실은 그 숫자가 육백 명 정도였다고 한 탈영병이 전했다. 탈영병들은 당연히 비위를 맞추려고 노력하는 경우가 많기 때문에 그의 말은 거짓일 가능성이 컸다. 망원경을 가져오지 못한 것은 정말 안타까웠다. 그 아름다운 전리품이 아직도 눈에 아른거린다.

8장

날은 점점 더워지고 밤도 제법 따뜻해졌다. 우리 쪽 흉벽 앞에 서 있는, 총탄의 흔적이 여기저기 남아있는 나무에는 체리가 주렁주렁 달리기 시작했다. 강에서 목욕하는 것도 더 이상 괴롭지 않았고 나름 즐겁기까지 했다. 접시만 한 분홍빛 들장미들이 토레 파비안 주변의 포탄 구멍들 안에서 자라났다. 전선 뒤쪽에서는 귀에 들장미를 꽂은 농민들을 만날 수 있었다. 저녁이면 그들은 녹색 그물을 들고 메추라기를 잡으러 가곤 했다. 풀밭 위로 그물을 펼치고 엎드려서 암컷 메추라기와 비슷한 소리를 낸다. 그러면 근처에 있는 수컷 메추라기가 그쪽으로 달려오고, 그물 밑까지 들어오면 그들은 돌을 던져 메추라기가 튀어 올라 그물에 뒤엉키도록 만든다. 수컷 메추라기만 잡는다는 것은 좀 불공평하다는 생각도 들었다.

우리 전선 옆쪽에는 안달루시아인 무리가 있었다. 어떻게 이 전선까지 오게 되었는지는 잘 모르겠다. 당시에는 그들이 마갈라에서 급히 도망쳐 오다 발렌시아에서 멈추는 걸 깜빡했다는 소문이 돌기도 했다. 하지만 이는 안달루시아인을 야만적이라고 무시하는 카탈루냐인들의 입에서 나온 말이었다. 안달루시아인들이 무지한 것은 사실이었다. 글을 읽을 줄 아는 사람이 거의 없었고, 스페인 사람이라면 누구든지 알고 있는 한 가지, 즉 본인이 어느 정당에 속해 있는지조차 모르는 듯했다. 안달루시아인들은 자신들이 무정부주의자라고 생각했지만 역시 확실하지 않았고, 어쩌면 공산주의자일수도 있었다. 먼 남부 지방의 뜨거운 태양 아래 얼굴이 검게 탄 그들은 양치기나 올리브나무 숲의 노동자로, 울퉁불퉁한 골격에 전체적으로 투박하게 생긴 사람들이었다. 그들은 바짝 말린 스페인산 담뱃잎을 말아 궐련을 만드는 솜씨가 훌륭했기 때문에 우리에게 큰 도움이 됐다. 담배 보급은 중단됐지만, 몬플로리테에서는 겉모습과 질감이 왕겨 껍질과 비슷한 싸구려 담뱃잎을 가끔 구할 수 있었다. 맛은 나쁘지 않았지만 너무 바짝 마른 상태여서 궐련을 만다고 해도 잎이 금세 다 빠져나오는 경우가 많았다. 하지만 안달루시아인들은 능숙한 솜씨로 궐련을 말아 양쪽 끝을 안으로 잘 접어 넣는 재주가 있었다.

영국 병사 두 명이 일사병에 걸리기도 했다. 당시를 생각하면 한낮의 작열하는 태양, 웃통을 벗고 피부가 타 살갗이 벗겨진 어깨에 모래주머니를 짊어지던 일, 다 떨어져 나가는 옷과 군화, 소총 공격은 잘 참아냈지만 유산탄이 터지면 이리저리 날뛰던, 식량을 운반하는 노새와의 사투, (이제 막 기승을 부리기 시작한) 모기떼, 그리고 가죽허리띠에다가 탄약통 주머니까지 갉아먹어 골칫거리로 급부상한 쥐 등이 머릿속에 떠오른다. 가끔 상대편 저격수의 사격으로 인해 사상자가 생기거나 우에스카에 이따금 포병 사격과 공습이 벌어지는 것 이외에는 특별한 일이 없었다. 우리는 전선을 따라 서 있는, 잎이 무성해진 포플러 나무들에 일종의 전망대 같은 저격수용 단을 세웠다. 우에스카 건너편에는 공격이 점차 잦아들고 있었다. 무정부주의자들은 큰 피해만 입었을 뿐 하카 도로를 완전히 차단하는 데에는 실패했다. 양측 모두 도로가 기관총 사정거리 안에 들어올 정도로 가깝게 자리를 잡았고 통행을 막았다. 하지만 둘 사이의 간격이 1킬로미터 정도였고, 파시스트 진영에서는 군용트럭 몇 대가 오갈 만한 일종의 거대한 참호와 같은 함몰도로를 만들었다. 탈영병들에 따르면 우에스카에 탄약은 많았지만 식량이 한참 부족했다. 그러나 쉽게 함락될 곳이 아니라는 것은 확실했다. 허술하게 무장한 병사 만 오천 명을 데리고 그곳을 점령한다는 것은 애초에 불가능한 일이었을지도 모른다. 6월이 되자 정부는 마드리드 전선에서 병력을 빼와 우에스카에 삼만 명을 배치하고 비행기도 엄청나게 투입했지만, 그 와중에도 우에스카는 굳건하게 버텼다.

휴가를 얻은 것은 전선에서 115일을 보낸 후였다. 그때는 전선에서 보내는 날들이 내 인생에서 가장 헛된 시간으로 여겨졌다. 파시즘에 맞서 싸우기 위해 의용군으로 참전했으나 제대로 싸워 본 적은 거의 없었고, 마치 수동적인 물체처럼 식량만 축내고 하는 일은 추위와 수면부족에 괴로워하는 것뿐이었다. 아마도 전쟁에 참전하는 대부분의 병사들이 나와 비슷한 처지였을 것이다. 하지만 이제 그 시기를 다시 돌아보면 마냥 후회스럽지만은 않다.

물론 좀 더 스페인 정부에 도움이 될 수 있었다면 좋았겠지만 나 자신의 발전이라는 개인적인 관점에서 볼 때, 전선에서 보낸 첫 서너 달은 내가 당시 생각했던 것만큼 헛되진 않았다. 내가 예전에 겪었거나 앞으로 경험하게 될 시간과는 전혀 다른 전환기로, 다른 데서는 얻을 수 없는 소중한 것들을 많이 배울 수 있었다.

중요한 점은 내가 그 기간 내내 고립돼 있었다는 사실이다. 전선에 있으면 바깥세상과 거의 완벽하게 단절될 수밖에 없었다. 혁명가라고 불러도 무리 없는 사람들 사이에 있었음에도 바르셀로나에서 무슨 일이 벌어지고 있는지 막연히 짐작해 볼 뿐이었다. 이는 의용군 체제 때문이었는데, 아라곤 전선에서는 1937년 6월 전까지지도 근본적인 변화가 없었다. 노동조합에 근거하고 있었으며 각각 비슷한 정치적 견해를 가진 사람들로 구성돼 있던 노동자 의용군은 나라에서 혁명적인 성향이 가장 강한 이들을 한 곳으로 모으는 효과를 낳았다. 서유럽에서 정치적 의식과 자본주의에 대한 불신이 유일하게 반대편보다 더 정상적인 곳에 내가 우연히 발을 들인 것이었다. 아라곤에 모인 수만 명의 사람들은 주로 노동자 계급 출신으로 모두 같은 수준의 삶을 영위했으며 평등한 관계를 유지했다. 이론상으로 완전한 평등이었으며, 실제로도 완전한 평등에 가까웠다. 사회주의를 미리 맛보고 있었다고 해도 틀린 말은 아니었다. 사람들의 사고방식이 사회주의에 가까웠다는 뜻이다. 속물근성, 돈에 대한 집착, 상관에 대한 두려움 등 문화생활의 일반적인 동기가 이곳에서는 대부분 존재하지 않았다. 물질만능주의에 휩싸인 영국에서는 상상할 수 없을 정도로 일반적인 계급사회가 사라진 모습이었다. 농민들과 우리 말고는 아무도 없었고, 그 누구도 다른 이를 주인으로 모시지 않았다. 물론 그런 상태가 지속될 수는 없었다. 지구상에서 발생하고 있는 거대한 게임 속에서의 일시적이고 지역적인 국면일 뿐이었다. 하지만 그 속에 있었던 사람들에게 영향을 주기에는 충분한 시간이었다. 당시에 아무리 불만이 많았어도 나중에는 정말 특이하고 귀중한 경험을 했다는 사실을 깨달았다. 무관심과 냉소보다는 희망이 더 일반적이고, '동지'라는 말이 대부분의 다른 나라들에서처럼 거짓이 아니라 진정한 동료 관계를 의미한 공동체 안에서 생활한 것이다. 진정한 평등을 느낄 수 있는 시간이었다. 사회주의는 평등과 전혀 관련이 없다고 말하는 것이 지금 유행이라는 사실은 물론 알고 있다. 세계 각국에서 정치인들이나 번드르르한 말솜씨를 가진 교수들이 사회주의는 약탈 동기를 그대로 유지한 계획적인 국가자본주의일 뿐임을 '증명'하느라 바쁜 시간을 보내고 있다. 하지만 다행히도 사회주의에 대해 이와 사뭇 다른 비전 또한 존재한다. 사람들이 흥미를 느끼고 목숨까지 마다 않는 사회주의의 '매력'은 평등이라는 개념에 있다. 절대다수의 사람들에게 사회주의란 무계급사회로, 그 이외에는 아무런 의미가 없다. 그리고 바로 이런 점에서 내가 의용군에서 보낸 몇 달은 매우 소중했다. 스페인 의용군은 활동기간 동안 무계급사회의 축소판이나 다름없었다. 사익을 추구하는 이가 없었고, 모든 것이 부족했지만 특권이나 아부를 찾아볼 수 없었던 그 공동체 안에서 사람들은 사회주의의 초기 단계가 어떨지 대강 짐작할 수 있었다. 나 역시도 사회주의에 대한 환멸 대신 깊은 매력을 느끼게 됐다. 사회주의 수립에 대한 나의 욕망을 이전보다 더 구체적으로 만들어 주었다. 사회주의의 초기 단계마저도 견딜 만하게 만들어 줄 수 있는, 품위를 타고난 무정부주의적인 스페인 사람들과 함께한 덕분일지도 모른다.

물론 당시에는 내 안에서 꿈틀대던 변화를 거의 의식하지 못했다. 주변의 다른 이들과 마찬가지로 나 역시 따분함, 더위, 추위, 더러움, 이, 궁핍함, 간헐적인 위험이 주된 관심사였다. 지금은 생각이 많이 달라졌다. 정말 헛되고 지루하게 느껴졌던 그 시기는 이제 나에게 매우 소중한 추억이다. 이전과 너무나도 달랐던 이 시기는 이미 내 마음속에서 아주 오래된 기억들과 함께 특별한 위치를 점하고 있다. 당시에는 정말 끔찍하게 느껴졌지만 다시 돌아보기엔 좋은 시간이었다. 그때의 분위기를 글로 잘 전달할 수 있다면 좋겠다. 이 책의 앞부분에서 조금이라도 전달됐길 바랄 뿐이다. 겨울의 추위, 의용군의 너덜너덜한 군복, 스페인 병사들의 계란형 얼굴, 모르스 신호와 유사한 기관총 솔, 지린내와 빵 썩는 냄새, 더러운 접시에 담겨 있던 콩스튜의 쇠 맛까지 아직도 세세히 기억난다.

그 시기에 대한 기억은 신기할 정도로 생생하게 남아있다. 회상하기에는 너무나도 사소한 사건들마저도 되새기게 된다. 나는 다시 포세로 산에 있는 방공호 안에서 침대 대용으로 쓰던 석회암 선반에 누워 있고, 내 어깨뼈 사이에 얼굴을 묻은 어린 라몬은 코를 골고 있다. 차가운 물처럼 내 온몸을 감싸는 안개 속에서 나는 진흙투성이인 참호 안을 비틀거리며 걷고 있다. 겨우 균형을 잡으며 산비탈의 갈라진 틈 사이로 반쯤 올라가 야생 로즈메리 뿌리를 뽑아내려고 애쓴다. 저 높은 곳에서는 제대로 조준하지 않은 총알들이 날아오고 있다.

나는 콥, 밥 에드워즈, 그리고 스페인 병사 세 명과 함께 오스쿠로 산 서쪽 저지대의 작은 전나무들 사이에 숨어 있다. 우리 오른쪽의 잿빛 민둥산에서는 파시스트 병사들이 개미처럼 줄지어 올라가고 있다. 바로 앞쪽에 있는 파시스트 진지에서 집합 나팔 소리가 들려온다. 콥은 나와 눈을 마주치더니 철없는 소년 같은 몸짓으로 나팔 소리를 비웃는다.

나는 라 그랑하의 진흙밭에서 양철 접시를 들고 스튜가 담긴 솥 주위를 에워싼 사람들 사이에 있다. 육중한 몸을 가졌지만 이미 지칠 대로 지친 취사병은 국자로 그들을 내몰고 있다. 근처에 있는 탁자에서는 수염을 기르고 허리띠에는 큼지막한 자동권총을 찬 한 남자가 빵 덩어리를 다섯 조각으로 자르고 있다. 런던 토박이인 병사 한 명(빌 체임버스로, 나와 격렬한 언쟁을 벌였으며 나중에 우에스카 외각에서 전사했다)은 내 뒤에서 노래를 부르고 있다.

쥐, 쥐
고양이만 한 쥐들이
이 안에

포탄이 큰 소리를 내며 날아온다. 열다섯 살 된 아이들이 납작 엎드린다. 취사병은 솥 뒤에 숨는다. 백 미터 떨어진 곳에서 포탄이 터지자 모두 멋쩍은 표정으로 일어난다.

나는 포플러 나무의 짙은 가지 밑에서 보초선을 따라 걷고 있다. 물이 넘쳐나는 도랑에서는 쥐들이 수달처럼 시끄러운 소리를 내며 허우적대고 있다. 우리 뒤쪽으로 동이 트자 외투로 온몸을 감싼 안달루시아인 보초병이 노래를 부르기 시작한다. 중립지대 건너에 백에서 이백 미터 정도 떨어진 곳에서도 파시스트 보초병이 노래를 부르고 있었다.

역시나 비슷한 아침을 맞이한 4월 25일에 다른 분대가 우리와 교대를 하러 왔다. 소총을 넘겨준 우리는 군장을 챙겨 몬플로리테로 다시 향했다. 전선을 떠나는 게 전혀 아쉽지 않았다. 바지 속에 있는 이는 아무리 죽여도 배로 늘어났고, 지난 한 달 동안 양말 한 짝 없이 밑창이 거의 닳은 군화를 신고 다닌 나는 거의 맨발로 걸어 다닌 거나 다름없었다. 어서 따뜻한 물에 목욕을 하고, 깨끗한 옷을 입고 이불 속에서 자고 싶었다. 일반적인 삶을 영위할 때는 그 어떤 것에 대해서라도 이런 간절함을 느낄 수 없을 터였다. 우리는 몬플로리테에 있는 한 헛간에서 몇 시간을 잔 후, 자정이 지나 트럭을 타고 바르바스토르에 가서 5시 기차를 탔다. 마침 운이 좋게도 레리다에서 급행열차로 갈아타서 26일 오후 3시에 바르셀로나에 도착했다. 그리고 여기서부터 문제가 시작됐다.

9장

미얀마 북부의 만달레이에서는 샨 고원지대의 가장자리에 있는 주요 주둔지인 메이묘까지 기차를 타고 갈 수 있다. 그곳에서는 정말 독특한 경험을 하게 된다. 작열하는 태양, 먼지투성이인 야자나무, 생선, 각종 향신료와 마늘 냄새, 쉽게 짓눌러지는 열대과일, 피부색이 어두운 사람들 등 동양 도시 특유의 분위기 속에서 출발한다. 분위기에 몹시 취해서 기차 안에서도 그 느낌을 그대로 안고 가게 된다. 해발 1200미터의 메이묘에서 기차가 멈춰서도 아직 만달레이에 있는 것 같다. 하지만 기차에서 나오면 마치 지구 반대편에 온 것만 같다. 갑자기 영국에 있는 듯한 시원하고 달콤한 공기를 들이마시고 있고, 사방에는 푸른 풀밭, 고사리, 전나무가 있으며, 빰이 복숭앗빛인 고지의 여인들은 바구니에 담긴 딸기를 팔고 있다.

전선에서 석 달 반을 보낸 후 바르셀로나로 돌아가는 동안 그 생각이 났다. 그때와 마찬가지로 분위기가 갑작스럽고 놀랄 만하게 바뀌었다. 기차를 타고 바르셀로나에 가는 동안에는 진흙, 소음, 불편함, 너덜너덜한 옷, 궁핍함, 동지애, 평등이라는 전선의 분위기가 그대로 유지됐다. 바르바스트로를 떠날 때 이미 의용군으로 미어터지던 기차에는 역마다 더 많은 농민들이 밀려들어 왔다. 야채보따리를 들거나 공포에 질린 닭을 거꾸로 들고 탄 농민도 있었고, 살아 있는 토끼들로 가득해 이리저리 꿈틀거리던 자루를 들고 탄 농민이나 양떼를 몰고 와 남은 공간을 모조리 차지한 농민도 있었다. 의용군 병사들은 덜컹거리는 기차 소리가 묻힐 정도로 목청을 높여 혁명가를 부르며 창밖의 어여쁜 여인들을 향해 손으로 키스를 날리거나 붉은색과 검은색이 섞인 손수건을 흔들었다. 포도주는 물론 독하기로 유명한 아르곤 산 아니스 술도 다 같이 나눠 마셨다. 스페인산 염소 가죽 물통을 꾹 누르면 열차 객실 한쪽 끝에서 반대편에 있는 친구의 입 안에 포도주를 넣어줄 수 있었다. 내 옆에서는 검은 눈의 열다섯 살짜리 소년이 정말 놀랍고 거짓일 게 분명한 전선에서의 무용담을 늘어놨고, 거칠거칠한 얼굴의 나이든 두 농민은 입을 헤 벌리며 귀를 기울였다. 농민들은 보따리를 풀더니 찐득한 적포도주를 꺼내 우리에게도 건네주었다. 기차 안에 있는 사람들은 모두 행복해했다. 말로는 도저히 표현할 수 없을 정도였다. 하지만 기차가 사바델을 지나 바르셀로나에 도착하자 우리는 마치 파리나 런던에 온 것과 같은 이질적이고 적대적인 분위기에 발을 들이게 됐다.

전쟁 중 몇 달 간격으로 바르셀로나에 두 번 가 본 이들은 모두 그곳의 엄청난 변화에 대해 언급하곤 했다. 그리고 정말 신기하게도, 8월에 갔다가 이듬해 1월에 다시 간 사람이나 나처럼 12

월에 갔다 이듬해 4월에 다시 간 사람들 모두 입을 모아 같은 말을 했다. 혁명의 분위기가 사라졌다는 것이었다. 피가 마를 날이 없고 고급 호텔마다 의용군이 들어차 있던 8월의 바르셀로나를 방문했던 사람들에게 12월의 바르셀로나는 부르주아적인 느낌을 주었을 것이다. 반면에 영국에서 갓 도착한 나에게는 상상했던 것 이상으로 노동자의 도시와 같았다. 하지만 다 지나간 일이었다. 바르셀로나는 전쟁으로 조금 손상을 입었지만, 노동 계급의 우세가 겉으로 보이지 않는 평범한 도시로 다시 돌아왔다.

군중의 달라진 모습도 놀라웠다. 의용군 군복과 푸른색 작업복은 거의 사라졌고 모두가 스페인 재단사들이 만든 고급스러운 여름 양복을 입고 있었다. 육중한 몸매의 돈 많은 남자들, 우아한 여성들은 물론 세련된 디자인의 차도 어디에서나 볼 수 있었다. (아직 자가용은 없는 것 같았지만 나름 '잘나간다는' 사람들은 차를 끌고 다닐 수 있는 듯했다.) 내가 바르셀로나를 떠날 때만 해도 거의 볼 수 없던 새로운 인민군 장교들이 무리를 지어 돌아다녔다. 인민군에서는 열 명 당 한 명꼴로 장교가 임명됐다. 일부는 전선에서 의용군으로 복무하다가 기술 교육을 위해 불려왔지만, 대부분은 의용군 대신 전쟁학교를 택했던 젊은이들이었다. 이런 장교와 부하들의 관계는 부르주아 군대와 같진 않았지만 보수와 군복에서 나타나다시피 분명한 사회적 차이를 보였다. 일반 병사들은 거친 갈색 작업복을 입은 반면 장교들은 영국군 장교의 제복과 비슷하지만 허리가 좀 더 들어간 우아한 카키색 제복을 입었다. 스무 명의 장교 중에 전선에 가본 이는 기껏해야 한 명이었을 텐데, 모두 하나같이 허리띠에 자동권총을 차고 있었다. 전선에 있던 우리는 도저히 구할 수 없었는데. 길을 따라 걸어가는데 우리의 지저분한 겉모습을 지켜보는 사람들의 시선이 느껴졌다. 전선에서 여러 달을 보낸 병사라면 다 그렇듯이, 우리도 도저히 눈뜨고 봐줄 수 없는 상태였다. 사람들의 눈에 나는 허수아비처럼 보일 게 분명했다. 가죽 재킷은 누더기나 다름없었고, 모직 모자는 형체를 잃고 처져 한쪽 눈을 계속 가렸으며 군화는 거의 다 떨어져 나갔다. 다른 병사들도 나와 마찬가지였고, 꾀죄죄한 모습에 면도까지 안 했으니 사람들이 쳐다볼 만도 했다. 그래도 그런 반응에 어느 정도 실망한 나는 지난 석 달 동안 바르셀로나에 기묘한 일들이 여럿 발생했음을 눈치 챘다.

그 후 며칠 동안 나는 무수한 증거들을 통해 내가 바르셀로나에 막 도착해서 받았던 인상이 틀리지 않았다는 사실을 확인했다. 많은 변화가 일어나 있었다. 그중 두 가지 사실이 가장 중요했다. 하나는 사람들, 즉 민간인들이 전쟁에 대해 더 이상 별 관심이 없었다는 점이고, 다른 하나는 빈부격차와 계급차이라는 사회의 일반적인 구분이 다시 나타났다는 점이다.

전쟁에 대한 사람들의 전반적인 무관심은 놀라웠고, 다소 역겹기도 했다. 마드리드나 심지어 발렌시아에서 온 사람들마저도 바르셀로나에 팽배한 이런 분위기에 충격을 금치 못했다. 바르셀로나가 실제 전투가 벌어지고 있는 곳에서 한참 떨어져 있다는 점도 한몫했다. 한 달 후 타라고나에 갔을 때도 비슷했다. 풍족한 해변 도시에서 사람들은 예전처럼 일상적인 삶을 누리고 있었다. 하지만 1월부터 스페인 전역에서 자원입대 신청자가 계속 줄고 있다는 사실은 눈여겨볼 만했다. 카탈루냐에서는 2월에 인민군 입대를 독려하는 운동이 크게 벌어졌고 많은 사람들이 관심을 보였지만 자원자 수가 크게 늘지 않았다. 전쟁이 발생한 지 반년도 지나지 않아 스페인 정부는 강제 징집으로 눈을 돌릴 수밖에 없었다. 다른 나라와의 전쟁에서 강제 징집은 당연했겠지만 내전에서는 이례적인 일이었다. 전쟁을 촉발했던 혁명적 희망에 다들 실망한 것이 분명했다. 전쟁 발발 후 초기 몇 주 동안 노동조합원들이 의용군을 결성해 파시스트들을 사라고사로 쫓아냈던 주된 이유는 노동자 계급의 지배를 위해 싸운다는 믿음이 있었기 때문이다. 하지만 노동자 계급의 지배는 가망 없는 일이라는 게 점차 분명해졌다. 따라서 일반인들, 특히 전쟁이 발발할 때마다 주로 입대하는 도시 프롤레타리아들이 무관심한 모습을 보인다고해서 그들을 마냥 원망할 수도 없었다. 전쟁에서 지고 싶어 하는 사람은 없었지만 대다수는 하루 빨리 전쟁이 끝나길 바랐다. 어딜 가더라도 이를 느낄 수 있었다. 어디에서나 사람들은 습관처럼 같은 말을 했다. "이 전쟁 정말 끔찍하지 않아요? 언제쯤 끝날까요?" 정치적 의식이 있는 사람들은 프랑코와의 싸움보다도 무정부주의자와 공산주의자들 사이의 내분을 훨씬 의식했다. 대부분의 사람들에게는 식량 부족이 가장 심각한 문제로 다가왔다. '전선'은 젊은이들이 갔다가 돌아오지 못하거나 서너 달 후 돈을 잔뜩 들고 돌아오는, 저 멀리 떨어진 신화 속에 나올 법한 장소로 여겨졌다. (의용병은 보통 휴가를 갈 때 임금을 받았다.) 부상자들은 심지어 목발을 짚고 돌아다녀도 특별한 배려를 받지 못했다. 의용군은 더 이상 선망의 대상이 아니었다. 상점들은 일반 대중의 관심사를 그대로 반영하기 때문에 이를 더 확실하게 알 수 있었다. 바르셀로나에 처음 도착했을 때 상점들은 낡고 허름했으며 의용군 장비를 주로 판매했다. 보병이 쓰는 약모, 지퍼 달린 재킷, 장교용 허리띠, 사냥용 칼, 수통, 권총집이 상점마다 진열돼 있었다. 하지만 이제 상점들은 전과 달리 매우 깔끔해졌고 전쟁은 그 존재가 희미해진 것처럼 보였다. 나중에 전선으로 돌아가기 전 장비를 살 때 알게 됐듯이 전선에서 몹시 필요한 물건들을 구하기가 너무나도 어려워졌다.

그 와중에 정당 소속 의용군에 반대하고 인민군을 지지하는 조직적인 선전이 진행됐다. 상당히 특이한 상황이었다. 2월부터 서류상으로는 군 전체가 인민군에 편입됐고, 의용군도 인민군 방침에 따라 재편성돼 보수에 차별이 생겼으며 장교 임명이 관보에 발표되기도 했다. 사단들은 '혼합 여단들'로 구성됐다. 혼합 여단은 인민군 부대 반, 의용군 부대 반으로 구성돼야 했다. 하지만 실제로 변한 것은 이름뿐이었다. 예를 들어 원래 레닌 사단으로 불리던 통일노동자당 부대들은 이제 29사단이라고 불렸다. 6월 전까지 아라곤 전선에서 인민군 부대는 거의 볼 수 없었고, 따라서 의용군은 독립된 구조와 고유의 특성을 그대로 유지할 수 있었다. 그러나 정부 요원들은 벽마다 '우리는 인민군이 필요하다'는 내용의 글을 스텐실을 대고 찍고, 라디오를 통해 그리고 신문을 통해 의용군들은 규율 안 잡힌 오합지졸로 묘사하는 등 험담과 조롱을 일삼았다. 반면 인민군은 항상 '영웅적'으로 묘사됐다. 이런 선전을 보면 자원해서 전선에 간 것은 수치스러운 일이고 징집되길 기다린 것은 칭찬받아 마땅한 일이라는 인상을 받게 됐다. 하지만 인민군이 후방에서 훈련을 받는 동안 전선에서 싸우고 있는 것은 의용군이었고, 이 사실은 최대한 알려지지 않아야 했다. 전선으로 돌아가는 의용군은 이제 더는 북소리가 울리고 깃발이 펄럭이는 거리를 따라 행군하지 않았다. 대신 새벽 5시에 기차나 트럭에 태워 몰래 전선으로 이송됐다. 인민군 부대도 이제 조금씩 전선으로 투입되기 시작했고 이들을 위해서는 전과 같은 야단스러운 행사가 열렸다. 하지만 전쟁에 대한 관심이 전반적으로 줄어든 상황이라 예전처럼 큰 호응을 얻지는 못했다. 의용군 부대가 서류상으로는 인민군 부대라는 점도 언론 선전에서 교묘하게 활용됐다. 모든 업적은 곧바로 인민군에게 돌아간 반면 실수나 잘못은 전부 의용군의 탓으로 돌렸다. 그러다 보니 동일한 부대가 인민군이 돼 칭찬을 받고 의용군이 돼 비난을 받는 일까지 생기곤 했다.

하지만 이 모든 것과 별개로 사회적 분위기에 놀라운 변화가 생겼다. 직접 경험해 보지 않고는 상상하기 힘든 그런 변화였다. 바르셀로나에 처음 도착했을 때만 해도 계급차이와 빈부격차가 없는 도시라고 생각했다. 당시에는 분명히 그렇게 보였다. '세련된' 옷은 비정상적인 것이었고, 아첨하거나 팁을 받는 사람도 없었다. 웨이터, 꽃 파는 여인, 구두닦이들은 손님들의 눈을 똑바로 쳐다보며 '동지'라고 불렀다. 나는 이것이 희망과 위장이 반쯤 섞인 모습이라는 걸 알아채지 못했다. 노동자 계급은 자신들이 촉발시켰으나 굳게 뿌리내리지 못한 혁명에 대한 믿음이 있었고, 부르주아 계급은 두려움에 잠시 노동자로 위장했을 뿐이었다. 혁명 초기 몇 달 동안 목숨을 부지하기 위해 수천 명의 사람들이 일부러 작업복을 걸치고 혁명 구호를 외치며 다녔을 것이다. 이제 모든 것이 원래대로 돌아가고 있었다. 고급 레스토랑과 호텔은 비싼 음식을 찾는 부유한 사람들로 가득했다. 반면 식료품 가격이 급등하는 동안 노동자 계급의 임금은 거의 오르지 않았다. 물가 상승은 물론 부족한 물품도 계속 생겨났고, 이는 늘 그렇듯 부자들보다 가난한 사람들에게 타격을 입혔다. 레스토랑이나 호텔은 필요한 식료품을 손쉽게 구하는 듯했지만, 노동자들이 모여 사는 동네에서는 빵, 올리브 오일이나 기타 생필품을 사려는 행렬이 끝이 안 보일 정도로 길게 늘어섰다. 예전에 바르셀로나에 왔을 때는 놀라울 정도로 거지가 전혀 보이지 않았는데, 이제는 어딜 가나 거지들이 눈에 띄었다. 람블라 거리 위쪽에 자리한 고급 식료품점 앞에는 맨발의 아이들이 항상 기다리고 있다가 오고가는 손님들을 에워싸고 부스러기라도 달라며 소란을 피웠다. '혁명적인' 말투는 이제 더 이상 필요가 없었다. 낯선 사람에게 '당신'이나 '동지'라고 부르는 대신 거의 '세뇨르'나 '우스테드'라는 호칭을 사용했다. '살루드'라는 인사말은 '부에노스 디아스'로 대체됐다. 웨이터들은 다시 빳빳하게 풀을 먹인 셔츠를 입었고 점원들은 예전처럼 손님들의 비위를 맞추려 노력했다. 아내와 함께 람블라 거리에 있는 양말 가게에 간 적이 있었다. 가게 점원은 꾸벅 인사를 하더니 두 손을 비볐다. 2, 30년 전 영국에서나 볼 수 있었던 행동이었다. 노골적이지 않게, 간접적인 방식으로 팁을 주는 관행이 다시 돌아오고 있었다. 노동자 순찰대는 해산하라는 명령을 받았고 전전(戰前) 경찰들이 다시 거리에 등장했다. 그 결과로 노동자 순찰대가 폐쇄했던 카바레 쇼와 고급 사창가가 다시 문을 열었다.[46] 사회가 부유층 위주로 돌아가고 있다는 사실은 담배 부족이라는 사소하지만 중요한 사태로 확인할 수 있었다. 대부분의 사람들에게 담배 부족은 너무나도 심각한 일이라 담뱃잎 대신 감초뿌리로 채운 담배를 거리에서 팔 정도였다. 나도 한 번 이 담배를 피워 본 적이 있었다. (많은 사람들이 한 대쯤은 피워 봤을 것이다.) 스페인산 담뱃잎이 전부 재배되는 카나리아 제도는 프랑코가 점령한 상황이었고, 따라서 정부 측에 남아 있던 담배는 전쟁 전에 만들어진 게 전부였다. 담배가 너무 부족한 나머지 담배가게는 일주일에 한 번씩만 열렸고, 몇 시간 동안 줄을 서서 기다리다가 운이 좋으면 30그램도 안 되는 담배 한 갑을 살 수 있었다. 표면상 정부는 해외에서 담배를 수입해 오는 것을 금지하는 듯했

46) 원판의 각주에는 다음과 같이 적혀 있었다. '매음굴의 75%가 노동자 순찰대에 의해 폐쇄됐다고 한다.' 오웰 사후에 발견된 정오표에는 다음과 같이 적혀 있다. '이 부분은 수정해야 한다. 전쟁 초기에 매춘이 75% 감소했다는 증거가 없으며, 무정부주의자들은 사창가를 억압한 것이 아니라 '집산화'한다는 원칙을 세우고 따랐던 것으로 보인다. 하지만 매춘을 반대하는 운동(포스터 등)이 존재하기는 했고, 전쟁 초기에 고급 사창가와 전라의 카바레 쇼가 폐쇄됐다가 1년이 지나 다시 문을 연 것은 사실이다.'-저자주

다. 무기와 기타 생필품 구입에 필요한 금 보유고가 줄기 때문이었다. 하지만 실제로는 러키 스트라이크와 같은 값비싼 외제 담배가 계속 밀반입돼 부당 이익을 취할 기회를 제공했다. 고급 호텔에서는 밀수 담배를 쉽게 구입할 수 있었고, 거리에서는 한 갑에 10페세타(의용병의 하루치 임금)를 지불하면 몰래 구입하는 것이 가능했다. 밀반입은 부유층을 위한 것이었으므로 묵인됐다. 돈만 충분히 있다면 상당히 엄격하게 배분되던 빵을 제외하고는 원하는 것은 뭐든 구할 수 있었다. 이런 노골적인 빈부격차는 노동자 계급이 지배하던 몇 달 전만 해도 상상조차 할 수 없는 일이었다. 하지만 작금의 상황이 단순히 정치적 권력의 이동 때문이라고만 하기에는 좀 부족할 것이다. 가끔 발생하는 공습 외에는 딱히 전쟁을 피부로 느낄 일이 없을 정도로 바르셀로나가 안전했기 때문인 것도 있다. 마드리드에 갔던 사람들은 상황이 전혀 다르다고 말했다. 항상 위험이 도사리고 있던 마드리드에서는 모든 계층의 사람들이 일종의 동지애로 뭉칠 수밖에 없었다. 거구의 사내가 메추라기 요리를 먹는 동안 한편에서는 아이들이 빵을 구걸하고 있는 광경은 눈살을 절로 찌푸리게 하지만, 총소리가 생생하게 들리는 곳에서는 이런 모습을 찾아보기 힘들지 않겠는가.

시가전이 끝난 후 하루 이틀이 지나 고급 상점이 모인 거리를 걸어가다가 한 제과점을 발견했다. 진열장은 엄청나게 비싼 가격에 팔리는 고급스러운 빵과 봉봉 과자로 가득했다. 영국의 본드 가(街)나 프랑스에 있는 평화의 거리에서나 볼 법한 가게였다. 전쟁으로 피폐해진 나라에서 여전히 이런 것에 돈을 쓸 수 있다는 사실에 막연한 공포를 느끼고 놀라워했던 기억이 있다. 하지만 맹세코 내가 우월한 사람이라고 생각하지는 않는다. 몇 달 동안 불편한 생활을 한 터라 좋은 음식, 군복, 칵테일, 미국산 담배 등을 간절히 원한 건 나 또한 마찬가지였기 때문이다. 시가전이 시작되기 전 첫 한 주 동안 내가 겪었던 일들은 묘한 방식으로 서로에게 영향을 미쳤다. 앞서 언급했던 대로 우선 나는 최대한 편안한 생활을 누리기 위해 노력했다. 두 번째로, 과식과 과음으로 인해 나는 그 주 내내 몸이 좋지 않았다. 어딘가 아픈 것 같으면 반나절을 침대에서 보내다가 다시 일어나 과식을 했고, 또 속이 좋지 않아 드러눕곤 했다. 동시에 나는 권총을 구입하기 위해 비밀리에 교섭을 하고 있었다. 참호전에서는 소총보다 훨씬 유용하게 쓰이는 권총을 꼭 갖고 싶었는데 구하기가 매우 어려웠다. 정부는 경찰과 인민군 장교들에게는 권총을 배급했지만 의용군에게는 제공하길 거부했다. 따라서 무정부주의자들을 통해 몰래 불법적으로 구입하는 방법밖에는 없었다. 온갖 야단법석을 떨고 나서야 무정부주의자 친구를 통해 26인치짜리 자동권총을 구할 수 있었다. 5미터만 벗어나도 조준이 힘들 정도로 형편없는 물건이었지만 없는 것보단 나았다. 또한 통일노동자당 의용군을 떠나 마드리드 전선으로 갈 수 있는 부대에 들어가기 위한 사전 준비도 하고 있었다.

사람들에게 통일노동자당을 떠날 것이라는 말은 오래전부터 해왔다. 내 개인적인 선호도만을 따지자면 무정부주의자들과 함께하고 싶었다. 전국노동총연맹에 들어가게 되면 무정부주의자연합 의용군에 입대하는 것이 가능했지만, 무정부주의자연합은 나를 마드리드보다는 테루엘로 보낼 가능성이 크다는 말을 들었다. 마드리드로 가고 싶다면 국제군에 들어가야 했는데, 그러기 위해서는 공산당원에게 추천서를 받아야만 했다. 나는 스페인 의무대에 소속된 공산당원 친구를 한 명 찾아가서 내 처지를 설명했다. 그는 매우 적극적이었고 나에게 가능하다면 독립노동자당에 소속된 영국인들을 몇 명 더 데려올 수 있는지도 물었다. 내가 몸 상태가 좀 더 좋았다면 그의 말에 바로 동의했을 것이다. 그렇게 했다면 상황이 어떻게 달라졌을지는 잘 모르겠다. 아마 바르셀로나 시가전이 발생하기 전에 알바세테로 보내졌을 것이다. 만약 그랬다면 시가전을 가까이서 볼 수 없었을 것이고 사건에 대한 공식적인 발표를 진짜라고 믿었을 지도 모른다. 반면 공산당의 명령하에 있으면서도 통일노동자당의 동지들에 대한 개인적인 의리가 남아있는 상태에서 바르셀로나 시가전 한가운데에 있었다면 견디기 힘들었을지도 모른다. 하지만 나는 휴가가 일주일 더 남아 있었고 전선으로 복귀하기 전 몸 상태를 최대한 끌어올리고 싶었다. 또한 사소한 일이 한 사람의 운명을 결정짓곤 하는데, 나 역시도 마침 제화공이 새 군화를 만들어줄 때까지 기다려야만 하는 상황이었다. (스페인군에서는 내 발에 맞을 정도로 큰 군화를 만들지 않았다.) 공산당원 친구에게는 나중에 확정을 짓자고 말했다. 그동안 난 휴식을 취하고 싶었다. 심지어 아내와 함께 2, 3일 동안 해변에서 쉬다 올 생각도 했다. 어찌나 어리석은 생각이었는지! 당시의 정치적 분위기를 봤을 때 정말 터무니없는 계획이었다.

도시의 표면적인 모습 아래, 사치와 점차 늘어나는 가난 아래, 그리고 늘어선 꽃가게와 형형색색의 깃발, 선전 포스터와 인파로 가득한 흥겨운 거리 아래에는 정치적 경쟁의식과 증오라는 끔찍한 감정이 명백하게 도사리고 있었다. 제각기 견해가 다른 사람들도 모두 입을 모아 비슷한 예측을 내놓았다. "머지않아 무슨 일이 있을 거야." 위험은 단순하고 쉽게 이해할 수 있는 것이었다. 혁명이 진척되길 바라는 사람들과 그러지 않기를 바라는 사람들 간의 대립이었다. 결국 무정부주의자와 공산주의자들 사이의 반목이었다. 이제 카탈루냐에는 통합사회당과 자유주의적인 동맹 단체를 제외하고는 정치적 권력이 존재하지 않았다. 그러나 이에 맞서 전국노동총연맹이라는 불확실한 세력이 있었다. 상대에 비해 무기도 제대로 갖추지 못했고 무엇을 원하는지에 대한 확신은 없었지만, 수가 많고 주요 산업을 관리했기 때문에 힘이 있었다. 문제가 발생할 수밖에 없는 상황이었다. 통합사회당의 통제하에 있는 헤네랄리테의 관점에서 보자면 입지를 다지기 위해서는 우선 전국노동총연맹 소속 노동자들의 무기를 빼앗는 것이 급선무였다. 앞서 지적했듯이 정당 의용군을 해체시키려는 움직임도 실제로는 이런 목적을 달성하기 위해서였다. 동시에 전전(戰前) 무장경찰이나 민간경비대가 부활해 병력을 키우고 무기를 보강하고 있었다. 이는 한 가지를 의미했다. 특히 민간경비대의 경우 지난 백년간 지배계급의 보디가드 역할을 해온 일반적인 유럽식 헌병대였다. 한편 민간인이 소지한 무기는 전부 반납하라는 칙령이 발표됐다. 물론 모두가 이 칙령을 따르진 않았기 때문에 결국 무정부주의자들의 무기는 압수하는 방법밖에 없었다. 이 기간 동안, 신문 검열로 인해 언제나처럼 모호하고 모순된 형태로 카탈루냐 전역에서 소규모 충돌이 벌어지고 있다는 소문이 돌았다. 각지에서 무장경찰이 무정부주의자들의 본거지를 공격했다. 프랑스 국경 근처의 푸이그세르다에는 무정부주의자들의 통제하에 있던 세관을 장악하기 위해 기총병대가 투입됐고, 그 과정에서 안토니오 마르틴이라는 유명한 무정부주의자가 목숨을 잃었다.[47] 비슷한 사건이 라 피게라에서 발생했고, 타라고나에서도 그랬을 것이다. 바르셀로나에서는 노동자 계급이 모여 사는 교외 지역에서 비공식적인 소동이 잇따라 발생했다. 전국노동총연맹과 노동자총연합의 조합원들은 얼마 전부터 서로를 살해하기 시작했다. 정치적 증오감을 불러 모으기 위해 화려한 장례식을 치르는 경우도 많았다. 전국노동총연맹 조합원이 살해당하자 수십만 명의 조합원들이 장례 행렬에 동참했다. 내가 바르셀로나에 막 도착했던 4월 말에는 노동자총연합의 유명한 조합원인 롤단 코르타다가 암살당했다. 역시나 전국노동총연맹의 소행으로 보였다. 정부는 모든 가게가 영업을 쉬도록 하고 대규모의 장례식을 마련했다. 인민군 부대가 주를 이룬 장례 행렬은 한 지점을 통과하는 데 두 시간이나 걸렸다. 나는 호텔 창문에서 별 감흥 없이

47) 오웰 사후에 발견된 정오표에는 다음과 같이 적혀 있다. '이 사건에 대해 내가 참고했던 자료는 부정확하고 오해의 소지가 있다고 한다.'-저자주

행렬을 지켜봤다. 이런 장례식은 단지 세력 과시용임에 틀림없었다. 이런 일이 몇 번 더 발생하면 유혈 사태가 벌어질 수도 있었다. 그날 밤 잠들어 있던 아내와 나는 백 미터에서 이백 미터 정도 떨어진 카탈루냐 광장에서 들려오는 빗발치는 총소리에 깨어났다. 다음날 전국노동총연맹의 조합원이 아마도 노동자총연합의 누군가에 의해 살해당했다는 소식을 들을 수 있었다. 물론 정부 공작원이 암살의 주범일 가능성도 존재했다. 롤단 코르타다의 장례식은 크게 다뤄졌지만 그에 대한 보복 살인은 보도에서 조심스럽게 제외된 것을 보면 공산주의자와 무정부주의자 사이의 반목에 대해 해외 자본주의 언론이 어떤 입장을 취하고 있었는지 짐작할 수 있을 것이다.

노동절인 5월 1일이 다가오면서 전국노동총연맹과 노동자총연합이 모두 참여하는 대규모의 시위가 벌어질 것이라는 말이 돌았다. 조합원들에 비해 온건한 성향을 가진 전국노동총연맹의 지도자들은 오랫동안 노동자총연합과의 화해를 위해 노력해 왔다. 실제로 전국노동총연맹의 정책 기조는 두 조합을 하나로 연합하는 것이었다. 전국노동총연맹과 노동자총연합이 함께 행진하며 대외적으로 결속력을 과시하자는 계획이었다. 하지만 시위가 막판에 취소됐다. 폭동이 발생할 것이 너무나도 분명했기 때문이다. 따라서 5월 1일에는 아무런 일도 없었다. 미묘한 상황이었다. 파시스트 지배하에 놓이지 않은 유럽 도시 가운데 그날 특별한 행사가 없었던 곳은 이른바 혁명 도시로 불리는 바르셀로나가 유일했을 것이다. 솔직히 다행이라는 생각도 들었다. 독립노동당 대표단이 통일노동자당과 함께 행렬에 참여하기로 돼 있었고, 모두 문제가 발생할거라고 예측했다. 무의미한 시가전에 휘말리고 싶지는 않았다. 사기를 고양시키는 구호가 적힌 붉은색 깃발 뒤를 따라 걸어다가다 한 건물의 위쪽 창문에서 낯선 사람이 쏜 기관단총에 맞아 죽는 것은 내 입장에서 그리 바람직한 일은 아니었다.

10장

5월 3일 한낮에 호텔 라운지를 가로질러가던 친구가 무심코 말했다. "전화교환국에서 문제가 생겼다고 하던데." 무슨 이유였는지 당시에는 그 말에 크게 신경 쓰지 않았다.

그날 오후 3, 4시 쯤 람블라 거리를 걸어가는데 뒤에서 몇 발의 총성이 들렸다. 뒤를 돌아보니 소총을 들고 무정부주의자들의 검고 붉은 손수건을 목에 두른 젊은이들이 람블라 거리 북쪽으로 빠지는 골목에 조금씩 다가가고 있었다. 그들은 골목을 내려다보는, 아마도 교회 건물인 높은 팔각탑에 있는 누군가와 총격전을 벌이고 있었다. 그 순간 느낄 수 있었다. '시작됐구나!' 하지만 크게 놀라지는 않았다. 지난 며칠 동안 누구나 이 '일'이 시작되리라 예감했다. 당장 호텔로 돌아가서 아내가 무사한지 확인하고 싶었다. 하지만 골목 입구에 있는 무정부주의자 무리는 사람들에게 뒤로 물러나라고 손짓하며 사선(射線)으로 들어오지 말라고 소리쳤다. 총성이 몇 발 더 들렸다. 팔각탑에서 쏜 총알이 거리로 날아왔고 두려움에 휩싸인 사람들은 총격전을 피해 람블라 거리 아래쪽으로 달려갔다. 거리 곳곳에서는 상점 주인들이 강철 셔터를 탁탁 내리는 소리가 들렸다. 인민군 장교 두 명이 손에 권총을 쥔 채 나무 뒤에 숨어서 조심스럽게 뒤로 물러나고 있는 모습이 보였다. 내 앞에서는 사람들이 람블라 거리 한가운데에 있는 지하철역에 우르르 몰려들었다. 그 즉시 나는 그쪽으로 가지 않기로 결심했다. 지하에 몇 시간 동안 갇혀있게 될지도 모르는 일이었다.

그 순간 전선에 함께 있었던 한 미국인 군의관이 달려오더니 내 팔을 잡았다. 매우 들뜬 눈치였다.

"자, 어서 팔콘 호텔로 가자고. 통일노동자당 친구들이 거기서 모이기로 했어. 일이 터졌으니 우리는 뭉쳐야지." (팔콘 호텔은 통일노동자당이 운영하는 일종의 하숙집으로, 휴가를 나온 의용군들이 주로 묵는 곳이었다.)

"도대체 무슨 일인거지?"

군의관은 팔을 잡고 나를 끌고 갔다. 제대로 말을 하기엔 너무나 흥분한 상태였다. 무장한 민간경비대[48]를 태운 트럭 몇 대가 전국노동총연맹 소속 노동자들이 주로 일하고 있는 전화교환국

---

48) 오웰 사후에 발견된 정오표에는 다음과 같이 적혀 있다. '이 글에서 민간경비대에 대한 언급이 꾸준히 나오고 있다. 사실 전부 돌격대로 바꿔야 한다. 카탈루냐의 돌격대는 나중에 발렌시아에서 온 돌격대와는 다른 군복을 입었고, 스페인 사람들이 이들을 모두 '라 가르디아'라고 불렀기 때문에 착오가 생겼다. 민간경비대가 가능할 때마다 프랑코 측에 합류했다는 사실은 제2공화국 이후에 모집된 돌격대에는 해당되지 않는다. 하지만 사람들이 '라 가르디아'에 적대감을 품고 있었고 이런 분위기가 바르셀로나 사건에도 나름 영향을 미쳤다는 사실은 틀림없다.-저자주

을 급습했을 때 카탈루냐 광장에 있었던 모양이다. 그 후 무정부주의자들이 도착해 일이 더 커졌다. 앞서 들었던 그 '문제'란 정부가 전화교환국을 다시 넘기라고 요구한 것이었고, 거절당한 게 틀림없었다.

거리를 따라 내려가는데 반대편에서 달려오던 트럭이 우리를 스쳐 지나갔다. 소총을 든 무정부주의자들로 가득했다. 앞쪽에는 너덜너덜해진 옷을 입은 젊은이가 경기관총 뒤에 쌓여있는 매트리스 더미 위에 누워 있었다. 람블라 거리 끝에 있는 팔콘 호텔에 도착하자 로비 안에 잔뜩 모여 있는 사람들이 보였다. 모두 혼란에 빠진 상태여서 무엇을 해야만 하는지 몰랐고, 무장한 사람들이라고는 호텔 앞을 지키는 기습부대원 몇 명이 전부였다. 건너편에 있는 통일노동자당 지역위원회에 가봤다. 의용군이 임금을 받으러 가는 위층 방에도 사람들이 모여 우왕좌왕하고 있었다. 키가 크고, 얼굴은 창백하고 잘생겼으며 나이는 서른 정도 돼 보이는 한 남자가 민간인 복장을 입은 채로 사람들을 진정시키고 구석에 쌓여있는 허리띠와 탄약 상자를 나눠 주고 있었다. 아직 소총은 없는 듯했다. 이미 부상자가 생겨 의사들을 찾았던 모양인지 미국인 군의관은 보이지 않았다. 대신 나 말고 영국인이 한 명 더 와있었다. 안쪽에 있는 사무실에서 키 큰 남자와 다른 몇 명이 소총을 한 아름씩 들고 와 사람들에게 나눠주기 시작했다. 나와 다른 영국인은 외국인이라 조금 의심스러웠는지 처음엔 아무도 소총을 건네주지 않으려고 했다. 전선에서 나와 함께 있었던 의용군 병사가 도착해 내게 아는 체를 한 후에야 마지못해 우리에게도 소총과 탄약을 나눠 주었다.

멀리서 총소리가 들려왔고 거리는 텅텅 비어 있었다. 모두 람블라 거리로 올라가는 것은 불가능하다고 말했다. 민간경비대가 시야를 확보할 수 있는 건물은 전부 점령했고 지나가는 사람들에게 사격을 가하고 있었다. 평상시라면 그런 위험을 무릅쓰고 호텔로 돌아갔겠지만 지역위원회가 곧 공격을 받을 것이라는 말이 돌면서 이곳을 지키고 있어야겠다는 생각이 들었다. 건물 곳곳에, 계단에서 밖에 있는 인도에까지, 사람들이 옹기종기 모여 들뜬 목소리로 대화를 나누고 있었다. 무슨 일이 벌어지고 있는지 확실히 알고 있는 사람은 한 명도 없는 듯했다. 내가 알고 있는 것은 민간경비대가 전화교환국을 급습했고 노동자들 소유의 건물들이 잘 내려다보이는 전략적 요충지를 전부 차지했다는 사실 뿐이었다. 민간경비대가 전국노동총연맹과 노동자 계급을 '노리고' 있다는 인식이 전반적으로 퍼져 있었다. 이 시점에서 그 누구도 정부를 탓하지 않고 있다는 게 인상적이었다. 바르셀로나의 빈곤계층은 민간경비대를 블랙 앤 탠즈[49]와 비슷하게 생각했고, 이들이 자발적으로 공격을 개시한 게 틀림없다고 믿었다. 상황이 어떻게 돌아가고 있는지 파악이 되자 마음이 편해졌다. 문제는 분명했다. 전국노동총연맹과 경찰이 대치하고 있었다. 부르주아 공산주의자가 생각하는 이상적인 '노동자'에 대해 특별한 환상을

49) 아일랜드의 민중 반란군을 진압하기 위해 파견된 영국의 예비군 부대.-역자주

갖고 있는 것은 아니지만, 실제로 평범한 노동자가 천적인 경찰과 대립하고 있는 모습을 보면 내가 어느 편에 서게 될지는 너무나도 분명하다.

오랜 시간이 지났음에도 우리가 있는 쪽에서는 아무 일도 일어나지 않았다. 그때는 호텔에 전화해서 아내가 어떤지 확인해볼 수 있다는 생각을 하지 못했다. 사실 전화교환국은 몇 시간 만에 다시 제대로 돌아가기 시작했지만 나는 영업이 중단된 상태일 것이라고 믿었다. 두 건물 안에는 3백 명 정도의 사람들이 모여 있었다. 부둣가 뒷골목에 사는 최빈곤층 사람들이 대부분이었다. 여인들 중에서는 아기를 안고 있는 사람들도 있었고, 누더기 옷을 입은 남자 아이들도 많았다. 그들 중 다수는 무슨 일이 벌어지고 있는지 전혀 알지 못한 채 그저 보호받기 위해 통일노동자당 건물에 몰려들었을 터였다. 휴가 나온 의용군도 제법 있었고, 외국인도 몇몇 보였다. 우리에게 있는 소총은 대략 예순 자루 뿐이었다. 위층 사무실은 소총을 달라는 사람들로 가득했지만 이제 더 이상 남은 것이 없다는 대답만 되풀이됐다. 나이 어린 의용군 병사들은 마치 소풍을 나온 것 마냥 여기저기 돌아다니며 사람들에게 소총을 달라고 부탁하거나 뺏어 가려고 했다. 오래 지나지 않아 한 명이 날쌘 몸짓으로 내가 들고 있던 소총을 훔쳐 가더니 어딘가로 사라졌다. 이제 나에게 무기라고는 탄창 하나만 남은 조그마한 자동권총이 전부였다.

날이 어두워지면서 슬슬 배가 고팠지만 호텔 안에는 먹을 것이 없는 듯했다. 나는 저녁을 먹기 위해 친구와 함께 몰래 빠져나와 그가 묵고 있는 호텔로 향했다. 깜깜하고 고요한 거리에는 아무도 없었고, 상점마다 강철 셔터가 다 내려져 있었지만 아직 바리케이드는 세워지지 않은 상태였다. 친구가 묵고 있는 호텔의 문은 잠겨있고 빗장까지 걸어두고 있어서 우리를 들여보내줄 때까지 한참 실랑이를 벌여야 했다. 저녁을 먹고 다시 돌아왔을 때 전화교환국이 정상화됐다는 소식을 듣고 아내에게 전화를 하기 위해 위층 사무실로 갔다. 역시나 이 건물에도 전화번호부가 없었고, 콘티넨털 호텔의 전화번호를 알 리가 없는 나는 한 시간여 동안 여기저기 샅샅이 뒤져본 끝에 전화번호가 적혀 있는 안내서를 발견할 수 있었다. 아내와 통화를 하지는 못했지만 바르셀로나의 영국독립노동당 대표인 존 맥네어와는 연락이 닿았다. 그는 아무 일도 없었고, 모두가 무사하다며 지역위원회에도 특별한 문제는 없었는지 물었다. 담배만 좀 있으면 괜찮을 것 같다고 대답했다. 농담으로 건넨 말이었지만 30분 후 맥네어는 러키 스트라이크 두 갑을 들고 나타났다. 무정부주의자 순찰대가 그를 두 번이나 멈춰 세우고 신분증을 검사했지만 용감하게 칠흑같이 어두운 거리를 뚫고 여기까지 온 것이었다. 그의 작지만 용기 있는 행동을 마음 속 깊이 간직하리라고 생각했다. 그저 고마운 마음뿐이었다.

창문마다 앞에 무장한 경비병이 배치됐고 거리에는 기습부대원 몇 명이 지나가는 사람들을 멈춰 세우고 검문을 하고 있었다. 무기를 가득 실은 무정부주의자 순찰차 한 대가 거리 위쪽으로 올라갔다. 운전사 옆에는 열여덟 살 정도 돼 보이는 흑발의 아름다운 소녀가 무릎 위에 경기관총을 올려놓고 앉아 있었다. 나는 한참 동안 크고 복잡해 구조를 제대로 파악하기 어려운 이 건물 안을 어슬렁거렸다. 어딜 가나 쓰레기가 가득했다. 부서진 가구와 찢어진 종이는 혁명의 불가피한 산물인 듯했다. 여기저기 자고 있는 사람들도 보였다. 부둣가에서 온 빈곤한 여인 두 명이 복도의 부서진 소파 위에 누워 평화롭게 코를 골고 있었다. 통일노동자당이 차지하기 전에는 카바레 극장으로 사용된 건물이었다. 높은 무대가 설치된 방이 여러 군데 있었다. 그중에는 그랜드 피아노 한 대가 처량하게 놓인 방도 있었다. 마침내 내가 찾던 곳을 발견했다. 무기고였다. 앞으로 어떤 일이 발생할지 몰랐기 때문에 무기를 하나 챙겨놓고 싶었다. 통합사회당, 통일노동자당, 전국노동총연맹, 그리고 무정부주의자연합까지 전부 바르셀로나에 무기를 비축해두고 있다는 말을 자주 들었기 때문에 통일노동자당의 주요 건물 두 곳에 소총이 오륙십 자루밖에 없다는 걸 믿을 수가 없었다. 무기고로 사용되고 있는 방 앞에는 경비병도 없었고 문도 부실했다. 나와 다른 영국인은 힘들이지 않고 문을 열 수 있었다. 안으로 들어가자 그들이 했던 말이 사실임을 깨달았다. 더 이상 남은 무기가 없었다. 그곳에서 발견한 것은 구식 소구경 소총 스무 자루와 총알이 하나도 들어있지 않은 산탄총 몇 자루뿐이었다. 사무실로 찾아가 남는 총알이 있냐고 물었더니 하나도 없다는 대답만 돌아왔다. 그러나 무정부주의자 순찰차가 가져다 준 수류탄 몇 박스가 남아있었다. 내 탄약 상자에 두세 개를 집어넣었다. 수류탄은 투박한 형태로, 윗부분에 성냥 같은 걸 비벼 불을 붙여야했으며 저절로 터질 위험도 컸다.

사람들은 바닥에 온몸을 뻗고 잠들어 있었다. 어떤 방에서는 아기가 쉬지 않고 울음을 터뜨렸다. 5월이었지만 밤이 되자 날이 추워졌다. 한 카바레 무대 위에 달려 있는 커튼을 칼로 찢어 몸에 두르고 쪽잠을 잤다. 자다가 수류탄을 너무 세게 문지르면 그대로 터져버릴 것 같아서 제대로 잠을 잘 수 없었다. 새벽 세시가 되자 지휘관인 것 같은 키 크고 잘생긴 그 남자가 나를 깨워 소총을 주더니 창문 한 곳 앞에서 보초를 서라고 했다. 그는 전화교환국을 급습한 경찰서장인 살라스가 체포를 당했다는 소식을 전해주었다. (나중에 알게 된 사실이지만 살라스는 직위만 잃은 것일 뿐이었다. 어찌 됐든 이를 통해 민간경비대의 독단적인 행동이었다는 인식이 더 공고해졌다.) 동이 트자마자 아래층에 있는 사람들이 지역위원회와 팔콘 호텔 밖에 각각 바리케이드를 세우기 시작했다. 바르셀로나의 거리에는 깔린 네모난 자갈들로는 쉽게 담을 쌓을 수 있었고, 자갈 밑에 있는 조약돌들은 모래주머니를 채우기에 적합했다. 바리케이드를 쌓는 광경은 기묘하면서도 멋있게 느껴졌다. 그 순간을 사진으로 남길 수 있다면 무엇이든 했을 것이다. 스페인 사람들은 무슨 일이든 한 번 시작하기로 마음먹으면 열정적인 에너지를 보여주곤 한다. 지금도 남녀노소 할 것 없이 길게 늘어선 사람들이 자갈을 뜯어내 어디선가 구해온 손수레에 싣기도 하고 무거운 모래주머니를 지고 왔다갔다 움직였다. 지역위원회 앞에는 무릎 단추가 발목에 닿을락 말락하는 의용군 바지를 입은 독일계 유태인 소녀가 미소를 지으며 사람들을 지켜보았다. 몇 시간 만에 머리 높이의 바리케이드가 세워졌고, 소총

수들은 총안에 자리를 잡았으며 한쪽 바리케이드 뒤에서는 사람들이 불을 피워 달걀을 구웠다.

내가 갖고 있던 소총은 다시 빼앗겼고 그곳에서 딱히 할 수 있는 일도 없었다. 나와 다른 영국인은 콘티넨털 호텔로 돌아가기로 했다. 멀리서 총성이 계속 들려왔지만 람블라 거리는 아닌 듯했다. 올라가는 길에 식료품 시장에 들렀다. 문을 연 몇몇 가게 앞은 노동자 계급이 모여 사는 람블라 거리 남쪽 동네에서 온 사람들로 넘쳐났다. 이제 막 시장에 들어서고 있는데 밖에서 큰 소총 소리가 들려오면서 지붕의 유리창 몇 개가 흔들렸고 사람들은 뒤쪽 출구를 향해 달려가기 시작했다. 그럼에도 문을 닫지 않은 가게들이 있어서 우리는 커피 한잔씩을 마셨고, 나는 염소 젖 치즈 한 덩어리를 구입해 탄약 상자 안에 끼워 넣었다. 며칠 후 그 치즈 덕분에 허기를 달랠 수 있었다.

전날 총격전을 시작한 무정부주의자들을 보았던 길모퉁이 앞에는 이제 바리케이드가 세워져 있었다. 그 뒤에 있던 남자가 나에게 조심하라고 소리쳤다(나는 길 건너편에 서 있었다). 교회 탑에 있는 민간 경비대는 지나가는 사람들에게 무차별로 사격을 가했다. 나는 잠시 멈춰 섰다가 한달음에 트인 공간을 가로질러갔다. 아니나 다를까 총알이 날아와 기겁할 정도로 가깝게 나를 스쳐 지나갔다. 길 건너편에 있는 통일노동자당 집행부 건물 근처까지 가자 현관에 서 있던 기습부대원 몇 명이 나에게 조심하라고 소리쳤다. 당시에는 무슨 말을 하는지 이해하지 못했다. 그 건물과 나 사이에는 나무들과 신문 가판대가 서 있어서(이런 유형의 스페인 거리에는 가운데에 넓은 인도가 자리하고 있다) 그들이 무엇을 가리키고 있는지 보이지 않았다. 콘티넨털 호텔에 가 별다른 문제가 없는지 확인하고 세수를 한 후, 명령을 듣기 위해 통일노동자당 집행부 건물로 돌아갔다(건물은 백 미터 정도 떨어져 있었다). 이쯤 되자 곳곳에서 들려오는 소총과 기관총 소리는 전쟁터의 소음과 다를 바 없었다. 이제 막 콥을 발견한 나는 그에게 앞으로 어떻게 해야 할지를 묻고 있었는데 그때 아래쪽에서 끔찍한 굉음이 잇따라 들려왔다. 누군가가 우리에게 야전포를 쏘고 있는 것이 틀림없다는 생각까지 들 정도로 엄청나게 큰 소리였다. 실제로는 야전포가 아니라 수류탄이었다. 수류탄은 석조 건물에 맞고 터지게 되면 평소보다 두 배나 큰 소리를 낸다.

콥은 창밖을 힐끗 내다보고 지휘봉을 등 뒤로 끼우더니 이렇게 말했다. "어디 한 번 살펴보지." 그러고 나서 평소와 다름없는 무심한 태도로 계단을 천천히 내려갔고, 나는 그의 뒤를 따랐다. 현관 안쪽에서는 기습부대원 몇 명이 마치 볼링을 하듯 인도를 따라 수류탄을 굴리고 있었다. 수류탄은 20미터 정도 떨어진 곳에서 귀청이 찢어질 것 같은 큰 소리를 내며 터졌다. 엄청난 굉음이 소총 사격소리에 섞여 들어갔다. 거리 한가운데에 있는 신문 가판대 뒤로는 마치 장터에 있는 코코넛처럼 둥근 머리가 튀어나와 있는 게 보였다. 내가 잘 아는 미국인 의용군 병사의 머리였다. 나중에서야 무슨 일이 벌어지고 있는지 확실하게 알 수 있었다. 통일노동자당 건물 옆에는 위에 호텔이 자리한 카페 모카라는 커피가게가 있었다. 전날 이삼십 명의 무장한 민간경비대원들이 카페에 들어섰고 총격전이 시작되자 갑자기 건물을 차지하더니 앞쪽에 바리케이드를 쳤다. 나중에 통일노동자당 사무실을 공격하기 위해 미리 건물을 점령하도록 명령을 받은 것이 분명했다. 이른 아침에 밖으로 나오려고 했으나 다시 한 번 총격전이 벌어지면서 기습부대원 한 명이 중상을 입고 민간경비대원 한 명이 목숨을 잃었다. 민간경비대는 다시 카페 안으로 들어갔고, 그 미국인 병사가 거리를 지나가자 무장하지 않은 상태임에도 그를 향해 사격을 가했다. 미국인 병사는 가판대 뒤로 몸을 숨겼고, 기습부대원들은 민간경비대를 다시 카페 안으로 몰기 위해 수류탄을 던지고 있었다.

한눈에 상황을 파악한 콥은 앞으로 걸어가더니 이로 막 수류탄의 핀을 빼고 있는 붉은 머리의 독일인 기습부대원을 뒤로 잡아당겼다. 그는 모두에게 현관에서 물러서라고 소리쳤고, 몇 개 국어를 써가며 유혈사태는 피해야 한다고 강조했다. 그러고 나서 인도로 향하더니 민간 경비대 앞에서 보란 듯이 권총을 꺼내 바닥에 내려놓았다. 스페인 의용군 장교 두 명도 같은 행동을 하더니 셋이서 천천히 민간경비대원들이 모여 있는 현관 쪽으로 향했다. 나라면 20파운드를 준다고 해도 하지 않았을 행동이었다. 무장도 하지 않은 채 그들은 장전된 총은 들고 있지만 잔뜩 겁을 먹은 사람들을 향해 걸어가고 있었다. 두려움에 얼굴이 흙빛으로 변한 셔츠 차림의 민간경비대원 한 명이 콥과 담판을 벌이기 위해 현관 밖으로 나왔다. 그는 불안해하며 인도에 떨어져 있는 불발 수류탄 두 발을 계속 가리켰다. 콥은 우리 쪽으로 돌아오더니 수류탄을 빨리 터뜨리는 게 낫겠다고 말했다. 계속 굴러다니다가 언제 터질지 모르는 일이었다. 기습부대원 한 명이 소총으로 하나를 맞춰 터트렸지만 다른 하나는 맞추지 못했다. 그에게 소총을 건네받은 나는 무릎을 꿇고 남은 수류탄을 향해 총알을 쐈다. 아쉽게도 나 역시 수류탄을 맞추지 못했다. 소동이 벌어지는 동안 내가 유일하게 쐈던 총알 한 발이었다. 카페 모카의 간판이 부서지면서 떨어져 나온 유리 조각들이 인도에 나뒹굴고 있었다. 밖에 세워놓았던 콥의 공용차와 다른 차 한 대에는 총알구멍이 잔뜩 보였고 앞 유리는 수류탄에 맞아 산산조각이 나 있었다.

콥은 나를 위층으로 데려가 상황을 설명했다. 통일노동자당 건물이 공격을 당한다면 방어해야 하겠지만, 지도자들은 되도록이면 사격을 하지 말라는 지시를 내렸다는 것이다. 바로 맞은편에는 폴리오라마라는 영화관이 있었고, 그 위에는 박물관이 자리하고 있었으며 지붕 위 꼭대기에는 쌍둥이 돔이 달린 자그마한 관측소가 있었다. 돔은 거리를 내려다보고 있었고, 소총수 몇 명만 그곳에 배치한다면 통일노동자당 건물에 어떤 공격이 가해지더라도 사전에 막아낼 수 있을 터였다. 영화관의 관리인들은 전국노동총연맹 조합원들이어서 우리는 자유롭게 건물을 오갈 수 있었다. 카페 모카 안에 있는 민간경비대의 경우 걱정할 필요가 없었다. 그들은 싸우길 원하지 않았고 그저 목숨을 부지한다면 고마워 할 사람들이었다. 콥은 다시 한 번 우리에게 총격이 가해지거나 건물이 공격을 받지 않는다면 총을 쏘지 말라고 지시했다. 콥이 따로 언급하진 않았지만 통일노동자당의 지도자들은 이 사태에 휩쓸리는 것에 분노하면서도 어찌 됐든 전국노동총연맹에 맞서야 한다고 생각하는 듯했다.

그들은 이미 관측소에 경비병을 배치해 두었다. 그 후 나는 잠깐 호텔에 가서 식사를 할 때를 제외하고는 사흘 밤낮을 폴리오라마 지붕 위에서 보냈다. 전혀 위험하지 않았고, 그저 굶주림과 지루함에 몸부림칠 뿐이었지만 그 며칠은 내 삶 전체에서 가장 견디기 힘든 시간들이었다. 그보다 더 괴롭고, 환멸을 느끼고, 신경이 곤두섰던 적은 거의 없을 것이다.

나는 지붕에 앉아 그 모든 상황이 한심해 한숨을 짓곤 했다. 관측소에 난 작은 창문 밖으로는 주위 몇 킬로미터 근방을 둘러볼 수 있었다. 우뚝 솟아오른 건물들, 유리 돔, 밝은 녹색과 구리색 타일을 얹은 끝이 멋지게 휘어진 지붕들, 그리고 동쪽으로 반짝반짝 빛나는 담청색 바다까지 감탄할 수밖에 없는 광경이었다. 스페인에 온 후로 처음 본 바다였다. 인구가 백만 명이나 되는 이 대도시는 지독한 무기력에 사로잡혀 있었다. 소리만 가득하고 움직임은 전혀 없는 악몽과도 같았다. 햇빛이 비치는 거리는 텅텅 비어 있었다. 바리케이드와 모래주머니로 가린 창문들에서 총알이 날아다닐 뿐이었다. 거리에는 오고가는 차량 한 대도 없었다. 람블라 거리 곳곳에는 전투가 시작됐을 때 운전사들이 버리고 가버린 전차들만 황량하게 서 있었다. 그 와중에도 수천 개의 건물들 사이로 지옥 같은 소음이 열대성 호우처럼 계속 울려 퍼졌다. 탕탕, 덜컹덜컹, 와르릉. 몇 발만 울리다 조용해질 때도 있었고, 귀가 먹먹할 정도로 총알이 빗발치는 때도 있었지만 어찌 됐든 해가 지기 전까지는 절대 멈추지 않았고 다음날 동이 트면 도돌이표처럼 반복됐다.

초반에는 도대체 무슨 일이 벌어지고 있고, 누가 누구와 싸우고 있으며 어느 쪽이 이기고 있었는지 파악하기 어려웠다. 바르셀로나 사람들은 시가전에 너무나 익숙하고 주변 지리에 환하기 때문에 어느 정당이 어떤 거리와 건물을 차지할지 본능적으로 알고 있는 듯했다. 외국인은 이런 측면에서 불리할 수밖에 없었다. 관측소 밖을 내다보면서 도시의 주요 거리 중 하나인 람블라 거리가 경계선을 형성하고 있음을 알게 됐다. 람블라 거리 오른편의 노동자 계급이 사는 동네는 무정부주의자들의 차지였다. 왼편의 구불구불한 뒷골목에서는 난투가 벌어지고 있었지만 여하튼 그 쪽은 통일사회당과 민간경비대의 통제하에 있었다. 카탈루냐 광장을 돌아 우리가 있던 쪽은 상황이 워낙 복잡해 건물마다 정당 깃발을 내걸고 있지 않으면 누가 점거하고 있는지 알아채기 힘들 정도였다. 카탈루냐 광장을 내려다보고 있는 콜론 호텔이 이곳의 대표적인 건물이었다. 통일사회당은 이 호텔을 본부로 사용하고 있었다. 호텔 정면에 크게 박혀 있는 '콜론 호텔(Hotel Colon)' 글자의 두 번째 'O' 아래 창문에는 광장도 한 번에 쓸어버릴만한 위력의 기관총을 설치해 놓았다. 람블라 거리를 따라 우리 오른쪽으로 백 미터 쯤 떨어진 곳에서는 통일사회당 소속 청년조직인 통합사회주의청년단(영국의 청년공산주의자연합에 상응하는 단체이다)이 커다란 백화점 하나를 점령했다. 모래주머니에 가려져 있는 측면 창문들은 관측소를 마주보고 있었다. 그들은 붉은 깃발을 내리고 카탈루냐 깃발을 내걸었다. 모든 문제의 시발점인 전화 교환소에는 카탈루냐 깃발과 무정부주의자 깃발이 나란히 펄럭였다. 일시적인 타협이 이루어져서 전화 교환소는 평소처럼 돌아가고 있었고 건물에서 사격을 가하는 일도 없었다.

우리가 있는 쪽은 이상할 정도로 평화로웠다. 카페 모카의 민간경비대는 강철 셔터를 내리고 카페 안의 가구들을 쌓아 올려 바리케이드를 만들었다. 그 후 여섯 명 정도가 우리 반대편에 있는 지붕으로 올라와 매트리스로 바리케이드를 쌓고 카탈루냐 깃발을 달아 놓았다. 하지만 싸움을 걸 의사가 없는 것은 틀림없었다. 콥은 그들이 먼저 사격하지 않는 한 우리가 사격할 일은 없을 거라고 분명히 약조했다. 이때쯤에는 콥도 민간경비대와 상당히 친해져 카페 모카를 여러 차례 찾아가기도 했다. 당연하게도 카페 안에 있던 모든 음료를 긁어모은 그들은 콥에게 맥주 열다섯 병을 선물로 주기도 했다. 그에 대한 보답으로 콥은 전날 경비대원 한 명이 잃어버렸던 소총을 대신해 우리가 갖고 있던 소총 한 자루를 건네주었다. 어찌 됐든 그 지붕에 앉아있으면 묘한 기분이 들곤 했다. 가끔은 이 모든 상황이 지루하게 느껴져 지옥 같은 소음도 전부 무시하고 며칠 전에 구입했던 펭귄 문학전집을 읽으며 시간을 보낼 때도 있었다. 때로는 오십 미터 떨어진 곳에서 날 바라보고 있는 무장병이 몹시 신경 쓰이기도 했다. 참호 안에 다시 들어가 있는 기분이었다. 민간경비대를 습관적으로 '파시스트'라고 부르려다가 멈칫할 때도 더러 있었다. 보통 여섯 명 정도가 관측소에 올라와 있었다. 관측탑마다 경비병 한 명을 세웠고 나머지는 보호막이라고는 돌 말뚝밖에 없는 납지붕 아래 앉아 있었다. 민간경비대가 언제든지 사격을 시작하라는 연락을 받을 수 있다는 걸 나는 잘 알고 있었다. 공격을 개시하기 전 우리에게 미리 경고를 해준다고 약속은 했지만 그 말을 지킬지는 확신할 수 없었다. 실제로 일이 터질 것 같다는 생각이 든 것은 한 번뿐이었다. 맞은편의 민간경비대원 한 명이 무릎을 꿇더니 바리케이드 너머로 사격을 시작했다. 당시 관측소를 지키고 있던 나는 그쪽 방향으로 소총을 겨누며 소리쳤다.

"거기! 우리 쪽으로 쏘지 마!"

"뭐라고?"

"계속 쏘면 우리도 가만있지 않을 거야!"

"아니야, 그쪽으로 쏜 게 아니라고. 아래쪽을 봐!"

그는 들고 있던 소총으로 건물 아래쪽의 골목을 가리켰다. 내려다보니 파란 작업복을 입고 소총을 든 젊은이가 모퉁이를 돌아 도망가고 있었다. 지붕에 있던 민간경비대에게 총알을 쏜 모양이었다.

"나는 저 사람한테 쏜 거야. 저 사람이 먼저 공격을 했어. 그쪽한테 총을 쏘고 싶지는 않아. 우리도 당신들과 같은 노동자들이라고." (그의 말은 사실이었을 것이다.)

그가 반(反)파시스트식 경례를 했고, 나 역시 화답했다. 건너편을 향해 나는 소리쳤다.

"맥주 좀 더 남았어?"

"아니, 다 마셨어."

그날 무슨 이유에서였는지, 거리 아래쪽의 통합사회주의청년단 건물에 있던 한 사람이 창밖을 내다보고 있던 나를 향해 갑작스럽게 소총을 겨누더니 사격을 했다. 한번쯤 맞춰 보고 싶었던 모양이다. 나는 그저 가만히 있었다. 백 미터 정도 떨어져 있을 뿐이었지만 그가 쏜 총알은 한참을 빗겨가 관측소의 지붕조차도 맞히지 못했다. 늘 그렇듯이 스페인 병사들의 형편없는 사격 솜씨 덕에 무사할 수 있었다. 그 이후로도 몇 번 더 총알이 날아오곤 했다.

끔찍한 총격전은 계속됐다. 하지만 여러 가지 정황으로 미루어 볼 때 양측의 사격 모두 방어적이었다. 사람들은 건물 안이나 바리케이드 뒤에 숨어서 맞은편을 향해 총을 쐈다. 우리가 있는 곳에서 8백 미터 정도 떨어진 거리에 전국노동총연맹과 노동자총연합의 주요 사무실이 서로를 마주보고 있었다. 그쪽에서 들려오는 소리는 정말 엄청났다. 전투가 끝난 다음날 그 거리를 따라 내려가 보니 상점들의 유리창이 체처럼 보일 정도였다. (바르셀로나에 있는 상점주인들 대부분은 가게 유리창에 종이 띠를 십자 형태로 교차하여 붙여놓았다. 그래서 총알을 맞더라도 유리창이 산산조각나지 않았다.) 시끄럽게 이어지던 소총과 기관총 소리가 수류탄의 굉음으로 정점을 찍을 때도 있었다. 그리고 정말 가끔은, 총 열댓 번 정도, 무시무시한 폭발음이 들려왔는데 당시에는 무슨 소리인지 알지 못했다. 공중에서 투하한 폭탄이 터지는 것 같은 소리였지만 주변에 비행기가 보이지 않았기 때문에 불가능한 일이었다. 나중에서야 정부 공작원들이 소음과 공포감을 키우기 위해 일부러 폭탄을 잔뜩 터트리고 있다는 말을 들었다. 아마도 사실일 가능성이 컸다. 그러나 포병사격 소리는 들리지 않았다. 그 소리가 들린다면 상황이 심각해지고 있다는 뜻이었기 때문에 귀를 유심히 기울이고 있었다(포병대는 시가전의 결정적인 요인이다). 이후에 신문에는 거리에서 대포소리가 울렸다는 터무니없는 기사가 실리기도 했지만, 실제로 포탄을 맞은 건물은 찾아볼 수 없었다. 그 소리에 익숙한 사람이었다면 금세 알아챘을 것이다.

식량은 처음부터 한참 부족했다. 통일노동자당 집행부 건물에 있는 열다섯에서 스무 명 정도의 의용군 병사들을 위해 어둠을 틈타(민간경비대가 람블라 거리를 지나가는 사람들에게 계속해서 사격을 가했기 때문이다) 팔콘 호텔에서 힘겹게 식량을 가져왔지만 역시나 충분치 않았다. 우리는 가능한 한 콘티넨털 호텔에 가서 식사를 했다. 대부분의 호텔은 전국노동총연맹이나 노동자총연맹의 통제하에 있었지만 콘티넨털 호텔은 헤네랄리테가 차지하고 있었고 중립지대로 간주됐다. 총격전이 시작되자마자 다양한 사람들이 이 호텔에 모여들었다. 호텔을 찾은 사람들 중에는 외국인 기자들, 각종 정치적 성향을 띤 요주의 인물들, 정부 측에서 근무하는 미국인 조종사와 여러 공산주의 단체의 요원들이 있었다. 요원들 가운데는 찰리 챈[50]이라는 별명을 얻은 러시

50) 미국 작가인 얼 데어 비거스의 책에 등장하는 중국계 미국인 탐정.-역자주

아인도 있었는데, 그는 오게페우[51] 소속으로 덩치가 크고 심술궂게 생겼으며 허리띠에는 권총과 자그마한 수류탄을 달고 다녔다. 또한 파시스트 동조자로 보이는 부유한 스페인 가족들, 부상당한 국제군 병사 두세 명, 트럭에 오렌지를 잔뜩 싣고 프랑스로 돌아가다가 총격전 때문에 발목이 묶인 프랑스 트럭 운전사들, 그리고 인민군 장교들 몇 명도 콘티넨털 호텔을 찾았다. 시가전 내내 인민군은 중립을 지켰으나, 개별적으로 병영을 벗어나 전투에 참여한 병사들도 있었다. 화요일 아침에는 통일노동자당 바리케이드에서 인민군 병사 몇 명을 보기도 했다. 식량 부족이 아직 심각하지 않고 신문들이 증오심을 조장하지 않던 초반에는 이 모든 일을 장난처럼 여기는 경향이 있었다. 바르셀로나에서는 매년 이런 일이 발생한다고 사람들은 말하곤 했다. 우리와 제법 친했던 조르지오 티올리라는 이탈리아 신문기자는 거리에 나갔다가 바지가 피로 흠뻑 젖은 채 들어왔다. 밖에서 무슨 일이 벌어지고 있는지 살펴보려고 나갔던 그는 인도 위에 쓰러져 있던 부상자에게 붕대를 묶어주고 있었는데, 누군가가 장난을 치듯 그가 있던 쪽으로 수류탄을 던진 것이었다. 다행히도 큰 부상을 입진 않았다. 바르셀로나의 포석에 숫자를 매겨야 한다고 말하던 그의 목소리가 아직도 생생하다. 바리케이드를 쌓고 허무는 일이 훨씬 더 편해질 것이라는 말이었다. 밤새 보초를 선 후 피곤하고 굶주린 데다 꾀죄죄한 상태로 호텔에 돌아왔을 때, 내 방에 국제군 병사 두세 명

51) 구소련 정보기관이었던 KGB의 옛 명칭.-역자주

이 앉아 있던 것도 생각난다. 그들은 완전히 중립적인 태도를 취하고 있었다. 만약 열성적인 정당원이었다면 나에게 당적을 바꾸라고 권하거나 내 손발을 묶고 주머니에 가득 들어있던 수류탄을 훔쳐 갔을 수도 있겠지만, 그들은 그저 휴가 기간에 지붕에서 보초를 서야 하는 나에게 위로의 한마디를 던져줄 뿐이었다. 대체로 이런 생각을 갖고 있었다. '이것은 무정부주의자와 경찰 간의 싸움이다. 별다른 의미가 없다.' 시가전의 규모나 사상자의 수를 떠나 이 사건이 계획된 폭동이라는 공식적 발표보다 이런 생각이 진실에 더 가까웠다고 본다.

수요일(5월 5일)쯤 돼서야 상황이 변하기 시작했다. 상점의 셔터가 다 내려진 거리는 음산했다. 일이 있어 어쩔 수 없이 밖에 나온 사람들은 흰색 손수건을 흔들며 살금살금 걸어 다녔고, 람블라 거리 한가운데 총알이 날아오지 않는 곳에서는 텅 빈 거리를 향해 신문을 사라고 소리치는 사람들이 몇 명 있었다. 무정부주의 계열 신문인 〈솔리다리다드오브레라〉지는 화요일만 해도 전화교환국에 대한 공격을 '괘씸한 도발'(혹은 이와 비슷한 말을 썼다)이라고 설명했지만, 수요일이 되자 논조를 바꿔 평소처럼 일하러 가라고 모두를 설득했다. 무정부주의 진영의 지도자들도 같은 말을 하고 있었다. 통일노동자당 신문 〈라바타야〉지의 사무실은 보호받지 못한 탓에 전화교환국이 공격을 받았던 그 시점에 민간 경비대에게 습격을 당하고 그들의 통제하에 놓이게 됐다. 하지만 여전히 다른 장소에서 신문 몇 부를 인쇄해 배포하고 있었다. 〈라바타야〉지는 모두에게 바리케이드 뒤에 계속 숨어 있으라고 충고

했다. 사람들은 각자 다른 생각을 하며 이 사태가 어떤 결말을 보일지 불안해하는 눈치였다. 아직까지 바리케이드를 떠나는 사람은 없었지만, 모두 이 의미 없는 싸움에 지쳐가고 있었다. 이 전투가 전면적인 내전으로 번져 프랑코와의 싸움에서 지게 되는 일은 그 누구도 바라지 않았기 때문에 제대로 된 결론이 나올 리가 없었다. 모두 사태가 커지는 것을 두려워했다. 당시 사람들이 하던 말을 종합해보면 전국노동총연맹 조합원들이 처음부터 원하던 것은 딱 두 가지였다. 전화교환국을 다시 넘겨받고 증오의 대상인 민간경비대를 해산시키는 것이었다. 헤네랄리테가 이 두 가지 조건을 들어주고, 식량으로 부당 이익을 취하지 않기로 약속한다면 바리케이드는 두 시간 내로 사라질 게 분명했다. 하지만 헤네랄리테가 요구를 받아들일 리는 없었다. 허무맹랑한 소문이 돌기 시작했다. 발렌시아 정부가 바르셀로나를 점령하기 위해 육천 명의 병력을 투입했고, 이에 맞서기 위해 오천 명의 무정부주의자와 통일노동자당 병력이 아라곤 전선을 떠났다는 소문이었다. 그러나 소문의 앞부분만이 사실이었다. 관측탑에서는 항구로 들어오고 있는 잿빛 군함들이 보였다. 선원 출신인 더글라스 모일은 항구로 들어오는 군함들이 영국 구축함처럼 보인다고 말했다. 나중에서야 안 사실이지만 실제로 그 군함들은 영국 구축함이었다.

그날 저녁 우리는 에스파냐 광장에서 4백 명의 민간경비대가 무정부주의자들에게 투항하고 무기를 넘겨주었다는 소식을 들었다. 또한 전국노동총연맹이 교외(주로 노동자들이 살고 있는 지역)쪽을 통제하고 있다는 말도 들려왔다. 우리가 이기고 있는 듯했다. 하지만 같은 날 저녁에 콥이 나를 부르더니 심각한 얼굴로 정부가 통일노동자당을 불법단체로 규정하고 선전포고를 할 것이라는 정보를 방금 입수했다고 전해주었다. 정말 충격적인 소식이었다. 훗날 이 사건이 어떻게 설명될지 그때 처음으로 막연하게나마 알 수 있었다. 시가전이 끝나면 세력이 제일 약하고 따라서 가장 적합한 희생양인 통일노동자당에게 책임을 전가할 것이라는 생각이 조금씩 들기 시작했다. 한편 이곳도 더 이상 중립적인 지역으로 머무르긴 힘들었다. 정부가 우리에게 선전포고를 한다면 우리는 방어태세를 취할 수밖에 없었다. 집행부 건물 옆 카페에 있는 민간경비대도 우리를 공격하라는 명령을 받을 게 틀림없었다. 선제공격이 우리의 유일한 기회였다. 콥은 전화로 명령이 내려지길 기다리고 있었다. 통일노동자당을 불법단체로 규정한 게 확실하다면 카페 모카를 점거하기 위한 준비에 돌입해야 했다.

방어태세를 강화하기 위해 고군분투했던 그 길고 악몽과도 같던 밤이 떠오른다. 우리는 현관 앞 강철 셔터를 내리고 건물 개조작업을 하던 노동자들이 두고 간 석판으로 바리케이드를 세웠다. 다음으로 비축해둔 무기를 확인했다. 맞은편 폴리오라마 지붕 위에 있는 소총 여섯 자루를 포함해 도합 스물한 자루의 소총이 있었다. 그중 하나는 불량이었다. 총알은 소총마다 약 50발씩 배분할 수 있었고, 수류탄도 수십 개가 있었으며 그 외에는 권총 몇 자루가 있을 뿐이었다. 열댓 명의 사람들이 필요할 시에 카페 모카를 공격하겠다고 자원했는데, 대부분이 독일인이었다. 물론 이른 새벽에 지붕에서 급습을 감행해야만 했다. 상대가 수적 우세를 점하고 있긴 했지만 사기는 우리 쪽이 더 높았다. 희생자가 몇 명 발생할 수도 있겠지만 우리의 공격은 성공할 게 틀림없었다. 건물 안에 있는 식량이라고는 초콜릿 몇 덩어리뿐이었고, '그들'이 수도 공급을 차단할 것이라는 소문까지 돌았다. ('그들'이 누군지 아는 사람은 아무도 없었다. 급수시설을 통제하는 게 정부일수도 있었고, 전국노동총연맹일수도 있었다.) 우리는 화장실에 있는 대야는 물론 건물 안에 있던 양동이란 양동이는 전부 찾아와 물을 채웠으며, 예전에 콥이 민간경비대로부터 선물 받아 나눠마셨던 맥주 병 열다섯 개에도 물을 가득 담았다.

60시간 가까이 잠을 제대로 자지 못했더니 기분도 좋지 못했고 몹시 지쳐있었다. 늦은 밤이 되자 사람들은 하나둘씩 아래층 바리케이드 뒤에 드러누워 잠을 청했다. 위층에는 소파가 딸린 작은 방이 하나 있었다. 응급 치료소로 사용할 생각이었지만 역시나 건물 안에서는 요오드나 붕대를 전혀 찾아볼 수 없었다. 간호사가 필요할 때를 대비해 아내도 호텔을 떠나 이 건물로 들어와 있었다. 소파에 누워 카페 모카를 공격하기 전에 삼십 분 정도만 잠들 수 있으면 좋겠다는 생각을 했다. 급습 과정에서 목숨을 잃을 가능성이 컸다. 허리띠에 찬 권총이 등을 자꾸 찔러 참을 수 없을 정도로 불편함을 느꼈던 기억이 난다. 그 다음으로 떠오르는 것은 잠에서 깨 벌떡 일어나니 내 옆에 서 있던 아내의 모습이다. 환한 대낮이었고, 아무런 일도 일어나지 않았고, 정부가 통일노동자당에 선전포고를 하지 않았고, 수도 공급이 차단되지 않았으며 거리에서 이따금씩 들려오는 총성 외에는 아무런 문제도 없었다. 아내는 차마 나를 깨울 수 없어 앞쪽 방에 있는 의자에서 잠을 잤다고 했다.

그날 오후 일종의 휴전이 선언됐다. 총성은 잦아들었고 거리는 갑작스럽게 사람들로 넘쳐났다. 몇몇 상점들이 셔터를 올리기 시작했고, 시장 안 가게들은 거의 비어있었지만 먹을 것을 구하려는 사람들로 인산인해를 이루고 있었다. 그러나 전차 운영은 아직 재개되지 않았다. 민간경비대는 아직도 카페 모카 안 바리케이드 뒤에 숨어 나오지 않았다. 양쪽 다 방어태세가 강화된 건물을 지키고 있었다. 사람들은 먹을 것을 구하기 위해 여기저기 발품을 팔았다. 어딜 가도 사람들은 똑같이 걱정에 찬 목소리로 물었다. '이제 정말 끝난 걸까요? 다시 시작될 거라고 생각하시나요?' 그 전투는 이제 태풍이나 지진과 같이 모두에게 일어나며 우리로서는 도저히 막아낼 수 없는 일종의 자연재해로 여겨졌다. 과연 휴전이 선언되고 몇 시간이 채 지나지 않았을 무렵 6월의 소나기처럼 갑작스러운 총성이 울려 퍼지자 사람들은 허둥지둥 도망쳤다. 고작 몇 분이 지난 것처럼 느껴질 정도로 짧은 시간이었다. 강철 셔터도 다시 내려왔고, 거리는 순식간에 텅 비었으며 바리케이드에는 보초병이 배치됐다. 시가전이 다시 시작된 것이었다.

마음속이 역겨움과 분노로 가득 찬 나는 지붕의 내 위치로 돌아갔다. 이런 사건에 참여하면 역사를 만드는 데 조금이나마 보탬이 되는 것이기 때문에 나름 역사적인 인물이 됐다는 느낌을 만끽할 만도 하다. 하지만 실제로 그 순간에는 주변에 자질구레한 일들이 너무나도 많아서 다른 생각을 할 틈이 없다. 시가전이 벌어지던 기간 내내 수백 킬로미터 떨어진 곳에 있는 신문기자들이 그럴싸하게 내놓았던 상황에 대한 정확한 '분석'을 나는 단 한 번도 해보지 못했다. 내 생각의 주된 부분을 차지했던 것은 이 비참한 내부적 갈등의 옳고 그름에 대한 판단이 아니라, 밤낮없이 지붕 위에서 불편함과 무료함을 느끼며 겨우 버텨내는 시간들과 월요일부터 제대로 된 식사를 하지 못해 점차 심해지고 있는 굶주림이었다. 이 일이 마무리되면 곧장 전선으로 돌아가겠다는 다짐을 수없이 했다. 속이 터질 것 같았다. 전선에서 115일을 보내고 편안한 곳에서 조금이나마 휴식을 취하고 싶은 간절한 마음에 바르셀로나로 돌아온 것이었다. 그런데 나는 그 시간을 맞은편에 민간경비대가 보이는 지붕 위에 앉아 보내야만 했다. 나만큼이나 지루해하던 민간경비대원들은 가끔 손을 흔들고 자신들도 '노동자'라며 나를 안심시키려고 했지만(내가 총을 쏘지 않았으면 하고 바란 것이었다), 명령이 떨어진다면 그 즉시 나를 공격할 게 분명했다. 이것이 역사라 해도 전혀 그런 느낌을 받을 수 없었다. 오히려 사람이 부족해 터무니없이 긴 시간동안 보초 근무를 서야 했던 전선에서의 고생스러웠던 시기와 비슷했다. 영웅이 되기는커녕 그저 맡은 자리를 지키며 지루해하고, 깜빡 졸기도 하며 주변에서 무슨 일이 벌어지고 있는지 전혀 관심을 두지 않던 그때와 같았다.

두려움에 떨며 대부분 밖으로 고개조차 내밀지 못하고 있는 호텔 안의 다양한 사람들 사이에서는 서로를 의심하는 무시무시한 풍조가 생겨나고 있었다. 첩자를 찾는 일에 정신이 팔린 몇몇 사람들은 여기저기 돌아다니며 본인을 제외하고는 전부 공산주의, 트로츠키주의, 혹은 무정부주의 진영에서 투입한 첩자들이라고 수군거렸다. 덩치가 큰 러시아 요원은 외국에서 온 난민들을 한 명씩 구석으로 데려가 이 모든 일이 무정부주의자들의 음모라고 그럴듯하게 설명했다. 나는 그 모습을 상당히 흥미롭게 지켜봤다. 기자들 외에 거짓말을 전문으로 하는 사람을 그때 처음 본 것이었기 때문이다. 밖에서 총성이 울려 퍼지는 와중에도 셔터 안쪽에서 전과 같은 고급 호텔 생활을 흉내 내려는 사람들을 보고 있자니 역겹다는 생각이 들기도 했다. 앞쪽 식당은 창문으로 날아 들어온 총알로 인해 기둥에 금이 간 이후로 사람들의 발길이 뚝 끊겼고, 다들 테이블이 한참 부족한 뒤쪽의 어두컴컴한 방에 옹기종기 모여 식사를 했다. 웨이터들의 수도 줄어들었다. 그중 몇몇은 전국노동총연맹 조합원이었기 때문에 총파업에 참여하러 떠난 상황이었다. 웨이터들은 당분간 빳빳하게 풀을 먹인 셔츠를 입지는 않았지만 식사시간에 여전히 나름의 격식을 갖추었다. 그러나 사실상 먹을 만한 것은 거의 없었다. 목요일 저녁 식사의 메인 요리로 한 사람 당 정어리 한 마리가 제공됐다. 호텔에서는 며칠째 빵 부스러기도 찾아볼 수 없었고 포도주도 심각할 정도로 부족해 점점 더 비싼 값을 주고 오래된 포도주를 마실 수밖에 없었다. 시가전이 끝난 후에도 며칠 동안 식량 부족은 계속됐다. 아내와 나는 사흘 연속으로 아침에 염소 젖 치즈를 조금씩 뜯어먹었다. 빵은 물론 마실 것 조차도 없었다. 넘쳐나는 것은 오렌지뿐이었다. 프랑스 트럭 운전사들이 오렌지를 잔뜩 가지고 왔기 때문이었다. 험상궂게 생긴 이 운전사들은 화려하게 치장한 스페인 여인들과 검은 작업복을 입은 거구의 짐꾼도 함께 데려왔다. 다른 때라면 콧대 높은 호텔 지배인이 이들을 쫓아내려고 갖은 애를 썼거나 어쩌면 출입을 아예 금했을지도 모르겠지만 지금으로서는 두 팔을 벌려 환영하지 않을 수 없었다. 우리와는 달리 그들은 예전에 따로 쟁여두었던 빵이 있었고, 모두 어떻게든 환심을 사 한 덩어리라도 얻어 내려고 했기 때문이다.

나는 지붕 위에서 마지막 밤을 보냈고, 다음날이 되자 전투의 끝이 정말 보이는 듯했다. 금요일이었던 그날에는 총격전이 크게 벌어지지 않았다. 발렌시아에서 병력이 오고 있는지 확실하게 아는 사람은 없었지만, 실제로 금요일 저녁에 군대가 도착했다. 정부 쪽에서는 사람들에게 어서 집에 돌아가라고 다독이면서도 몇 시 이후에 무기를 들고 다니다가 걸린다면 체포하겠다며 윽박질렀다. 정부의 말에 크게 신경 쓰는 사람은 없었지만 바리케이드마다 사람들이 점점 줄어들고 있었다. 식량 부족이 가장 큰 원인이었을 것이다. 어딜 가나 사람들은 같은 말을 했다. '이제 먹을 것이 다 떨어졌어요. 다시 일하러 가야죠.' 반면 도시 내에 먹을 것이 조금이라도 남아있다면 식량을 배급받을 민간경비대원들은 자리를 지킬 수 있었다. 오후가 되자, 사람들이 떠나버린 바리케이드는 그대로였지만 그 외에는 거리가 평소와 거의 다를 바 없는 모습으로 돌아와 있었다. 람블라 거리는 사람들로 넘쳐났고, 상점들은 대부분 문을 열었으며, 멈춰버린 길에 계속 덩그러니 놓여 있던 전차들이 정말 다행히도 다시 움직이기 시작했다. 민간경비대는 여전히 카페 모카를 점령한 채 바리케이드를 철거하지 않고 있었지만, 그중 몇몇은 인도로 의자를 가지고 나와 무릎에 소총을 올려놓고 앉아 있기도 했다. 내가 지나가면서 한 명에게 눈짓을 보내자 그도 싫지는 않다는 듯 씩 웃었다. 나를 알아본 게 분명했다. 전화교환국에서는 무정부주의자 깃발이 내려지고 카탈루냐 깃발만 홀로 펄럭였다. 노동자들이 패배했다는 사실이 명백히 드러나는 광경이었다. 정치적 무지로 인해 더 확실하게 깨닫지는 못했지만, 나는 정부가 좀 더 확신을 갖게 된다면 보복을 할 것이라는 생각이 들었다. 하지만 당시에는 그런 쪽으로 관심을 두지 않았다. 그저 끔찍한 총성이 사라지고, 전선으로 복귀하기 전에 조금이라도 평화로운 휴식을 취할 수 있어서 다행이라는 마음뿐이었다.

발렌시아에서 온 병력이 거리에 처음으로 모습을 드러낸 것은 늦은 저녁이었다. 그들은 돌격대로, 민간경비대나 기총병대와 대형이 유사했으며(치안 유지를 주된 목적으로 만들어진 대형) 공화국의 정예부대였다. 갑자기 땅에서 솟아난 것처럼 어딜 가나 돌격대원들이 열 명씩 무리지어 순찰을 다니는 모습을 볼 수 있었다. 모두 키가 훤칠하고 회색이나 푸른색의 군복을 입었으며, 어깨에는 장총을 메고 다녔고 무리마다 기관단총을 하나씩 갖고 있었다. 한편 까다로운 일 하나가 기다리고 있었다. 관측탑을 지키고 있을 때 사용했던 총 여섯 자루를 그대로 두고 왔고, 무슨 수를 써서라도 그 총들을 다시 통일노동자당 건물로 가져와야만 했다. 소총을 들고 거리를 건너오는 것이 문제였다. 건물의 무기고에 원래부터 있던 것이긴 했지만, 거리로 들고 나오게 되면 정부의 명령을 어기는 일이었다. 총을 든 채로 발각된다면 즉시 체포되고 심지어 무기까지 압수당할 가능성도 있었다. 수중에 소총이 단 스물한 자루밖에 없는 상황에서 여섯 자루를 놓칠 수는 없었다. 최선의 방법을 찾기 위해 한참을 논의한 끝에 붉은 머리의 스페인 소년과 내가 총을 몰래 빼오기 시작했다. 돌격대의 순찰을 피하는 것은 쉬웠지만, 카페 모카에 있는 민간경비대가 문제였다. 그들은 관측소에 소총이 있다는 사실을 알고 있었고, 우리가 총을 가져가는 모습을 본다면 우리의 계획을 누설할 수도 있었다. 반쯤 탈의한 우리는 총을 왼쪽 어깨에 한 자루씩 맸다. 개머리판은 겨드랑이에 끼고 총신은 바지 속에 넣었다. 불행히도 관측소에 있던 총들은 길이가 긴 모제르 소총이었다. 나처럼 키가 큰 사람도 바지 한 쪽에 모제르 총을 넣는 것은 불편했다. 총 때문에 왼쪽 다리가 뻣뻣한 상태에서 나선형 계단을 내려오기란 너무나도 힘든 일이었다. 거리로 나온 뒤에 우리는 무릎을 구부릴 필요가 없을 정도로 느리게 움직여야만 앞으로 겨우 나아갈 수 있다는 것을 깨달았다. 영화관 밖에 서 있던 사람들이 거북이와 비슷한 속도로 걸어가고 있는 나를 신기한 눈으로 쳐다봤다. 이후에도 그들이 나를 보며 무슨 생각을 했을지 종종 궁금했다. 전쟁에서 부상을 당했으리라고 생각했을지도 모른다. 어쨌든 소총은 모두 무사히 빼내올 수 있었다.

다음날이 되자 어디를 가도 정복자처럼 거리를 오가는 돌격대원들을 볼 수 있었다. 시민들이 저항하지 않으리라는 사실을 잘 알면서도 위압감을 주기 위해 정부가 힘을 과시하고 있는 것이 분명했다. 사건이 계속 터질까봐 두려워했다면 돌격대가 지금 처럼 병영에 머무르지 않고 몇 명씩 무리를 지어 곳곳에 흩어져 있지는 않았을 것이다. 돌격대는 내가 스페인에서 본 부대 가운데 최고라고 할 정도로 뛰어난 부대였고, 어떤 의미에서 '적'이긴 했지만 그들의 모습에 일종의 호감을 느끼지 않을 수 없었다. 거리를 오고가는 특공대원들을 보면서 감탄했다. 누더기 옷을 입고 형편없이 무장한 아라곤 전선의 의용군에게 익숙해져 있던 나는 공화국에 이런 부대가 있다는 사실을 알지 못했다. 체격만 우수한 것이 아니라 갖추고 있는 무기도 놀라울 정도였다. 그들은 '러시아산 소총'(소련이 스페인에 보낸 소총이지만 미국에서 제조된 것으로 생각된다)이라고 알려진 신형 소총으로 무장하고 있었다. 소총 한 자루를 살펴보았다. 완벽하다고 말하기는 힘들었지만 전선에 있던 끔찍한 구식 총에 비하면 매우 훌륭했다. 돌격대원 열 명당 기관단총이 하나씩 주어졌으며 자동권총은 모두 한 자루씩 갖고 있었다. 전선에서는 기관단총이 쉰 명당 하나씩 주어졌고 권총은 불법적으로 구할 수밖에 없었다. 그때까지 모르고 있었지만 사실 상황은 어디서나 비슷했다. 애초에 전선에 갈 일이 없는 민간경비대와 기총병대가 우리보다 더 좋은 무기를 들고, 더 나은 옷을 두르고 있었다. 후방에 있는 번드르르한 경찰들과 전방에 있는 꾀죄죄한 병사들의 대비는 어느 전쟁에서나 마찬가지일 것이다. 돌격대는 하루 이틀이 지나자 시민들과 제법 잘 지냈다. 첫날에는 아마도 지시를 받았을 돌격대원 몇 명이 도발적인 행동을 하기 시작하면서 마찰이 생기기도 했다. 무리를 지어 전차에 탑승해 승객들의 몸을 수색하고, 주머니에서 전국노동총연맹 조합원증을 발견하면 바로 찢어 발로 밟는 행동도 서슴지 않았다. 이로 인해 무장한 무정부주의자들과 실랑이가 벌어졌고, 한두 명이 사망하는 일도 발생했다. 하지만 이내 돌격대가 거만한 태도를 버리게 되면서 관계는 점차 호전됐다. 하루 이틀이 지나자 대부분 여자를 한 명씩 끼고 다니기 시작했다는 점이 인상적이었다.

바르셀로나 시가전은 발렌시아 정부가 오랫동안 기다려왔던, 카탈루냐에 대한 통제를 강화할 수 있는 구실이나 다름없었다. 노동자 의용군을 해산시킨 후 인민군에 재배치할 예정이었다. 스페인 공화국 국기가 바르셀로나 전역에서 펄럭였다. 그전까지는 파시스트 참호에서만 봤던 광경이었다. 노동자들이 살고 있는 동네에서는 바리케이드가 허술하게 철거됐다. 쌓아올리는 것보다 치우는 것이 훨씬 더 힘들었기 때문이다. 통합사회당 건물 밖에 있는 바리케이드는 철거하지 않아도 괜찮다고 했고, 실제로 6월까지 그대로 남아있는 바리케이드도 많았다. 민간경비대는 여전히 전략적 요충지를 점거하고 있었다. 전국노동총연맹의 본거지에서 무기를 엄청나게 압수했지만 남아있는 것 또한 상당수였으리라고 생각한다. 〈라바타야〉지도 계속 배포되고 있었지만 1면이 거의 백지가 될 정도로 검열을 받았다. 검열 대상이 아니었던 통합사회당 신문들은 통일노동자당을 불법화하라고 요구하는 선동적인 내용의 기사를 내보냈다. 통일노동자당이 파시스트 위장 조직이라고 주장했으며, 통일사회당 요원들은 통일노동자당을 망치와 낫이 찍힌 가면을 벗자 스와스티카 문양이 그려진 흉측하고 광기서린 얼굴이 드러나는 사람으로 묘사한 만화를 여기저기 뿌리고 다녔다. 바르셀로나 시가전에 대한 공식적인 견해는 이미 명백히 정해져 있었다. 통일노동자당이 주도한 파시스트 '제5열'의 봉기라고 말할 것이 분명했다.

호텔 안에서는 전투가 끝난 이후로 서로를 의심하고 적대시하는 분위기가 더 심해졌다. 온갖 비난이 쏟아지는 상황에서 감정을 자제하기란 힘들었다. 우체국의 운영이 재개됐고, 해외 공산주의 계열 신문들도 속속 들어오기 시작했다. 그 신문들은 시가전을 매우 편파적으로 다루었고 사실이 아닌 내용도 많았다. 실제 현장에서 사건을 지켜본 공산주의자 중 일부는 그런 기사들에 실망한 눈치였지만 결국 같은 편이므로 지지해야만 했다. 공산주의자 친구가 나를 다시 찾아와 국제군에 합류하지 않겠냐고 물었다.

예상치 못한 일이었다. 나는 이렇게 말했다. "그쪽 신문에서는 나를 파시스트라고 부르던데. 통일노동자당 출신이니 정치적으로 의심받을 게 분명해."

"그건 상관없네. 자네는 명령에 따라 행동한 것뿐이니까."

나는 이번 사태를 겪고 나니 이제 공산주의 통제하에 있는 단체에 들어갈 수 없을 것 같다고 말해야만 했다. 스페인 노동자 계급에 맞서게 될지도 모르는 일이었다. 언제 비슷한 사건이 또 발생할지 모르고, 만약 그런 상황에서 총을 들게 된다면 노동자들과 함께하고 싶었다. 그는 내 말에도 불쾌하다는 반응을 보이지 않았다. 하지만 그때부터 분위기가 달라질 수밖에 없었다. '서로의 차이를 인정'하고 정적(政敵)이 된 사람과 예전처럼 같이 술을 마시기는 힘들었다. 호텔 라운지에서는 심각한 언쟁이 벌어지곤 했다. 한편 이미 감옥마다 사람이 넘쳐났다. 전투가 끝난 후 무정부주의자들은 당연히 포로를 석방했지만 민간경비대는 그러지 않았고, 대부분의 포로들은 재판도 없이 몇 달이 지나도록 감옥에 갇혀 있는 경우가 많았다. 언제나 그렇듯 무고한 사람들이 경찰의 실수로 체포됐다. 앞서 더글라스 톰슨이 4월 초에 부상을 입었다고 언급한 적이 있다. 부상을 입으면 여러 병원으로 옮겨 다니는 경우가 잦았기 때문에 소식을 접하기 힘들었고, 역시 그때 이후로 한동안 그와 연락이 닿지 않았다. 사실 그는 타라고나 호텔에 있다가 시가전이 시작할 무렵 바르셀로나로 다시 옮겨왔다고 했다. 화요일 아침에 거리에서 마주친 그는 사방에서 벌어지는 총격전에 상당히 당혹스러워하는 모습이었다. 그도 다른 사람들과 똑같은 질문을 했다.

"도대체 무슨 일이야?"

최대한 자세히 설명했다. 톰슨은 내 말을 듣더니 바로 대답했다.

"나는 휘말리지 않을 거야. 팔이 아직도 아프거든. 호텔에 돌아가서 꼼짝 않고 있어야겠어."

그는 묵고 있던 호텔로 다시 돌아갔지만, 불행히도(시가전에서는 근방 지리를 잘 알고 있는 것이 얼마나 중요한지!) 그 호텔은 민간경비대의 통제하에 있던 동네에 자리하고 있었다. 호텔은 습격을 받았고, 체포된 톰슨은 사람이 너무 많아 몸을 뉘일 공간조차 없는 감방에서 여드레 동안 갇혀 있어야 했다. 비슷한 일을 겪은 사람이 많았다. 정치적으로 의심할만한 전력이 있는 외국인 다수가 경찰을 피해 도망 다니는 중이었고 언제 고발당할지 몰라 두려움에 떨고 있었다. 여권이 없고, 자국 비밀경찰의 수배를 받고 있던 이탈리아인과 독일인들이 가장 심각한 상황에 처해있었다. 체포된다면 프랑스로 추방돼 이탈리아나 독일로 다시 보내질 가능성이 컸다. 그곳에서 어떤 끔찍한 일들이 기다리고 있을지는 아무도 몰랐다. 외국 여성 한두 명은 스페인 남자와 황급히 '결혼'해 합법적으로 머무를 수 있는 방안을 찾았다. 아무런 신분증이 없던 한 독일 소녀는 며칠 동안 한 남자의 정부 행세를 하며 경찰을 따돌릴 수 있었다. 그 남자의 침실에서 나오던 소녀와 우연히 마주쳤을 때 수치스럽고 괴로워하던 그녀의 얼굴이 떠오른다. 물론 소녀는 그의 정부가 아니었지만, 그녀는 내가 그런 생각을 한다고 믿었던 것이 틀림없다. 그 기간 내내 사람들은 그때까지 친구로 여겼던 다른 이가 자신을 비밀경찰에 고발할까봐 불안에 떨어야 했다. 전투, 소음, 식량과 수면부족, 그리고 지붕 위에 앉아 부담감과 지루함을 느끼며 곧 내가 총알을 맞게 될지 아니면 다른 사람을 쏘게 될지 궁금해 하던 때의 악몽이 내 신경을 곤두서게 했다. 문소리가 쾅하고 울릴 때마다 권총을 찾게 될 정도였다. 토요일 아침에 밖에서 큰 총성이 들려오자 모두가 소리쳤다. '다시 시작됐다!' 거리로 달려가 보니 돌격대원 몇 명이 미친개를 쏜 것일 뿐이었다. 당시에, 혹은 그 이후의 몇 달 동안 바르셀로나에 있었던 사람이라면 공포, 의심, 증오, 검열 받은 신문, 꽉 찬 감옥, 먹을 것을 사기 위해서 끝도 없이 늘어선 줄, 그리고 어슬렁어슬렁 돌아다니던 무장 병사들을 잊을 수 없을 것이다.

바르셀로나 시가전의 한가운데 놓인 기분이 어땠는지 조금이나마 설명해보려고 노력했다. 하지만 당시의 이상하고 낯선 느낌이 제대로 전달됐으리라고 생각하지는 않는다. 그 시절을 돌이켜볼 때 선명하게 떠오르는 것 중 하나는 우연히 마주쳤던 사람들의 모습, 모든 일을 그저 의미 없는 소동이라고 여겼던 스쳐 지나가는 민간인들의 모습이다. 당시 유행하던 옷을 입고 람블라 거리를 걸어 내려가던 한 여인이 생각난다. 멀리 떨어지지 않은 곳에서 요란한 총성이 울리고 있는데도 장바구니를 든 채 하얀 푸들을 데리고 가는 중이었다. 귀가 먼 사람이었을지도 모르겠다. 양손에 흰색 손수건을 하나씩 들고 흔들며 텅 빈 카탈루냐 광장을 가로질러 달려가던 남자도 떠오른다. 거의 한 시간 동안 카탈루냐 광장을 건너가려고 했지만 번번이 실패했던 검은 옷을 입은 사람들도 기억난다. 그들이 모퉁이의 골목길에서 나올 때마다 콜론 호텔 안에 있던 통합사회당 기관총 사수들이 총을 쏴 다시 뒤로 물러나게 만들었다. 전혀 무장을 하지 않은 사람들이었기 때문에 왜 공격을 당하는지 알 수 없었다. 장례식에 가던 길이었을지도 모르겠다는 생각을 했다. 폴리오라마 위에 있던 박물관에서 관리인으로 일하던 작은 남자도 생각난다. 그는 사건 전체를 일종의 사교적인 행사로 여기는 듯했다. 영국인이 자신을 찾아온 것에 매우 기뻐하는 눈치였다. 그는 영국인들이 매우 친절하다고 말하곤 했다. 사태가 마무리 되면 우리 모두가 다시 찾아와주길 바랐다. 출입문 뒤에 숨어서 지옥 같은 총격전이 벌어지는 카탈루냐 광장 쪽으로 즐겁다는 듯이 고개를 불쑥 내밀고 (좋은 아침이라고 하는 것처럼) "7월 19일이 다시 돌아왔네요!"라고 말하던 또 다른 작은 남자도 떠오른다. 내 군화를 만들던 사람들도 기억난다. 전투가 발발하기 전, 끝난 후, 그리고 5월 5일에 잠시 휴전을 했을 때도 몇 분 동안 그 가게에 들렀다. 고급스러운 가게였고, 가게 직원들은 노동자총연합 소속이었으며 어쩌면 통합사회당 당원이었을지도 모른다. 어쨌든 정치적 성향이 나와 정반대였고 내가 통일노동자당을 위해 일하고 있다는 사실도 알고 있었다. 하지만 그들은 무관심한 태도를 보였다. '정말 안타까운 일 아닌가요? 장사하는 사람들한테 타격도 크고요. 끝이 보이지 않아 안타깝네요. 전선에서 벌어지는 일로는 충분하지 않은 걸까요.' 사태 전반에 대해 전혀 관심을 갖지 않거나, 공습 때와 비슷한 정도의 관심만 가진 사람들이 많아 보였다. 바르셀로나 시민의 대다수가 그랬을지도 모른다.

이 장에서는 내 개인적인 경험만을 다루었다. 다음 장에서는 더 큰 문제들, 즉 실제로 무슨 일이 있었고 결과가 어땠는지, 사건의 옳고 그름이 무엇이었는지, 그리고 책임져야 할 사람이 있다면 그게 누구인지에 대해 최선을 다해 논의해 볼 생각이다. 바르셀로나 시가전을 통해 정치적으로 크게 이익을 본 집단들이 있기 때문에 균형적인 시각을 가져야 할 필요가 있다. 이 문제는 이미 책 수십 권을 채울 정도로 여러 번 다뤄졌지만 그중에 90%는 거짓이라고 해도 과언이 아닐 것이다. 당시 신문 기사들은 거의 다 현장에 없던 기자들이 쓴 것이었고, 부정확했을 뿐만 아니라 의

도적으로 사람들을 호도하기까지 했다. 늘 그렇듯이 한쪽의 의견만이 대중들에게 전달됐다. 당시 바르셀로나에 있던 모든 사람들과 마찬가지로 나 역시 내 주변에서 벌어지던 일밖에 보지 못했지만, 내가 보고 들은 것만으로도 지금껏 퍼졌던 거짓말 중 많은 부분에 대해 충분히 반박할 수 있다. 전과 마찬가지로 정치적 논쟁, 그리고 헷갈리는 이름(중국 전쟁에 나오는 장군들의 이름을 보는 것 같다)을 가진 여러 정당과 소속 단체들에 관심이 없다면 읽지 않고 넘어가기를 권한다. 정당 내의 논쟁을 자세하게 살펴본다는 것은 너무나도 괴로운 일이다. 오물통에 뛰어드는 것과도 같다. 하지만 최대한 진실을 확립하도록 노력할 필요가 있다. 멀리 떨어진 도시에서 발생한 이 추잡한 소동은 사실 보기보다 훨씬 중요한 일이기 때문이다.

11장

바르셀로나 시가전에 대한 정확하고 편향되지 않은 설명을 접하기는 앞으로도 어려울 것이다. 그럴만한 자료가 존재하지 않기 때문이다. 미래의 역사가들이 보게 될 자료는 각종 혐의가 제시된 문건과 정당 선전물뿐이다. 나 역시도 내가 직접 목격했거나 믿을 만한 사람들에게서 전해들은 이야기 외에는 자료가 거의 없다. 하지만 나는 너무나도 명백한 거짓말 몇 가지에 대해서는 반박을 제기하고 더 올바른 관점에서 이 사건을 살펴보는 데 도움을 줄 수 있다.

우선, 실제로 무슨 일이 일어난 걸까?

사건이 발생하기 얼마 전부터 카탈루냐 전역에는 긴장이 감돌고 있었다. 이 책의 앞부분에도 공산주의자들과 무정부주의자들 간의 반목에 대해 언급한 바 있다. 1937년 5월이 되자 폭력 사태의 발생은 불가피한 것처럼 보였다. 노동조합원들을 배제시킨 채 중무장한 '비정치적'인 경찰대를 만들겠다는 결정과 함께 개인이 소장하고 있는 무기를 전부 넘기라는 정부의 명령이 내려진 것이 마찰의 직접적인 원인이었다. 이게 어떤 의미인지는 모두에게 명백했다. 다음으로는 전국노동총연맹의 통제하에 있는 주요 산업 중 일부를 노릴 것이 뻔했다. 게다가 점차 두드러지게 나타나는 빈부격차와 혁명이 방해받고 있다는 막연한 느낌이 퍼지면서 노동자들도 어느 정도 분개하고 있었다. 5월 1일에 폭동이 발생하지 않은 것에 많은 사람들이 다행이라고 생각하면서도 놀라워했다. 정부는 5월 3일에 전쟁이 시작될 무렵부터 전국노동총연맹 소속 노동자들이 관리하던 전화교환국을 수중에 넣기로 결정했다. 전화교환국이 형편없이 운영되고 있으며 공무상 전화를 도청하고 있다는 주장을 내세웠다. 살라스 경찰청장(그는 명령받은 것보다 더 많은 일을 했을 수도 있고 하지 않았을 수도 있다)은 민간인 복장을 한 무장경찰이 거리에서 사람들을 몰아내는 동안 전화교환국 건물을 점거하기 위해 무장한 민간경비대를 트럭 세 대에 가득 태워 보냈다. 동시에 다른 민간경비대원들도 무리지어 전략적 요충지에 있는 다른 건물들을 차지했다. 실제 의도가 어쨌든 간에 사람들은 이를 전국노동총연맹에 대한 민간경비대와 통합사회당(공산주의자들과 사회주의자들)의 총공격 개시 신호라고 생각했다. 노동자들의 건물이 공격을 당하고 있다는 말이 도시 전역에 퍼졌고, 무장한 무정부주의자들이 거리에 등장했고, 모든 일이 중단됐으며 시가전이 즉시 벌어졌다. 그날 밤과 다음날 아침에 바리케이드가 도시 곳곳에 세워졌고, 5월 6일 아침까지 전투는 멈추지 않았다. 하지만 전투 자체는 양쪽 모두 주로 방어적이었다. 건물들을 포위하기는 했지만 내가 아는 한 급습은 한 번도 없었으며 대포를 사용하지도 않았다. 대략 말하자면 전국노동총연맹, 무정부주의자연합, 통일노동자당 세력은 노동자 계급이 거주하는 교외지역을 차지했으며, 무장 경찰과 통합사회당은 도시의 중심부와 공공건물들을 차지했다. 5월 6일에는 잠시 휴전을 하기도 했지만 금세 다시 전투가 시작됐다. 아마도 무장경비대가 전국노동총연맹 조합원들을 너무 성급히 무장해제 시키려고 했기 때문일 것이다. 하지만 다음날 아침이 되자 사람들은 자발적으로 바리케이드를 떠나기 시작했다. 5월 5일 밤까지만 해도 전국노동총연맹이 승기를 잡고 있었고 많은 민간경비대원들이 투항했다. 하지만 누구나 인정하는 지도부가 없었으며 확실한 계획도 보이지 않았다. 실제로 민간경비대에 저항한다는 막연한 결의 외에는 다른 계획이 전혀 존재하지 않는 듯했다. 전국노동총연맹 지도부는 노동자총연합 지도부와 손을 잡고 사람들을 생업에 복귀하도록 설득하는 데 힘썼다. 무엇보다도 식량 부족 문제가 대두되고 있었다. 그런 상황에서 누구도 전투를 지속하는 일에 대한 확신을 갖지 못했다. 5월 7일 오후가 되자 상황은 거의 정상적으로 돌아왔다. 그날 저녁 발렌시아에서 온 육천 명 규모의 돌격대가 도시를 장악했다. 정부는 정규군이 소지한 것 외의 모든 무기들을 반납하라는 명령을 내렸고, 이후 며칠간 엄청나게 많은 무기들이 정부의 수중으로 들어왔다. 시가전 기간 동안 공식적인 사상자 수는 사망자 사백 명, 부상자 천 명으로 발표됐다. 사백 명이라는 사망자 수는 과장된 것일 수도 있지만 확인할 방법이 없기 때문에 정확한 수치로 받아들여야 한다.

두 번째로 시가전의 여파에 관해 살펴보자. 그 여파가 확실히 무엇이었는지 알아보기는 사실상 불가능하다. 시가전이 전쟁의 흐름에 직접적인 영향을 미쳤다는 증거는 없다. 물론 며칠만 더 지속됐다면 분명히 어떤 영향이 없지는 않았을 것이다. 그 전투는 발렌시아가 카탈루냐에 직접적인 통제권을 행사하는 데 구실로 사용됐으며, 의용군의 해체를 촉진하고 통일노동자당을 불법화할 핑계거리로도 사용됐다. 카바예로 정부를 무너뜨리는 데도 큰 역할을 했으리라고 본다. 하지만 이런 일들은 어떤 상황에서라도 결국 발생했을 것이다. 중요한 점은 과연 거리로 나와 저항한 전국노동총연맹 조합원들이 이 사태로 이득이나 손해를 봤는지의 여부다. 짐작할 수밖에 없지만, 나는 그들이 잃은 것보다 얻은 것이 더 많다고 생각한다. 바르셀로나 전화교환국 점거는 긴 과정 중에 나타나는 하나의 사건일 뿐이었다. 전년부터 직접적인 권력은 노동자들의 수중에서 조금씩 빠져나가기 시작했고, 전반적인 운동이 노동자 계급의 통제에서 벗어나 중앙집권적인 통제하에 놓이게 됐는데 이는 국가 자본주의로 이어지거나 사적 자본주의의 재등장을 야기할 수도 있었다. 이 시점에서 저항이 있었기 때문에 진행과정이 늦춰졌을 것이다. 전쟁이 발발한 지 1년이 지난 후 카탈루냐의 노동자들은 힘을 거의 다 잃었지만 여전히 비교적 유리한 위치에 있었다. 어떤 도발에도 숙이고 들어가겠다는 모습을 보였다면 상황이 달랐을지도 모른다. 싸우고 패배하는 것이 아예 싸우지 않는 것보다 나을 때도 있다.

세 번째로, 시가전 뒤에 숨겨진 목적이 있다면 과연 무엇이었을까? 일종의 쿠데타나 혁명적인 시도였을까? 정부를 정복하고자 한 것이었을까? 조금이나마 미리 정해진 일이었을까?

개인적으로는 누구나 예상한 전투였다는 부분에서만 미리 정해진 것이었다고 생각한다. 어느 쪽에서도 확실한 계획을 갖고 있었다는 증거는 보이지 않는다. 일반인들이 주도한 사건이라는 점에서 무정부주의자들의 행동은 분명히 즉흥적이었다. 평범한 사람들이 먼저 거리로 나섰고 정치 지도자들은 마지못해 뒤를 따르거나 아예 나타나지 않았다. 혁명에 대해 언급이라도 한 무리는 무정부주의자연합 내의 소규모 과격파 단체인 '두루티의 친구들'과 통일노동자당밖에 없었다. 하지만 그들도 역시나 뒤를 따를 뿐이었다. 두루티의 친구들은 혁명 관련 전단을 배포했지만 5월 5일에나 처음 등장했고 시가전의 발단이 됐다고 보기는 힘들다. 전투는 이틀 전에 자연히 발발했다. 전국노동총연맹의 공식 지도부는 처음부터 이 사건과 거리를 두었다. 여기에는 몇 가지 이유가 있었다. 우선 전국노동총연맹의 지도자들이 여전히 정부와 헤네랄리테에서 자리를 차지하고 있었다는 사실을 봤을 때, 지도부가 조합원들에 비해 더 보수적이었다는 점을 알 수 있다. 두 번째로, 전국노동총연맹 지도부의 주된 목표는 노동자총연합과 동맹을 결성하는 것이었는데, 시가전은 당분간이라도 전국노동총연맹과 노동자총연합 사이의 골을 더 깊게 만들 일이었기 때문이다. 세 번째로, 비록 당시에는 잘 알려지지 않았지만, 무정부주의 진영의 지도자들은 실제로 5월 5일에 가능성이 보였던 것처럼 이 사태가 일정 수준을 벗어나 노동자들이 도시를 장악하게 될 정도로 커진다면 타국의 간섭이 있을지도 모른다고 우려했다. 영국의 순양함 한 척과 구축함 두 척이 항구 근처까지 왔고, 멀지 않은 곳에 다른 전함들도 대기하고 있을 것이 분명했다. 영국 신문들은 이 전함들이 '영국의 이익을 보호하기 위해' 바르셀로나로 향하고 있다고 보도했지만, 실제로는 그런 모습을 전혀 보이지 않았다. 전함에서 내려 바르셀로나 땅을 밟은 사람도 없었고 난민을 데려가지도 않았다. 확실하지는 않지만, 최소한 프랑코와의 싸움에서 스페인 정부를 전혀 지원할 생각이 없었던 영국 정부가 노동자 계급의 장악을 막기 위해서라면 재빠르게 개입할 가능성이 컸다.

통일노동자당 지도자들은 사태와 거리를 두지 않았고, 오히려 조합원들을 바리케이드에 머물러 있도록 독려했으며 두루티의 친구들이 배포하는 과격한 혁명 전단을 승인(5월 6일자 〈라바타야〉지에서)하기까지 했다. 사실 전단이 남아있지 않기 때문에 불확실한 점이 너무나 많다. 몇몇 외국 신문에서는 이 전단을 '선동적인 포스터'라고 묘사하면서 도시 전역에 '도배'돼 있었다고 보도했다. 그런 포스터가 없었다는 점은 확실하다. 다양한 자료를 살펴봤을 때 전단지에 담겨있던 내용은 다음과 같았을 것으로 예상된다. (1)혁명 위원회(훈타)의 구성, (2)전화교환국 습격에 책임이 있는 사람들의 총살, (3)민간경비대의 무장해제. 〈라바타야〉가 전단에 담긴 내용을 어느 선까지 용인했는지도 확실하지 않다. 나 역시도 실제 전단이나 5월 6일자 〈라바타야〉지를 보지 못했다. 내가 시가전 내내 봤던 전단은 소규모의 트로츠키주의자 무리('볼셰비키-레닌주의자들')가 5월 4일에 발행했던 것이 유일했다. 그 전단에는 '모두 바리케이드로—군수산업을 제외한 전 산업은 총파업에 동참하자'라고만 적혀있었다. (즉, 이미 벌어지고 있는 일을 요구한 것이나 다름없었다.) 하지만 실제로 통일노동자당 지도부는 망설이는 모습을 보였다. 그들은 프랑코와의 전쟁에서 승리하기 전까지는 폭동이 일어나지 말아야 한다는 생각을 갖고 있었다. 하지만 노동자들이 이미 거리로 나섰기 때문에, 통일노동자당의 지도자들은 노동자들이 거리로 나왔다면 함께 하는 것이 혁명 정당의 의무라는 현학적인 마르크스주의 노선을 취했다. 따라서 '7월 19일의 정신을 되살리자'는 내용의 혁명적 구호에도 불구하고, 그들은 노동자들의 행동을 방어적인 것으로 제한하기 위해 최선을 다했다. 예를 들어, 통일노동자당 지도부는 단 한 번도 어떤 건물을 공격하라는 명령을 내리지 않았다. 그저 당원들에게 경계심을 늦추지 말라고 했으며 앞장에서 언급했듯이 가능한 한 사격을 하지 말라고 지시했을 뿐이었다. 〈라바타야〉지 역시 어떤 부대도 전선을 벗어나지 말라는 지침을 내렸다.[52] 미루어 짐작해 보건대 통일노동자당의 책임은 사람들을 바리케이드에 머물러 있도록 독려하고, 그중 일부를 애초에 계획했던 것보다 더 오랜 기간 남아있게 한 것까지라고 생각한다. 당시에 통일노동자당 지도자들과 개인적으로 접촉했던 사

52) 〈인프레코르〉지의 최신호에서는 정반대의 이야기를 하고 있다. 〈라바타야〉지가 통일노동자당 병력에게 전선을 떠나도록 명령했다는 것이다! 해당 일자의 〈라바타야〉지를 찾아보면 무엇이 사실인지 확인할 수 있다.-저자주

람들(나는 아니었다)의 말에 따르면, 지도부가 전반적인 사태에 대해 매우 당황한 눈치였지만 어떻게든 동참해야 한다는 생각을 갖고 있었다고 한다. 물론 사건이 마무리된 후 언제나와 마찬가지로 여기서 정치적 이익을 만들어냈다. 통일노동자당의 지도자 중 한 명이었던 고르킨은 훗날 이때를 '5월의 영광스러운 날들'이라고 부르기까지 했다. 선전이라는 측면에서 본다면 이것이 옳은 노선이었을지도 모른다. 실제로 불법화되기 전 잠시 동안 통일노동자당의 당원 수는 어느 정도 증가하는 모습을 보였다. 규모가 매우 작은 단체이자 평소 통일노동자당에 적대적이었던 두루티의 친구들이 배포한 전단을 지지한 것은 전술적인 측면에서 실수였을지도 모른다. 전반적인 흥분 상태와 당시 양측에서 나오던 말들을 고려해보면 전단은 사실상 '바리케이드에 그대로 머무르라'는 뜻 그 이상도 이하도 아니었다. 하지만 무정부주의 계열 신문인 〈솔리다리다드오브레라〉지가 동조하지 않은 그 전단을 통일노동자당 지도자들이 승인하는 것 같은 모습을 보이면서, 후에 공산주의 언론에서 시가전이 통일노동자당의 주도하에 발생한 반란 사태라는 주장을 하기 쉽게 만들었다. 하지만 공산주의 언론이라면 어떤 경우에라도 그렇게 말을 했으리라는 것은 분명하다. 전투 전이나 후에 더 빈약한 증거를 가지고 쏟아졌던 비난들에 비하면 이는 아무것도 아니다. 전국노동총연맹 지도자들은 조심스러운 태도를 취해 딱히 얻은 것은 없었다. 충성심을 보인 것에 대해 칭찬을 받기는 했지만 기회가 생기자마자 정부와 헤네랄리테에게 버림받았다.

당시에 사람들이 하던 말을 종합해보자면 사실 혁명적인 의도는 찾아볼 수 없었다. 바리케이드 뒤에는 전국노동총연맹 소속의 평범한 노동자들이 대부분이었고 노동자총연합 조합원들도 몇 명 섞여있었을 것이다. 그들은 정부를 전복하려고 했던 것이 아니라, 생각의 옳고 그름을 떠나 경찰의 공격이라고 여긴 행동에 저항하고자 했다. 노동자들은 기본적으로 방어적인 태도를 취했고, 대부분의 외국 신문에서 그랬듯 그들의 행동을 '봉기'라고 설명할 수 있는지 의문이 든다. 봉기에는 공격적인 행동과 철저한 계획이 필요하다. 더 정확히 말하자면 노동자들이 일으킨 것은 폭동이었다. 양쪽 모두 총을 갖고 있었고, 언제든지 사용할 용의가 있었기 때문에 유혈 폭동이라고도 할 수 있겠다.

그렇다면 상대편은 어떤 의도를 갖고 있었을까? 무정부주의자의 쿠데타가 아니었다면, 공산주의자의 쿠데타였을까? 전국노동총연맹의 권력을 한 번에 분쇄하려는 계획적인 시도였을까?

그런 의도가 있었다고 생각하지는 않지만 그렇게 의심할만한 부분들이 존재하기는 한다. 이틀 후 타라고나에서 비슷한 일(바르셀로나의 명령에 따라 무장 경찰이 전화교환국을 점령한 것)이 발생했다는 사실은 눈여겨볼 만하다. 그리고 바르셀로나에서 일어난 전화교환국 급습은 단독 행동이 아니었다. 도시 곳곳에서 민간경비대와 통합사회당 무리들이 전투가 시작되기 전은 아닐지라도 어찌됐든 놀라울 정도로 신속하게 전략적 요충지에 있는 건물들을 점거했다. 하지만 이런 일이 영국이 아닌 스페인에서 벌어지고 있었다는 점을 잊지 말아야 한다. 바르셀로나에서 시가전은 오랜 역사를 갖고 있다. 그런 곳에서는 일이 금세 발생하고, 파벌도 이미 나누어져 있고, 누구나 근방 지리를 잘 파악하고 있으며 총격전이 시작하면 마치 대피 훈련을 하는 것처럼 다들 자리를 찾아간다. 아마 전화교환국 습격의 책임자들은 일이 그렇게까지 커질 줄은 몰랐겠지만 사태 발생을 어느 정도 예측하고 대비를 했을 것이다. 하지만 그렇다고 해서 그들이 전국노동총연맹에 대한 총공격을 계획하고 있었다고 볼 수는 없다. 어느 쪽도 대규모 전투를 준비한 것은 아니라고 믿는 데는 두 가지 이유가 있다.

(1) 어느 쪽도 시가전이 벌어지기 전에 바르셀로나로 병력을 들여오지 않았다. 전투는 바르셀로나에 있던 사람들, 주로 민간인과 경찰들 사이에서만 벌어졌다.

(2) 식량은 전투가 시작한 직후에 동이 났다. 스페인에서 군생활을 해본 사람이라면 스페인 사람들이 유일하게 제대로 수행하는 군사 작전이 식량 배급이라는 사실을 모를 리가 없다. 어느 쪽이든 일주일에서 이주일 정도의 시가전과 총파업을 생각하고 있었다면 사전에 식량을 틀림없이 준비해 두었을 것이다.

마지막으로 사건의 옳고 그름을 판단해보자.

해외 반(反)파시스트 언론에서 이 사건을 엄청나게 많이 다뤘지만 언제나 그렇듯 접할 수 있는 것은 한쪽의 이야기뿐이었다. 결과적으로 바르셀로나 시가전은 '스페인 정부의 뒤통수를 친' 불충한 무정부주의자와 트로츠키주의자들이 주도한 반란으로 묘사됐다. 사실 그렇게 간단한 문제는 아니었다. 물론 불구대천의 적과 전쟁 중일 때는 아군끼리 되도록 싸우지 않는 것이 바람직하다. 하지만 손바닥도 마주쳐야 소리가 나는 법이고, 상대편이 도발했다고 느끼지 않으면 바리케이드를 쌓을 일도 없을 것이다.

정부가 무정부주의자들에게 무기를 반납하라고 명령하면서 문제가 자연스럽게 발생했다. 영국 언론에서는 이를 영국식으로 해석해 다음과 같은 내용의 기사가 등장했다. 아라곤 전선에서 그 무기를 간절하게 필요로 했지만, 비애국적인 무정부주의자들이 내놓지 않아 보낼 수 없었다는 것이다. 이런 식의 설명은 스페인의 실제 상황을 무시하는 것과 다름없다. 무정부주의자들과 통합사회당이 모두 무기를 비축해두고 있다는 사실은 누구나 알고 있었고, 바르셀로나 시가전이 벌어지자 이는 더 명확해졌다. 양쪽 다 무기가 끊임없이 나왔다. 무정부주의자들은 그들이 무기를 반납하더라도 카탈루냐에서 정치적으로 중심 세력을 형성하고 있는 통합사회당은 여전히 무기를 소유하고 있을 것이라는 점을 알았다. 시가전이 끝난 후 실제로 이런 일이 발생했다. 한편 전선에서는 매우 유용하게 쓰였을 많은 무기들이 후방에 있는 '비정치적인' 경찰 병력을 위해 남겨져 있는 것을 거리에서 확인할 수 있었다. 무엇보다도 공산주의자와 무정부주의자들 사이에는 타협할 수 없는 차이가 존재하고 있었기 때문에 조만간 분쟁으로 이어질 수밖에 없었다. 전쟁 발발 이후로 스페인 공산당원 수가 엄청나게 증가하며 정권을 대부분 장악했다. 또한 스페인으로 몰려온 수천 명의 외국 공산주의자들 중 다수가 프랑코와의 전쟁에서 승리한 직후 무정부주의를 '말살'하겠다는 의도를 숨기지 않았다. 그런 상황에서 무정부주의자들이 1936년 여름에 구한 무기들을 순순히 내놓을 것이라고 예상하기는 힘들었다.

전화교환국의 점령은 이미 존재하던 폭탄에 불을 붙인 성냥이었을 뿐이다. 책임자들이 사태가 더 커질 것이라고 생각하지 못했을 수는 있다. 카탈루냐의 콤파니스 대통령은 시가전이 일어나기 며칠 전에 무정부주의자들은 무엇이든 받아들일 것이라고 자신 있게 말했다고 한다.[53] 하지만 확실히 현명한 행동은 아니었다. 몇 달 전부터 스페인 곳곳에서 공산주의자와 무정부주의자들 사이에 무장 충돌이 이어져 왔다. 카탈루냐, 특히 바르셀로나에서는 긴장이 고조돼 길거리 소동이나 암살 사건 등이 이미 일어나고 있었다. 그러다 갑자기 무장한 사람들이 7월 전투에서 노동자들이 차지했고 정서적으로 중요하게 여기는 건물들을 공격하고 있다는 소식이 도시 전역에 퍼졌다. 여기서 민간경비대가 노동자 계급에게 인기가 없었다는 사실을 상기할 필요가 있다. 수대에 걸쳐 라 가르디아는 지주와 주인의 부속물에 불과했고, 특히 민간경비대는 비교적 정당하게도 파시스트와의 싸움에서 의리를 의심받고 있었기 때문에 두 배로 미움을 받았다.[54] 시가전이 발생한 후 첫 두세 시간 동안 사람들을 거리로 나서게 한 감정은 전쟁 초기에 반란군 장군들에게 저항하도록 했던 감정과 같았을 것이다. 물론 전국노동총연맹 소속 노동자들이 저항 없이 전화교환국을

53) 〈뉴스테이츠먼〉지 5월 14일자.-저자주

54) 전쟁이 발발하자 민간경비대는 어디에서나 더 힘이 센 쪽의 편을 들었다. 산탄데르에서는 지역 내 민간경비대원 전체가 파시스트 쪽으로 넘어가기도 했다. 전쟁 중에 이런 일이 여러 번 발생했다.-저자주

넘겨줬어야 한다고 주장할 수도 있다. 이 부분에 대해서는 중앙 집권화된 정부와 노동자 계급의 지배에 대한 태도에 따라 의견이 다를 것이다. 이렇게 말하는 것이 더 적절할지도 모른다. '전국노동총연맹도 나름의 이유가 없지는 않았을 것이다. 하지만 전쟁이 진행 중인데 후방에서 또 다른 싸움을 시작할 필요는 없었다.' 나 역시 전적으로 동의하는 바이다. 내부에서의 소란은 프랑코에게 득이 될 뿐이었다. 하지만 실제로 시가전을 촉발시킨 것은 무엇이었을까? 정부는 전화교환국을 점령할 권리가 있었을 수도, 없었을 수도 있지만 실제 상황에서는 그런 행동이 전투로 이어질 수 밖에 없었다는 점이 문제다. 상대를 도발하는 행동이었고, 다음과 같은 의미를 담고 있었을 것이다. '너희의 권력은 끝났다. 이제는 우리 차례다.' 실제로도 이런 뜻을 잘 드러내는 소행이었다. 상식적으로 예측할 수 있는 반응은 저항밖에 없었다. 균형감각을 갖고 있는 사람이라면 한쪽만이 전적으로 잘못한 것이 아니고, 이런 사태에서는 그럴 수도 없었다는 사실을 깨달아야 한다. 한쪽으로 편향된 이야기가 받아들여진 이유는 스페인 혁명 정당들이 해외 언론과 친밀한 관계를 유지하고 있지 않기 때문이다. 특히 영국 신문에서 전쟁 기간 동안 스페인 무정부주의자들에 대한 우호적인 언급이 있는지 찾아보려면 한참을 뒤적거려야 할 것이다. 그들은 체계적으로 폄하 당했고, 내가 경험해봤기 때문에 알지만 그들을 옹호하는 기사를 실을 신문을 찾기란 하늘의 별따기와 같다.

바르셀로나 전투에 대해 객관적으로 쓰려고 노력했으나, 당연히 이러한 문제에 대해 어느 누구도 완전히 객관적일 수 없다.

현실적으로 한쪽 편을 들기 마련인데, 내가 어느 편에 있는지는 분명할 것이다. 다시 말하지만, 나는 여기뿐만 아니라 이 글의 다른 부분에서 사실을 다루는 데 실수를 저지를 수밖에 없다. 문서 중에 선전물이 아닌 것은 없기 때문에 스페인 내전에 대해 정확하게 쓰는 것은 매우 어려운 일이다. 나에게 편견이 있고 실수도 있다는 것을 미리 밝힌다. 하지만 나는 솔직하기 위해 최선을 다했다. 내가 여기에서 제시하는 이야기는 외국 언론, 특히 공산주의 언론에서 봤던 것과 완전히 다를 것이다. 공산주의 언론의 시각을 검토할 필요가 있는데, 이는 전 세계에 발행됐고 이후 빈번히 내용이 추가됐으며 아마도 가장 널리 수용되고 있기 때문이다.

공산주의와 친공산주의 언론은 바르셀로나 전투의 책임을 모두 통일노동자당에 돌렸다. 이 사건은 우발적으로 일어난 것이 아닌, 일부 잘못된 지식을 갖고 있는 '통제 불가능한 자들'의 도움을 받아 통일노동자당이 단독으로 꾀한 정부에 대한 고의적이고 계획적인 반란으로 묘사됐다. 게다가, 후방에서 내란을 야기해 정부를 마비시키기 위한 목적으로 파시스트들의 명령 하에 행해진 파시스트들의 음모라고 했다. 통일노동자당이 '프랑코의 제5열'이고 파시스트들과 손잡은 '트로츠키주의' 단체라고도 했다. 5월 11일자 〈데일리워커〉지는 다음과 같이 보도한다.

악명 높은 '제4인터내셔널 대회'를 '준비'한다는 명분으로 바르셀로나로 몰려온 독일과 이탈리아 첩자들에게 다음과 같은 대규모 과제가 주어졌다.

그들은 현지 트로츠키주의자들과 힘을 모아 혼란과 유혈사태를 조성해, 독일과 이탈리아가 "바르셀로나에 널리 퍼진 무질서 때문에 해군이 카탈루냐 해안을 실효적으로 통제하지 못한다."며 "바르셀로나에 군대를 상륙시킬 수밖에 없다."고 선언하도록 만들고자 한다.

즉, 그들은 독일과 이탈리아 정부가 '질서를 회복하기 위함'이라며 카탈루냐 해안에 군대와 해병을 공개적으로 상륙시킬 수 있는 상황을 준비하고 있다. (중략)

독일과 이탈리아는 이를 위해 통일노동자당이라고 알려진 트로츠키주의 단체를 이용했다.

통일노동자당은 빌바오 전선에 대한 공격과 정확히 시간을 맞춰 악명 높은 전과자들과 무정부주의 단체 소속의 정신이상자들과 함께 후방에서 공격하기로 계획하고 조직하고 지휘했다. 등등

이 기사의 뒷부분에서 바르셀로나 전투는 '통일노동자당의 공격'으로 지칭됐고, 같은 호의 다른 기사에서 "카탈루냐 유혈사태에 대한 책임이 통일노동자당에 있다는 것은 의심의 여지가 없다."고 나와 있다. 5월 29일자 〈인프레코르〉지는 바르셀로나에서 바리케이드를 세운 사람들이 '바로 이 목적으로 통일노동자당에서 동원된 사람들'이었다고 주장한다.

더 많은 기사를 인용할 수 있지만 이것으로 충분하리라 생각한다. 모든 책임은 통일노동자당에 있고 통일노동자당은 파시스트의 명령하에 움직인다는 것이다. 뒷부분에서 공산주의 언론의 기사를 추가로 인용할 생각이다. 이를 보면 기사들이 얼마나 자기모순적이고 무가치한지 확인할 수 있을 것이다. 하지만 그 전

에, 5월 사태가 파시스트의 사주를 받아 통일노동자당이 꾀한 일이라는 말이 왜 불가능한지에 대한 논리적인 이유를 제시하고자 한다.

(1) 통일노동자당은 이 정도 규모의 혼란을 야기할 수 있을 만큼 당원이 많지도 않고 영향력이 있는 것도 아니다. 더구나 총파업을 유발할 힘도 없다. 통일노동자당은 노동조합에서 입지가 확고하지 않은 정치 단체였고, 영국 공산당이 글래스고 전역에서 총파업을 일으킬 수 없는 것과 마찬가지로 통일노동자당도 바르셀로나 전역에서 파업을 일으킬 능력이 없었다. 앞에서 언급했듯이 통일노동자당 지도자들의 태도가 전투를 장기화하는 데 기여했을 수 있지만, 전투를 일으키고 싶었다고 해도 그들에게는 그럴 능력이 없었다.

(2) 파시스트들의 음모였다는 말은 단지 근거 없는 주장에 불과할 뿐이고, 모든 증거는 오히려 그 반대를 가리키고 있다. 언론들은 독일과 이탈리아 정부가 카탈루냐에 군대를 상륙시킬 계획이었다고 떠들지만, 카탈루냐 해안에 독일과 이탈리아 군인을 실은 선박은 나타나지도 않았다. '제4인터내셔널 대회'와 '독일과 이탈리아 첩자'라는 말에도 근거가 없다. 내가 아는 한 제4인터내셔널 대회에 대한 말조차 전혀 없었다. 통일노동자당과 그 형제당(영국의 독립노동당, 독일의 사회노동자당 등)의 합동 회의에 대한 막연한 계획이 있긴 했지만, 잠정적으로 7월 중—그로부터 두 달 후—에 예정돼 있었고 한 명의 대표자도 도착하지 않은 상태였다. 〈데일리워커〉 지면 외에서는 '독일과 이탈리아 첩자'를 찾

을 수 없었다. 당시 국경을 넘어본 사람이라면 스페인으로 '몰려' 들어오기도, 나가기도 힘들다는 것을 잘 알 것이다.

(3) 통일노동자당의 근거지인 레리다나 전선에서 아무 일도 일어나지 않았다. 통일노동자당 지도자들이 파시스트들을 돕고자 했다면, 당연히 의용군을 전선에서 철수시켜 파시스트들이 전선을 넘어오도록 했을 것이다. 하지만 그런 일은 일어나지도 않았고 제안된 적도 없었다. 또한 이런저런 핑계로 일이천 명의 사람들을 쉽게 바르셀로나로 몰래 들여올 수 있었겠지만, 미리 사람들을 전선에서 끌어오지도 않았다. 그리고 전선에서 간접적으로나마 혼란을 일으키려는 시도도 없었다. 추후에 확인해본 결과, 식량, 군수품 등의 수송도 평소처럼 진행됐다. 무엇보다도 그러한 봉기가 미리 계획된 것이었다면 몇 달 동안 준비하고 의용군에게 체제를 전복하자는 선전활동을 했어야 한다. 하지만 그러한 일이 있을 것이라는 기미나 소문은 없었다. 결정적인 증거는 전선에 배치돼 있는 의용군이 '봉기'에 어떠한 역할도 하지 않았다는 사실이다. 통일노동자당이 실제로 쿠데타를 계획했다면 단 하나밖에 없는 만여 명의 기동타격부대를 동원했을 것이다.

이로써 통일노동자당이 파시스트 명령 하에서 '봉기'를 일으켰다는 공산주의 언론의 주장에는 근거가 없다. 공산주의 언론의 기사를 더 인용해보겠다. 바르셀로나 전투를 야기한 전화교환국 습격에 관한 보도를 보면 공산주의 언론이 어떠했는지 분명히 알 수 있다. 상대편에 책임을 돌리는 것을 제외하고 공산주의 언론의 보도 간에 일치하는 부분을 찾으려야 찾을 수 없다. 영국 공산주의 언론이 처음에는 무정부주의자들에게, 나중에는 통일노동자당에 책임을 돌렸다는 것을 쉽게 확인할 수 있다. 여기에는 명백한 이유가 있다. 모든 영국인이 '트로츠키주의'라는 말을 아는 것은 아니었지만, 모든 영어 사용자들이 '무정부주의자'라는 말에는 치를 떨기 때문이다. 여기서 기억해야 할 점은 '무정부주의자'들이 연루됐음을 보여주면 편견이 자리 잡을 만한 분위기가 조성되고, 그러고 나면 책임을 '트로츠키주의자'들에게 쉽게 돌릴 수 있다는 것이다. 5월 6일자 〈데일리워커〉지는 다음과 같이 시작한다.

소수의 무정부주의자 조직이 월요일과 화요일에 전화전신국 건물을 장악하려고 했고 거리에 총을 쏘기 시작했다.

역할을 뒤바꿔 기사를 시작하는 것보다 좋은 방법이 어디 있겠는가. 실제로는 민간경비대가 전국노동총연맹이 장악하고 있던 건물을 공격했는데, 이 기사대로라면 전국노동총연맹이 자기 건물을 공격하고 자기들끼리 싸운 셈이 된다. 반면, 5월 11일자 〈데일리워커〉지는 다음과 같이 보도한다.

> 좌익인 아이과데 카탈루냐 공안부장관과 로드리게 살라스 통일사회당 최고공안위원은 공화국의 무장 경찰을 텔레포니카55 건물에 보내 그곳 직원들을 무장 해제시켰고, 직원 대부분이 전국노동총연맹의 조합원이었다.

55) 전화교환국을 의미.-역자주

이는 앞의 기사와 일치하지 않지만, 그럼에도 〈데일리워커〉지는 앞의 기사가 잘못됐다는 것을 인정하지 않는다. 5월 11일자 〈데일리워커〉지는 전국노동자총연맹과 관계를 끊은 두루티의 친구들의 전단이 전투 중이었던 5월 4일과 5일에 등장했다고 보도했다. 5월 22일자 〈인프레코르〉지는 전단이 5월 3일, 즉 전투가 시작되기 전에 등장했다고 보도하면서 다음과 같이 덧붙인다.

> 이 사실(여러 전단의 등장)로 인해 5월 3일 오후, 경찰청장이 이끄는 경찰이 중앙 전화교환국을 점령했다. 경찰은 직무 수행 중에 총격을 당했다. 이는 선동분자들에게 도시 전역에서 총격을 시작하라는 신호였다.

5월 29일자 〈인프레코르〉지를 살펴보자.

> 오후 3시, 공안위원인 살라스 동지가 전화교환국에 갔다. 이는 전날 밤 통일노동자당원 50명과 다수의 통제 불가능한 자들이 점령했던 곳이다.

이 기사는 특이하다. 통일노동자당원 오십 명의 전화교환국 점령은 흥미로운 사건이라고 할 수 있기 때문에, 당시에 이를 알아챈 사람이 있어야 한다. 하지만 이 사건은 서너 주 후에야 비로소 수면 위로 드러난 것처럼 보인다. 〈인프레코르〉지의 다른 호에서는 오십 명의 통일노동자당원이 오십 명의 통일노동자당 의용병으로 바뀌었다. 이 짧은 기사들보다 더 압축적으로 모순을 보여주기는 어려울 것이다. 전국노동총연맹이 전화교환국을 공격했다고 하다가 나중에는 그들이 전화교환국에서 공격을 받았다고 하질 않나, 전단이 전화교환국 점령 이전에 등장해 점령을 촉발했다고 하다가 전단이 전화교환국 점령 후에 등장해 점령의 결과물이 됐다고 하질 않나, 전화교환국에 있던 사람들이 전국노동총연맹 조합원이라고 하다가 통일노동자당원이라고 하질 않나. 심지어 이후 6월 3일자 〈데일리워커〉지에서 J. R. 캠벨 씨는 바리케이드가 이미 세워졌기 때문에 정부가 전화교환국을 점령할 수밖에 없었다고 한다!

지면상의 이유로 한 사건에 대한 기사만 인용했지만, 이와 같은 불일치 사례는 공산주의 언론 전반에서 찾을 수 있다. 게다가 명백하게 날조된 사실을 담고 있는 기사도 곳곳에서 발견된다. 다음은 5월 7일자 〈데일리워커〉지가 파리 주재 스페인 대사관에서 발표했다는 것을 인용한 기사다.

> 이번 봉기의 중요한 특징은 옛 군주제 깃발이 바르셀로나의 여러 주택 발코니에 걸려있었다는 점인데, 이는 분명히 봉기에 참여한 사람들이 상황을 자신들의 통제하에 두었다고 믿었기 때문일 것이다.

〈데일리워커〉지는 이를 옳다고 믿고 인용했겠지만, 스페인 대사관 담당자가 고의적으로 거짓말을 했음에 틀림없다. 스페인 사람이라면 국내 사정이 그보다는 나았음을 알 것이다. 바르셀로나에서 군주제 깃발이라니! 이것이야말로 갈등 중인 파벌들을 즉시 연합하게 할 요인이 아닌가. 현장에 있던 공산주의자들조차도 이 기사를 읽고 실소할 수밖에 없었다. 통일노동자당이 '봉기' 중에 사용했다는 무기에 대한 공산주의 언론의 기사들도 이와 같았다. 사실을 전혀 모르는 사람만이 믿을 내용을 담고 있었다. 5월 17일자 〈데일리워커〉지에서 프랭크 핏케언 씨는 다음과 같이 말한다.

> 사실 그 끔찍한 사건에서 그들은 온갖 종류의 무기를 사용했다. 몇 달 전에 훔쳐 숨기고 있던 무기도 있었고, 봉기 초기에 병영에서 훔친 탱크 같은 무기도 있었다. 그들은 틀림없이 기관총 수십 정과 소총 수천 정을 보유하고 있다.

5월 29일자 〈인프레코르〉지는 다음과 같이 보도한다.

> 통일노동자당은 5월 3일에 기관총 수십 정과 소총 수천 정을 보유하고 있었다. (중략) 에스파냐 광장에서 트로츠키주의자들은 '75밀리미터' 포를 사용했는데, 이 포는 아라곤 전선으로 가야 했지만 의용군이 자기 구역에 몰래 숨겨놓은 것이었다.

핏케언 씨는 통일노동자당이 기관총 수십 정과 소총 수천 정을 보유한다는 사실이 어떻게 그리고 언제 드러났는지 밝히지 않는다. 내가 추산한 바에 따르면, 통일노동자당 주요 거점 중 세 건물에 있던 무기는 소총 팔십여 정, 폭탄 몇 개였고 기관총은 없었다. 즉, 무장경비병에게 지급하는 데 충분한 정도였는데, 당시에는 모든 정당이 무장경비병을 거점에 배치했다. 이후 통일노동자당이 불법화되고 모든 거점 건물이 빼앗겼을 때 이 수천 정의 무기가 발견되지 않았다는 점이 이상하다. 특히 굴뚝에 숨길 수 없는 탱크나 야포가 보이지 않는다는 점이 이상하다. 하지만 앞의 두 기사에서 확인할 수 있는 점은 그들이 현지 상황에 대해 전혀 모른다는 것이다. 핏케언 씨에 따르면 통일노동자당은 '병영에서' 탱크를 훔쳤다. 그는 어느 병영인지 밝히지 않는다. 바르셀로나에 있던 통일노동자당 의용병들(당 의용군을 직접 뽑는 것이 금지돼 지금은 상대적으로 그 수가 적다)은 레닌 병영을 인민군과 함께 사용했는데, 인민군 숫자가 훨씬 많았다. 따라서 핏케언 씨는 우리에게 통일노동자당이 인민군의 방조 하에 탱크를 훔쳤음을 믿도록 요구하는 셈이다. 75밀리미터 포가 숨겨져 있던 '구역'이라는 것도 마찬가지다. 이 '구역'이 어디인지는 언급되지 않는다. 에스파냐 광장에서 발사됐다는 포가 여러 신문기사에 등장했지만, 이 포들이 존재하지 않았음은 분명하다. 앞에서 언급했다시피, 에스파냐 광장과의 거리가 2킬로미터 정도밖에 되지 않지만 전투 중에 포화소리는 들리지 않았다. 며칠 후 에스파냐 광장을 둘러보았지만 포격 흔적이 있는 건물은 찾아볼 수 없었다. 전투 내내 그 부근에 있던 목격자는 그곳에서 총을 보지 못했다고 한다. (참고로, 훔친 총 이야기는 안토노프-옵세옌코 러시아 총영사에게서 나온 것 같다. 어쨌든 그가 이를 저명한 영국 기자에게 전했고,

그 기자는 이를 옳다고 믿고 주간지에 실었다. 이후 안토노프-옵세엔코는 '숙청'당했다. 이 사실이 그의 신뢰성에 어떤 영향을 미칠지는 잘 모르겠다.) 물론 탱크, 야포 등에 대한 이야기는 지어낸 것인데, 이러한 이야기를 지어내지 않으면 통일노동자당의 작은 규모와 바르셀로나 전투의 규모 간에 아귀를 맞추는 것이 어려웠기 때문이다. 바르셀로나 전투의 모든 책임이 통일노동자당에 있다고 주장해야 했고, 이와 동시에 통일노동자당이 추종자가 없고 〈인프레코르〉지의 기사를 인용하자면 '천여 명의 당원으로 구성'된 보잘 것 없는 정당이라고 말해야 했다. 두 주장을 모두 그럴 듯하게 만들기 위해서는 통일노동자당이 현대식 기계화 군대가 가진 무기 전부를 가지고 있다고 가정할 수밖에 없었다.

공산주의 언론의 기사를 읽다보면, 대중의 무지를 의식적으로 이용하면서 편견 조장을 유일한 목적으로 삼는다는 것을 확인할 수 있다. 그 결과, 핏케언 씨가 5월 11일자 〈데일리워커〉지에 보도한 것과 같이 인민군이 '봉기'를 진압했다는 기사들이 나온 것이다. 카탈루냐 전역이 '트로츠키주의자'에 대항해 단결했다는 인상을 외부에 전달하는 것이 주목적이었다. 하지만 인민군은 전투 내내 중립을 지켰다. 바르셀로나에 있던 사람이라면 모두 이 사실을 알았고 핏케언 씨가 이를 몰랐다는 것은 믿을 수 없다. 이뿐만이 아니다. 공산주의 언론은 혼란의 정도를 과장하기 위해 사상자의 수를 조작하기까지 했다. 공산주의 언론에서 널리 인용한 인물인 디아스 스페인 공산당 총서기는 사망자 구백 명, 부상자 이천오백 명으로 발표했다. 사상자 규모를 축소할 가능성이 거의 없는 카탈루냐 선전부장관이 제시한 숫자는 사망자 사백 명, 부상자 천 명이었다. 공산당은 숫자를 두 배 부풀리고 여기에 아무 이유 없이 수백을 추가한 셈이다.

일반적으로 외국 자본주의 신문들은 전투의 책임을 무정부주의자들에게 돌렸지만, 그중 일부는 공산당과 유사한 노선을 따르기도 했다. 대표적으로 영국의 〈뉴스크로니클〉지를 꼽을 수 있는데, 이 신문의 특파원인 존 랭던-데이비스 씨는 당시 바르셀로나에 있었다. 여기에 그의 기사 일부를 인용해 보겠다.

트로츠키주의자들의 반란

(전략) 이는 무정부주의자들의 봉기가 아니었다. 이는 '트로츠키주의자'들인 통일노동자당이 그 산하 조직인 두루티의 친구들과 자유주의청년단을 통해 시도했지만 실패로 끝난 쿠데타였다. (중략) 비극은 정부가 월요일 오후 무장경찰을 전화교환국에 보내 그곳에 있던 노동자들, 특히 전국노동총연맹 조합원을 무장해제 하려고 하면서 시작됐다. 그동안 전화교환국의 심각한 서비스 장애를 두고 말이 많은 터였다. 건물 밖 카탈루냐 광장에 많은 사람들이 모였고, 전국노동총연맹 조합원들은 저항하며 한 층 한 층 후퇴하다가 옥상까지 밀려났다. (중략) 이 사건의 내막은 모호하지만, 정부가 무정부주의자들을 진압하기 위해 나섰다는 소문이 돌았다. 거리에는 무장한 사람들로 가득했다. (중략) 해질녘이 되자 노동자들의 거점과 정부 건물에 바리케이드가 쳐졌고, 10시에 일제사격이 시작되면서 응급차의 사이렌 소리가 거리에 울리기 시작했다. 새벽이 되자 바르셀로나는 포화에 휩싸였다. (중략) 하루가 지나고 사망자가 백 명을 넘어서면서 사태 파악은 추측

에 의존할 수밖에 없었다. 정확히 말하자면, 무정부주의 조직인 전국노동총연맹과 사회주의 조직인 노동자총연합은 '거리에 나서'지 않았다. 바리케이드 뒤에서 경계하며 대기하고 있을 뿐이었고, 탁 트인 거리에 무장을 한 사람이 보이면 총을 쏘았다. (중략) 상황을 악화시키는 사람은 언제나 파코들이었다. 파코란 혼자 숨어있는 사람을 말하는데, 대개 파시스트였고 지붕 위에서 무차별사격을 가해 사람들을 더욱 공황 상태에 빠뜨렸다. (중략) 하지만 수요일 저녁이 되자 누가 반란을 주동했는지 분명해졌다. 공화당과 사회당 지도자들의 총살과 즉각적인 혁명을 요구하는 선동적인 포스터가 담벼락 곳곳에 붙어있었다. 포스터에는 두루티의 친구들이라고 서명돼 있었다. 목요일 아침에 무정부주의자들이 발간하는 일간지는 그에 대해 아는 것도 없고 동조하지도 않는다고 했지만, 통일노동자당이 발간하는 〈라바타야〉지는 그 포스터를 찬양하며 지면에 실었다. 선동분자들은 이 체제전복적인 조직을 이용해 스페인 제1의 도시 바르셀로나를 유혈사태에 빠뜨렸다.

이 기사는 내가 앞에서 인용한 공산주의 언론들의 기사와 완전히 일치하는 것은 아니지만, 이 기사 내에서도 모순을 찾을 수 있다. 처음에 이 사건은 '트로츠키주의자들의 반란'으로 묘사됐다가, 이후에는 전화교환국에 대한 습격과 정부가 무정부주의자들을 "진압하기 위해 나섰다."는 일반적인 인식으로 인해 발생한 것처럼 보도된다. 바르셀로나에 바리케이드가 쳐졌고 전국노동총연맹과 노동자총연맹 모두 바리케이드 뒤에 있었다고 한다. 이틀 후 선동적인 포스터(실제로는 전단이었지만)가 등장하고 이것이 전체 사건을 촉발시켰다고 암묵적으로 말하고 있다. 즉, 결과가 원인을 앞지른 것이다. 하지만 여기에는 심각한 오류가 있다. 랭던-데이비스 씨는 두루티의 친구들과 자유주의청년단을 통일노동자당의 '산하 조직'으로 묘사한다. 실제로는 두 조직 모두 무정부주의자들의 조직이었고 통일노동자당과는 아무 관련이 없었다. 자유주의청년단은 카탈루냐통합사회당의 통합사회주의청년단과 마찬가지로 무정부주의 청년들의 조직이었다. 두루티의 친구들은 이베리아무정부주의연합 내의 작은 조직이었고 일반적으로 통일노동자당에 대해 상당히 적대적이었다. 내가 아무리 조사해 봐도 두 조직에 동시에 가입된 사람은 없었다. 이는 마치 사회주의동맹을 영국 자유당의 '산하 조직'이라고 부르는 것과 같다. 랭던-데이비스 씨는 정말로 이를 몰랐던 것일까? 몰랐다면 이 복잡한 주제에 대해 글을 쓸 때 훨씬 더 신중했어야 한다.

랭던-데이비스 씨의 선의를 공격하는 것은 아니지만, 그 자신도 인정했듯이 전투가 끝나자마자 정식으로 조사를 시작하는 대신 바르셀로나를 떠났고, 충분한 증명 과정 없이 '트로츠키주의자들의 반란'이라는 정부의 발표내용을 그대로 받아들였다는 것이 그의 기사 곳곳에 나타난다. 심지어 내가 인용한 기사에서도 이를 똑똑히 확인할 수 있다. '해질녘'에 바리케이트가 쳐졌고 '10시에' 일제사격이 시작됐다고 했다. 이는 목격자의 말이 아니다. 이 부분을 보면, 적에게 사격을 가하기 전에 적이 바리케이드를 설치하기를 기다리는 것이 일반적이라는 인상을 받는다. 바리케이드를 설치하고 몇 시간이 지난 후 일제사격이 시작된 것처럼 보이지만, 사실, 당연하게도, 그 반대였다. 나를 포함한 많은 사람들은 일제사격이 한낮에 시작된 것을 목격했다. 또한 지붕 위에서 총을 쏘고 단독으로 행동하는 '대개 파시스트'인 사람들이 있다는 부분도 지적하고 싶다. 랭던-데이비스 씨는 그들이 파시스트라는 걸 어떻게 알게 됐는지 설명하지 않는다. 물론 그 자신이 지붕에 올라가 그들에게 물었을 리는 없다. 그는 자신이 들은 이야기를 옮겼고 들은 이야기가 정부의 발표내용과 같았기 때문에 의문을 품지 않았다. 사실 기사 처음에 그는, 무모하게도, 많은 정보를 선전부장관으로부터 얻었다고 밝혔다. 스페인에 있던 외국기자들은 선전부에 휘둘렸는데, 이 부처의 이름만 봐도 충분히 신중했어야 하지 않은가. 선전부장관이 바르셀로나에 대해 객관적으로 말할 가능성은 카슨 경이 1916년의 더블린 반란에 대해 객관적으로 말할 가능성과 비슷하다.[56]

지금까지 바르셀로나 전투에 대한 공산주의 언론의 보도를 진지하게 받아들여서는 안 되는 이유를 제시했다. 여기에 보태어, 통일노동자당이 프랑코나 히틀러를 위해 일하는 비밀 파시스트 조직이라는 주장에 대해 말해 보겠다.

이 주장은 특히 1937년 초부터 공산주의 언론에서 반복적으로 등장했다. 이는 세계적으로 일어나고 있던 공식 공산당의 '트로츠키주의' 반대운동의 일부였고, 통일노동자당은 스페인 트로

---

56) 1916년 더블린 반란은 아일랜드에 지방자치제를 도입하려는 영국에 반대해 일어났는데, 카슨은 영국의 자치제 도입 노력에 저항했던 인물이다.-역자주

츠키주의를 대표하고 있다고 인식됐다. 〈프렌테로호〉지(발렌시아의 공산주의 신문)에 따르면 "트로츠키주의는 정치적 독트린이 아니다. 트로츠키주의는 공식적인 자본주의 조직이고 인민에 대한 저항과 범죄를 자행하는 파시스트 테러리스트 집단이다." 통일노동자당은 파시스트와 손잡은 '트로츠키주의' 조직이고 '프랑코의 제5열'의 일부인 것처럼 묘사된다. 제일 먼저 눈에 띄는 것은 이 주장을 지지하는 어떤 증거도 제시되지 않았고 단지 권위 있는 말인 양 주장됐다는 점이다. 이 공격적인 비난은 인신공격의 최고 수준을 보여줬고 전투에 미칠 영향을 전혀 고려하지 않는 무책임함을 보여줬다. 통일노동자당에 대한 인신공격과 비교할 때 많은 공산주의 기자들은 군사 기밀 유출을 대수롭지 않게 생각한 것 같다. 2월 중에 나온 〈데일리워커〉지에서 어떤 기자(위니프레드 베이츠)는 통일노동자당이 그들이 주장한 바의 절반에 해당하는 군인만을 전선에 두고 있었다고 말했다. 이는 사실이 아니었지만 아마 그 기자는 사실로 믿었던 것으로 보인다. 즉, 그녀와 〈데일리워커〉지는 신문 기사를 통해 전할 수 있는 가장 중요한 정보를 적진에 알려주려고 한 셈이다. 랄프 베이츠 씨는 〈뉴리퍼블릭〉지에서 통일노동자당 소속 군인들이 "중립지대에서 파시스트와 축구를 했다."고 보도했지만, 사실 당시에는 통일노동자당 소속 군인들 중 많은 사상자가 발생했고 내 친구 다수가 죽거나 부상당했다. 또한 처음에는 마드리드에서, 나중에는 바르셀로나에서 널리 확산된 악의적인 만평이 있었는데, 여기에서 통일노동자당은 망치와 낫이 그려져 있는 마스크를 벗으니 그 아래에

스와스티카가 그려진 얼굴이 나오는 것으로 묘사됐다. 정부가 실질적으로 공산당의 지배하에 있지 않았다면 이러한 그림이 전시에 확산됐을 리 없다. 이는 통일노동자당 의용군뿐만 아니라 그들 부근에 있던 군인들의 사기에 고의적으로 타격을 입히려고 한 것이라고밖에 설명할 수 없다. 전선에서 바로 옆에 있는 군인들이 배신자라는 말을 들으면 의욕이 꺾이기 마련이다. 사실 후방에서 가한 인신공격이 실제로 통일노동자당 의용군의 사기를 꺾었을 것 같지는 않다. 하지만 틀림없이 이를 목적으로 한 행위였고 이를 주도한 사람들은 정치적 원한을 반(反)파시스트 연합보다 우선시했다고 봐야 한다.

통일노동자에 대한 비난을 종합해보면, 통일노동자당은 대다수가 노동자이고 그 외에 파시스트 국가에서 피난 온 다수의 외국인 동조자 등 수만 명의 사람들로 구성된 조직이며 파시스트들을 위해 첩자 활동을 하는 거대 조직이다. 이는 상식에 어긋나는 것이었고 통일노동자당의 과거 역사를 살펴보면 이 주장에 신빙성이 없다는 것을 쉽게 확인할 수 있다. 모든 통일노동자당 지도자들은 혁명에 동참했던 경력이 있다. 일부는 1934년 반란에 가담했고 대부분은 레룩스[57] 정부와 군주제하에서 사회주의 활동을 한 혐의로 수감됐다. 통일노동자당 대표였던 호아킨 마우린은 1936년 스페인 의회에서 프랑코가 반란을 일으킬 것이라고 경고한 의

57) 1933~35년 스페인 제2공화국의 중도우파 집권 시기에 네 차례 총리를 지냄.-역자주

원 중 하나였다. 내전 발발 후 마우린은 프랑코의 후방에서 반대 세력을 구축하려다가 파시스트들에게 인질로 잡혔다. 반란이 일어났을 때 통일노동자당은 프랑코 세력에 대항하는 데 두드러진 역할을 했고, 특히 마드리드 시가전에서 많은 통일노동자당 소속 군인들이 사망했다. 또한 통일노동자당은 카탈루냐와 마드리드에서 의용군을 처음 창설한 조직이기도 했다. 파시스트들을 위해 일하는 정당이라고 보기에는 거의 불가능하다. 파시스트들을 위한 정당이라면 당연히 반대편에 가담하지 않았을까.

또한 전투 중에 친파시스트 활동을 했다는 어떤 기미도 없었다. 나는 동의하지 않지만, 통일노동자당이 더욱 혁명적인 정책을 촉구해 정부군의 분열을 초래했기 때문에 결과적으로 파시스트들을 도왔다고 주장할 수는 있을 것이다.

혁명적인 정부라면 통일노동자당과 같은 정당을 골칫거리로 생각할 수 있다. 하지만 이는 직접적인 배신행위와 완전히 다른 이야기이다. 통일노동자당이 실제로 파시스트 조직이었다면 왜 통일노동자당 의용군이 충성을 유지했는지 설명할 길이 없다. 1936년과 1937년의 혹독한 겨울 내내 팔천에서 만 명 사이의 사람들이 전선의 주요 지점을 지켰다. 다수는 참호에 들어가서 네다섯 달을 그 안에 머물렀다. 왜 그들이 전선에서 뛰쳐나오거나 적진에 합류하지 않았는지 설명하기 어렵다. 마음만 먹으면 그렇게 할 수 있었고 그렇게 했다면 결과에 결정적인 영향을 미쳤을 것이다. 하지만 그들은 계속 싸웠고, 모두의 기억에 생생하겠지만, 통일노동자당이 불법정당으로 규정된 직후에도—아직 인민군으로 재배치되지 않은 상태였다—의용군들은 우에스카 동쪽에서 맹공격에 가담했고 이 전쟁에서 하루 이틀 만에 수천 명이 전사했다. 최소한 적에 동조하는 사람이 늘거나 이탈자가 끊임없이 나왔을 것이라고 생각하는 독자가 있을 것이다. 하지만 앞에서 지적한 바와 같이 이탈자의 수는 극소수였다. 친파시스트 선전이나 '패배주의' 등을 기대한 독자도 있을 것이다. 하지만 그러한 기미는 전혀 보이지 않았다. 통일노동자당에 파시스트 첩자나 선동분자가 있었을지도 모른다. 모든 좌익 정당에 있었기 때문이다. 하지만 이러한 사람들이 다른 정당보다 통일노동자당에 많았다는 증거는 전혀 없다.

공산주의 언론의 공격적인 기사 일부가, 어쩔 수 없이, 일반 사병이 아닌 통일노동자당의 지도자들만이 파시스트들을 위해 일했다고 보도한 것은 사실이다. 하지만 이는 일반 사병과 지도자들 사이에 분열을 초래하려는 시도에 불과하다. 이러한 비난에는 일반 사병, 의용병 등이 음모에 모두 가담했다는 의미가 내포돼 있다. 닌과 고르킨[58] 등이 실제로 파시스트를 위해 일했다면 런던, 파리, 뉴욕에 있는 기자들보다 그들과 접촉하는 추종자들이 이를 알아챌 가능성이 높기 때문이다. 어쨌거나 통일노동자당이 불법화됐을 때 공산당 통제하의 비밀경찰은 그들 모두 똑같이 유죄라는 가정 하에서 행동했고 잡을 수 있는 통일노동자당 관련 사람들을 모두 잡아들였는데, 여기에는 부상자, 병원 간호사, 통일

58) 통일노동자당의 지도자들.-역자주

노동자당원의 부인들, 어느 경우에는 아이들까지 포함돼 있었다.

마침내 통일노동자당은 6월 15~16일에 불법조직으로 선포됐다. 이는 네그린 정부가 5월에 집권하자마자 한 일 중 하나였다. 통일노동자당 집행위원회가 감옥에 갇혔을 때 공산주의 언론은 거대한 파시스트 음모의 발견이라는 기사를 실었다. 한참동안 전 세계 공산주의 언론은 다음과 같은 기사(여러 스페인 공산주의 신문을 요약한 6월 21일자 〈데일리워커〉지 기사)로 들끓었다.

> 스페인 트로츠키주의자들, 프랑코와 음모 꾸며
>
> 바르셀로나 등지에서 다수의 트로츠키주의 지도자들이 체포된 이후, 이번 주말, 지금까지 알려진 전시 간첩행위 중 가장 끔찍할 뿐만 아니라 지금까지 알려진 트로츠키주의자들의 반역행위 중 가장 추잡한 일의 전모가 밝혀졌다. (중략) 경찰이 보유하고 있는 문서와 체포된 200명 이상의 완전한 자백이 증명한 바에 따르면 (후략)

이를 통해 '증명'된 것은 통일노동자당의 지도자들이 무전으로 프랑코 장군에게 군사 기밀을 전달했고 독일 정부와 접촉했으며 마드리드의 비밀 파시스트 조직과 손잡고 행동했다는 것이다. 이에 더해 투명한 잉크로 쓰인 비밀 메시지에 대한 자극적인 기사도 자세히 실려 있었는데, 이 신비스러운 문서가 N(닌을 의미한다)이라고 서명돼 있었다는 등의 내용이 포함돼 있었다.

하지만 결과적으로 그로부터 여섯 달이 지난 지금, 대부분의 통일노동자당 지도자들은 아직도 투옥 중이고 한 번도 재판에 회

부되지 않았으며 프랑코와 무선으로 접촉했다는 혐의는 언급조차 되지 않았다. 정말로 간첩행위 혐의를 받고 있었다면 과거 파시스트 첩자들과 마찬가지로 재판에 넘겨져 일주일 안에 총살당했을 것이다. 하지만 공산주의 언론의 근거 없는 기사 외에는 작은 증거 하나도 발견되지 않았다. 이백 명의 '완전한 자백'의 경우도 실제 존재했다면 유죄를 선고받은 사람이 있었겠지만 다시는 그 이야기가 들리지 않았다. 사실 이는 어느 누군가의 상상력이 이백 번 발휘된 것에 불과하다.

또한 스페인 정부 구성원의 대부분은 통일노동자당을 향한 비난을 믿지 않는다고 말했다. 최근 내각은 찬성 5, 반대 2로 반(反) 파시스트 정치범을 석방하기로 했는데, 반대자 두 사람은 공산당 출신 장관이었다. 8월에 제임스 맥스턴 하원의원이 이끄는 국제 대표단이 스페인에 와서 통일노동자당에 대한 비난과 안드레스 닌의 실종을 조사했다. 프리에토 국방부장관, 이루호 법무부장관, 스가사고이티아 내무부장관, 오르테가 이 가세트 검사장, 프라트 가르시아 등은 통일노동자당 지도자들이 첩자라는 것을 믿지 않는다고 했다. 이루호는 관련 문서를 살펴보았다면서 소위 증거라고 하는 것은 검토할 가치가 없고 닌이 서명했다고 하는 문서는 "가치 없다."고, 즉 위조라고 말했다. 프리에토는 통일노동자당 지도자들에게 바르셀로나에서 발생한 5월 전투의 책임이 있다고 말하면서도 파시스트 첩자라는 주장은 일축했다. 프리에토는 "더 심각한 문제는 정부가 통일노동자당 지도자들을 체포한 것이 아니었고 경찰이 독자적으로 체포를 했다는 데에 있다. 경찰 고위

급이 아니라 그 측근자들에게 책임이 있다. 관례에 따라 측근자로 공산당원들이 침투해있었다."고 덧붙였다. 그는 경찰이 불법적으로 체포한 사례들을 추가적으로 인용했다. 이루호도 경찰이 '반(半)독립적'으로 행동했고 실제로는 외국 공산주의자들의 통제를 받고 있다고 말했다. 프리에토는 대표단에게 러시아가 무기를 제공하고 있었기 때문에 정부 입장에서 공산당의 비위를 거스르게 할 수 없었다고 에둘러댔다. 존 맥거번 하원의원이 이끄는 또 다른 대표단이 12월에 스페인에 왔을 때 들은 대답도 이와 비슷했는데, 수가사고이티아 내무부장관은 프리에토가 에둘러 말한 것을 직설적으로 표현했다. "러시아로부터 원조를 받았기 때문에 우리가 원하지 않는 행동을 허용해야 하는 경우도 있었다." 경찰의 독립성을 잘 보여주는 사례로, 교도소장과 법무부장관의 서명이 담긴 명령에도 불구하고 맥거번 등이 바르셀로나에서 공산당이 운영했던 '비밀감옥'에 들어갈 수 없었다는 것을 들 수 있다.[59]

이로써 모든 것이 분명해졌을 것이다. 통일노동자당이 첩자라는 주장은 공산주의 언론의 기사와 공산주의자들이 통제하는 비밀경찰들의 활동에만 의존했다. 통일노동자당의 지도자들과 수백 또는 수천 명의 추종자들은 아직도 투옥 중이고 지난 6개월 동안 공산주의 언론은 '반역자'들을 처형할 것을 소리 높여 요구했

59) 두 대표단에 관한 기사는 9월 7일자 〈르포퓰레르〉지, 9월 18일자 〈라플레셰〉지를 보라. 맥스턴 대표단에 대한 기사는 〈인디펜던트뉴스(파리 생-드니 로(路) 219번지)〉지에 실렸고 맥거번의 팸플릿의 제목은 '스페인에서의 공포'이다.-저자주

다. 하지만 네그린 등은 이에 휩쓸리지 않고 '트로츠키주의자'들의 대량학살을 거부해왔다. 그들이 받은 압박을 고려하면 이는 높이 평가할 만하다. 앞에서 인용한 것을 통해 볼 때 통일노동자당이 정말로 파시스트들의 첩자 조직이었다고 보려면 맥스턴, 맥거번, 프리에토, 이루호, 수가사고이티아 등이 모두 파시스트를 위해 일했다고 믿어야 할 것이다.

마지막으로 통일노동자당이 '트로츠키주의자'였다는 주장에 대해 살펴보자. 이 단어는 여기저기에서 흔히 쓰이고 있는데, 상당히 오해를 야기하는 방법으로, 그리고 종종 오해를 야기하려는 의도에서 사용된다. 우선 이 단어를 정의해보자. 트로츠키주의자라는 단어는 다음의 세 가지를 의미한다.

(1) 트로츠키처럼 '일국사회주의'보다 '세계 혁명'을 옹호하는 자. 크게 보면 혁명 극단주의자.

(2) 트로츠키가 우두머리인 실제 조직의 일원.

(3) 혁명가로 위장한 파시스트로서 특히 소련에서 사보타주 활동을 하며 일반적으로 좌익 세력을 분열시키고 약화시키는 자.

(1)의 의미에서 통일노동자당을 트로츠키주의자로 볼 수 있을 것이다. 영국의 독립노동당과 독일의 사회노동자당, 프랑스의 좌파사회당도 마찬가지다. 하지만 통일노동자당은 트로츠키나 트로츠키주의('볼셰비키-레닌주의') 조직과는 아무 관련이 없다. 전쟁이 발발했을 때 스페인에 온 외국 트로츠키주의자(15~20

명)은 우선 그들의 시각과 가장 근접하다는 이유에서 통일노동자당에서 일했지만 통일노동자당원은 아니었다. 추후에 트로츠키는 추종자들에게 통일노동자당의 정책을 공격할 것을 명령했고 트로츠키주의자들은 일부 의용군에 남긴 했지만 당 사무실에서 숙청됐다. 파시스트가 마우린을 납치한 이후 통일노동자당의 지도자가 된 닌은 한때 트로츠키의 비서였지만 몇 년 전 트로츠키를 떠나 여러 반대파 공산주의자들과 '노동자농민연합'이라는 당을 합쳐 통일노동자당을 만들었다. 공산주의 언론은 통일노동자당이 실제로 트로츠키주의 조직이라는 것을 보여주기 위해 닌이 한때 트로츠키와 관계있었다는 사실을 이용했다. 이와 같은 논리라면 존 스트레이치 씨가 한때 오스왈드 모슬리 경[60]과 관계있었기 때문에 영국 공산당이 실제로는 파시스트 조직이라고 주장해야 할 것이다.

트로츠키주의자를 가장 정확하게 정의한 (2)의 의미에서 보면 통일노동자당은 당연히 트로츠키주의 조직이 아니다. 대다수의 공산주의자들이 (2)의 의미에서의 트로츠키주의자는 (3)의 의미에서의 트로츠키주의자와 같다고, 즉 트로츠키주의 조직은 모두 파시스트 첩자 조직일 뿐이라고 당연하게 생각하기 때문에 이 구분은 매우 중요하다. '트로츠키주의'라는 말은 러시아에서 사보타주에 관한 재판이 진행될 때 대중의 관심을 받기 시작했고, 어떤 사람을 트로츠키주의자라고 부르는 것은 그를 살인자나 선동

60) 영국 파시스트 연합을 결성한 사람.-역자주

분자라고 부르는 것과 같다. 하지만 이와 동시에 좌익의 관점에서 공산주의 정책을 비판하는 사람은 트로츠키주의자로 낙인찍힐 가능성이 높았다. 그렇다면 혁명적 극단주의를 주장하는 사람을 모두 파시스트를 위해 일하는 사람으로 봐야 하는가?

실제로는 편의에 따라 그렇기도 하고 그렇지 않기도 하다. 맥스턴이 앞에서 언급한 대표단과 함께 스페인에 왔을 때 〈베르다드〉, 〈프렌테로호〉지 등의 스페인 공산주의 언론은 즉각 그를 '트로츠키-파시스트' 또는 게슈타포의 첩자라고 맹렬히 비난했다. 하지만 영국 공산주의 언론은 신중하게도 이러한 비난을 따라하지 않았다. 영국 공산주의 언론에서 맥스턴은 '노동자 계급의 반동적인 적'이라고만 막연하게 묘사됐다. 물론 그 이유는 단지 영국 공산주의 언론이 여러 차례 아픈 경험을 통해 명예훼손법을 두려워하게 됐기 때문이다. 비난에 대한 증거가 요구되는 국가에서 이러한 비난이 이뤄지지 않았다는 사실은 그 비난이 거짓이었음을 보여주는 충분한 증거다.

통일노동자를 향한 비난에 대해 필요 이상으로 길게 설명한 것 같다. 이러한 정당 간의 내분에 불가피한 부당함과 거짓 비난이 있긴 하지만, 내전이 가져온 엄청난 고통과 비교할 때 이는 사소하게 보일 수 있다. 하지만 실제로 그렇지 않다. 이러한 명예훼손과 언론의 태도, 그리고 이것이 보여주는 사고방식은 반(反)파시스트 명분에 치명타를 입힐 수 있다고 생각한다.

이 문제에 대해 조금이나마 관심 있는 사람이라면 공산주의자들이 정적에게 날조된 비난을 가한다는 사실을 잘 알 것이다.

오늘날의 키워드는 '트로츠키-파시스트'이지만 얼마 전에는 '사회주의-파시스트'였다. 6, 7년 전 러시아 국사범 재판에서 레옹 블룸[61]과 저명한 영국 노동당원 등 제2인터내셔널의 지도자들이 소련 군사침략을 위한 대대적인 음모를 꾸몄다는 것이 "증명됐다." 하지만 오늘날 프랑스 공산주의자들은 블룸을 기꺼이 지도자로 받아들였고 영국 공산주의자들은 앞 다투어 노동당에 입당하려고 한다. 종파주의적인 관점에서 보더라도 이러한 일이 득이 되는지는 의심스럽다. 또한 '트로츠키-파시스트' 비난이 증오와 불화를 야기한다는 것에는 의문의 여지가 없다. 말단 공산주의자들은 무분별하게 '트로츠키주의자'들에 대한 마녀사냥을 펼치고 있고, 통일노동자당과 같은 정당은 단지 반(反)공산주의 정당이라는 이유로 거의 빈사상태에 빠져있다. 세계 노동 계급 운동에 위험한 분열이 일어나고 있다. 또다시 평생 사회주의자였던 사람들에 대한 명예훼손, 통일노동자당에 대한 비난과 같은 사실 날조가 발생한다면 그로 인한 분열은 회복 불가능한 상태에 빠질 것이다. 정치적인 논란을 철저한 논의가 이뤄질 수 있는 영역에 한정시키는 것만이 유일한 희망이다. 공산주의자들과 그들보다 좌익인 또는 그렇게 주장하는 사람들 사이에는 큰 차이가 있다. 공산주의자들은 자본가 계급의 일부와 연합(인민전선을 구성)하여 파시즘을 물리칠 수 있다고 보지만, 그 반대편에 있는 사람들은 오히려 이것이 파시즘의 새로운 온상을 만들 것이라고 본다.

61) 프랑스 최초의 사회당 총리.-역자주

이 문제는 반드시 해결돼야 한다. 잘못된 결정을 한다면 앞으로 수 세기동안 반(半)노예 생활을 해야 할지도 모른다. 하지만 "트로츠키-파시스트!"라는 고함 외에 어떤 주장도 나오지 않는 한 논의는 시작조차 할 수 없다. 예를 들어 나는 공산당원과 바르셀로나 전투의 잘잘못에 대해 논쟁할 수 없다. 왜냐하면 어떤 공산주의자(다시 말해 '제대로 된' 공산주의자)도 내가 진실을 말하고 있음을 인정하지 못하기 때문이다. 당의 '노선'을 충실하게 따른다면 그는 내가 거짓말을 하거나 기껏해야 내가 심각하게 오해하고 있다고 주장하고, 현장에서 천 킬로미터 떨어진 곳에서 〈데일리워커〉지를 훑어본 사람이 바르셀로나에서 일어나는 사태에 대해 나보다 잘 알고 있다고 주장해야 할 것이다. 이러한 상황에서 논쟁은 있을 수 없고 합의에 필요한 최소한의 조건도 만족시키지 못한다. 맥스턴 등이 파시스트를 위해 일하는 사람이라고 말하는 것이 무슨 소용이 있겠는가? 진지한 논의를 불가능하게 만들 뿐이다. 이는 마치 한창 체스 게임을 하다가 한 선수가 갑자기 상대편이 방화 또는 중혼죄를 저질렀다고 소리치는 것과 같다. 실제 문제가 되는 것은 건드리지 않고 있다. 명예훼손으로는 아무것도 해결할 수 없다.

12장

우리가 전선에 돌아간 것은 바르셀로나 전투가 끝나고 사흘 후쯤이었다. 전투가 끝난 후, 특히 신문 간의 상호비방이 끝난 후, 이 전쟁에 대해 예전처럼 순진하게 이상주의적으로 생각하기 어려웠다. 스페인에 몇 주 이상 있어본 사람이라면 어느 정도 환상이 깨졌다는 것을 느꼈을 것이다. 내가 바르셀로나에 온 첫날 만난 신문 특파원의 말이 생각났다. 그는 "다른 전쟁들과 마찬가지로 이 전쟁은 사기에요."라고 말했다. 이 말에 나는 큰 충격을 받았고 당시(12월)에 나는 이 말을 믿지 않았다. 5월 당시에도 사실이 아니었지만 점점 사실이 되어가고 있었다. 사실 모든 전쟁은 한 달 두 달 지나갈수록 점진적으로 질이 떨어질 수밖에 없다. 개인의 자유나 진실한 언론이 군의 효율성과 양립할 수 없기 때문이다.

이제 무슨 일이 일어날지 추측할 수 있었다. 카바예로 정부가 무너지고, 한층 강화된 공산주의자들의 영향력하에 우익 정부가 들어서고(이는 실제로 1, 2주 후에 일어났다), 이 정부가 노동조합의 세력에서 완전히 벗어나려고 하리라는 것은 쉽게 예상할 수 있었다. 그리고 이후에 프랑코가 패배했을 때—그리고 스페인의 재편성이 야기할 대규모 문제를 잠시 옆으로 제쳐 놓았을 때—에는 전망이 밝지 않았다. 이 전쟁이 '민주주의를 위한 전쟁'이라고 떠들어대던 신문의 말은 새빨간 거짓말이었다. 정신이 제대로 박힌 사람이라면, 전쟁이 끝난 후 분열되고 탈진할 스페인과 같은 국가에서 영국이나 프랑스에서 의미하는 민주주의가 들어설 것이라는 희망을 품지 않을 것이다. 스페인에는 독재 정치가 들어설 수밖에 없었고, 노동자 계급이 정권을 잡을 기회가 날아갔음이 분명했다. 이는 스페인이 일종의 파시즘의 방향으로 나아갈 것임을 의미했다. 의심할 여지없이 이 파시즘은 고상한 이름으로 불릴 것이고, (스페인이기 때문에) 독일이나 이탈리아의 파시즘보다 인간적이고 비효율적일 것이다. 이 경우가 아니라면, 극악무도한 프랑코의 독재정치가 들어서거나 전후 스페인이 실제 여러 국가나 경제지역으로 나뉘는 경우밖에 없을 것이다.

어느 경우가 됐든 전망은 우울했다. 그렇다고 더욱 노골적이고 진화된 프랑코나 히틀러의 파시즘에 맞서 싸워 정부를 지키는 것이 의미 없다는 말은 아니다. 전후에 들어설 정부에 어떤 결함이 있든 프랑코 체제가 훨씬 나쁠 것임은 분명했다. 노동자(도시의 프롤레타리아)에게는 누가 승리하든 나중에 큰 차이가 없을 테지만, 스페인이 원래 농업 국가이기 때문에 농민들은 정부가 승리한다면 분명히 이득을 볼 것이다. 농민들은 적어도 압류된 땅의 일부를 계속 보유할 것이고, 이 경우 프랑코가 지배하던 지역의 땅도 재분배되고 스페인 일부 지방에 남아있던 실질적인 농노

제도도 복구되지 않을 것이다. 전쟁이 끝났을 때 권력을 잡을 정부는 반(反)종교적이고 반(反)봉건적일 것이다. 당분간 교회를 견제할 것이고 국가를 현대화하기 위해 도로를 건설하고 교육과 공공 보건을 강화할 것이다. 전쟁 중에도 이러한 방향의 정책이 시행된 바 있다. 하지만 프랑코의 경우, 단순히 이탈리아나 독일의 꼭두각시가 아닌 한, 봉건적 대지주와 연관되어 있었고 고루한 교회와 군사 반동을 대표했다. 인민전선이 사기였을지 모르지만 프랑코는 시대착오였다. 프랑코가 이기길 원하는 사람은 백만장자나 낭만주의자뿐일 것이다.

또한, 지난 1, 2년간 악몽처럼 나를 괴롭힌 파시즘의 국제적인 위신과 관련한 문제가 있다. 1930년 이래 파시스트들은 항상 승리했는데, 이제 그들이 패배할 때가 되었고 누가 그들에게 패배를 안길지는 중요하지 않았다. 우리가 프랑코와 그의 외국인 용병들을 바다로 몰아낼 수 있다면, 스페인에 숨 막히는 독재체제가 들어서고 유능한 사람들이 모두 감옥에 갇힌다고 하더라도 전 세계 상황을 크게 개선시킬 수 있을 것이다. 이것만으로도 이 전쟁은 승리할 만한 가치가 있었다.

당시 나는 상황을 이렇게 파악하고 있었다. 나는 초기의 네그린 정부보다 지금의 네그린 정부를 높이 평가하고 있다. 네그린 정부는 어려운 전쟁에서 용감하게 싸웠고 어느 누구도 예상 못한 정치적 관용을 보여주고 있다. 하지만 나는—스페인이 분단되어 알 수 없는 결과가 야기되지 않는 한—전후에 들어설 정부가 파시스트가 될 수밖에 없다고 생각한다. 다시 한 번 나는 이렇게 의견을 제시하고 대부분의 예언자들이 그랬듯이 내 의견이 맞는지는 시간에 맡겨두려고 한다.

우리가 전선에 도달했을 때, 밥 스밀리가 영국으로 돌아가던 길에 국경에서 체포되어 발렌시아로 끌려가 감옥에 갇혔다는 말을 들었다. 스밀리는 지난 10월부터 스페인에 있었다. 그는 몇 달간 통일노동자당 사무실에서 일하다가 다른 영국 노동자당원들이 도착했을 때 의용군에 합류했는데, 그의 원래 계획은 석 달 동안 전선에 있다가 영국에 돌아가서 선전 투어에 참여하는 것이었다. 한참 후에야 그가 무엇 때문에 체포됐는지 알 수 있었다. 그는 외부와 연락이 두절된 채 갇혀 있었기 때문에 변호사조차도 그를 볼 수 없었다. 스페인에는 현실적으로 인신보호영장이 없었기 때문에 한 번에 몇 달 동안 기소나 재판 없이 감옥에 갇힐 수 있었다. 결국 우리는 석방된 죄수로부터 스밀리가 '무기 소지'죄로 체포되었다는 것을 들었다. 나중에 알게 된 사실이지만 '무기'라는 것도 포탄 파편을 포함한 다른 기념품과 전쟁 초기에 사용했던 원시적인 수류탄 두 개였는데, 그중 수류탄은 강의에서 자랑하려고 가져간 것이었다. 화약과 도화선이 제거된 상태였기 때문에 철로 된 원통에 불과했고 완전히 무해한 것이었다. 무기 소지 혐의는 단지 핑계에 불과했고 그가 통일노동자당과 연관 있다고 알려져 있기 때문에 체포됐음이 분명했다. 바르셀로나 전투가 막 끝난 상황이었는데, 당시 정부는 공식 발표를 부인할 위치에 있는 사람이라면 어느 누구도 스페인을 빠져 나가지 못하게 상당한 노력을 기울였다. 그 결과 많은 사람들이 다소 하찮은 사유로 국경에서 체포됐다. 분명히 처음에는 스밀리를 며칠 동안만 구금할 생각이었을 것이다. 하지만 문제는 스페인에서 한번 감옥에 들어가면 재판을 받든 안 받든 계속 감옥에 있어야 한다는 점이었다.

우리는 전처럼 우에스카에 있었지만 예전보다 훨씬 오른쪽에 배치되어 몇 주 전에 우리가 잠깐 점령했던 파시스트 보루의 맞은편에 있었다. 나는 테니엔테(아마 영국 군대의 소위에 해당할 것이다)를 맡아 서른 명의 영국 병사와 스페인 병사를 통솔했다. 부대는 나의 정식 임관을 신청했지만 내가 이를 수락해야 할지는 불분명했다. 과거 의용군 장교들은 봉급이 오름에도 불구하고 의용군의 평등 정신에 어긋난다는 이유로 정식 임관을 거부했는데 지금은 수락해야만 하는 상황이었다. 베냐민은 이미 대위에 임관됐고 콥도 소령 임관 절차를 밟고 있었다. 물론 정부는 의용군 장교를 쫓아내지 못했지만, 아마 정규군 장교와 전쟁학교 출신의 새로운 장교들에게 높은 계급을 부여하기 위해 의용군 장교에게 소령 이상의 계급을 주지 않았다. 그 결과, 다른 곳에서도 그랬겠지만, 우리 29사단의 사단장, 여단장, 대대장이 모두 소령인 희한한 상황이 연출됐다.

전선에서는 그리 특별한 일이 없었다. 하카 도로 부근의 전투는 잠잠해졌고 6월 중순에야 재개됐다. 우리 위치에서 가장 신경이 쓰이는 것은 저격수였다. 파시스트 참호는 130미터 이상 떨어져 있었지만 우리보다 높은 지대에 위치해 있었고 우리가 직각 형태로 배치돼 있었기 때문에 적은 우리의 두 면을 공격할 수 있었다. 직각의 모서리 부분은 위험한 자리여서 항상 저격수 총에 맞은 사상자들이 발생했다. 가끔 파시스트들은 총유탄이나 이와 유사한 무기를 우리에게 던졌다. 그로 인해 무시무시한 굉음이 들렸지만(폭탄이 다가오는 소리가 들리지 않아 피할 수 없었기 때문에 우리는 움츠러들 수밖에 없었다) 실제로 위험하지는 않았다. 폭탄이 땅에 낸 구멍의 크기는 세면대 크기 정도였다. 밤은 기분 좋을 정도로 따뜻했지만 낮은 타는 듯이 더웠고, 모기는 골칫거리였으며 바르셀로나에서 깨끗한 옷을 가져왔음에도 불구하고 우리는 금방 더러워졌다. 중립지대의 인적 없는 과수원에 있던 체리는 나무에 달린 채 하얘지고 있었다. 이틀 동안 폭우가 쏟아져 방공호에 물이 넘쳤고 흉벽은 30센티미터 정도 가라앉았다. 그 후 며칠 동안 손잡이도 없고 양철 숟가락같이 휘어지는 형편없는 스페인 삽으로 진득한 진흙을 퍼내야 했다.

부대에서는 우리 중대에 박격포를 주겠다고 약속했고 나는 이를 손꼽아 기다렸다. 밤이 되면 평소처럼 순찰을 돌았지만, 파시스트 참호에 배치된 인원이 증가했고 경계를 강화하여 예전보다는 위험했다. 적은 자기 쪽 철조망 부근에 통조림 캔을 뿌려놓고 캔이 부딪히는 소리가 들리면 기관총을 쏴댔다. 낮 동안에 우리는 중립지대에서 저격했다. 90미터쯤 기어가면 긴 수풀에 가려진 배수로에 도달할 수 있었고 여기에서 파시스트 흉벽 틈을 볼 수 있었다. 우리는 배수로에 소총 지지대를 세웠다. 한참 기다리면 카키색 옷을 입은 사람이 서둘러 흉벽 틈을 미끄러지듯이 건너는 것을 볼 수 있었다. 나는 총을 몇 발 쐈다. 한 사람이라도 맞혔는지는 모르지만 아마 맞히지는 못했을 것이다. 나는 소총을 잘 쏘지 못했다. 하지만 재미있었다. 파시스트들은 어디서 총탄이 날아오는지 몰랐고 나는 조만간 한 명을 맞히겠다고 다짐했다. 그러나 내 꾀에 내가 빠져 버렸다. 파시스트 저격수가 나를 맞힌 것이다. 이는 내가 전선에 간 지 열흘 만에 일어난 사건이었다. 총탄에 맞은 경험이 매우 흥미롭기 때문에 나는 여기서 상세히 기술하고자 한다.

새벽 5시, 흉벽 구석에서 일어난 일이다. 새벽을 등지고 있었고 흉벽 위로 머리를 내밀면 하늘을 배경으로 머리가 뚜렷이 보였기 때문에 이 시간은 항상 위험한 시간이었다. 보초들에게 교대를 준비하라고 말하고 있었다. 뭔가를 말하는 도중에 갑자기 나는 무언가를 느꼈다. 무엇을 느꼈는지 설명하기는 매우 어렵지만 나는 그때를 생생하게 기억하고 있다.

간략하게 말하자면 폭발 '한가운데' 있는 듯한 기분이었다. 펑하는 소리와 눈부신 섬광이 나를 감쌌고 나는 엄청난 충격을 느꼈다. 고통은 없었고 전기 회로 끝부분에 몸이 닿을 때 느낄 수 있는 것과 같은 격렬한 충격만이 있었다. 이와 함께 완전히 나약해지는 것 같았고 뭔가에 세게 맞아 무(無)로 쪼그라드는 느낌이 들었다. 내 앞의 모래주머니가 엄청난 거리로 멀어졌다. 아마 번개에 맞으면 이러한 기분이 들 것 같다. 즉각적으로 나는 총에 맞았다는 것을 알아챘지만, 굉음과 섬광 때문에 내 근처에 있던 소총이 실수로 발사돼 나를 맞힌 줄로만 알았다. 이 모든 일이 일 초도 안 되는 시간동안 벌어졌다. 그 다음에 내 무릎에서 힘이 빠져 나가더니 쓰러졌고 머리가 땅에 쿵 하고 떨어졌지만 다행히도 아프지는 않았다. 온 몸이 마비되는 듯했고 멍한 기분이 들었는데, 아주 심하게 다쳤다는 의식은 있었지만 일반적인 의미에서의 고통은 없었다.

나와 이야기하던 미국인 보초가 나에게 왔다. "어이쿠, 맞았습니까?" 사람들이 내 주위에 몰려들었다. 매번 보는 소동이 벌어졌다. "들어 올려요! 어디 맞았습니까? 셔츠를 열어봐요!" 등등. 미국인 보초가 내 셔츠를 열기 위해 칼을 달라고 했다. 나는 내 주머니에 칼이 있다는 것을 기억하고 꺼내려고 했지만 내 오른팔이 마비됐다는 것을 깨달았다. 고통스럽지 않아서인지 나는 막연하게 만족감을 느꼈다. '아내가 좋아하겠군.'이라고 생각했다. 아내는 내가 부상당하기를 항상 바랐는데 그래야 큰 전투에서 전사하는 것을 피할 수 있었기 때문이다. 그제야 내가 어디에 그리고 얼마나 심하게 맞았는지 궁금해지기 시작했다. 아무것도 느낄 수 없었지만 내 몸 앞부분 어딘가가 총에 맞았다는 것은 알고 있었다. 말하려고 노력했지만 목소리대신 작은 끽끽 소리만 나왔고, 다시 한 번 시도했을 때에야 내가 어디에 맞았는지 겨우 물을 수 있었다. 그들은 목이라고 말했다. 들것을 나르는 해리 웹이 응급치료에 필요한 붕대와 작은 알코올 병 하나를 갖고 있었다. 그들이 나를 들어 올리자 내 입에서 엄청난 양의 피가 쏟아져 나왔고, 내 뒤에서 스페인 병사 하나가 총알이 내 목을 깨끗하게 관통했다고 말하는 것이 들렸다. 알코올이 상처 위에 뿌려질 때, 보통이라면 끔찍하게 따가웠겠지만, 기분 좋을 정도로 시원했다.

한 사람이 들것을 가지러 간 사이에 그들은 나를 내려놓았다.

총알이 내 목을 관통했다는 사실을 알았을 때 나는 당연히 살지 못할 것이라고 생각했다. 목 가운데 총알이 관통한 사람이나 동물이 살아남았다는 말은 들어본 적이 없었기 때문이다. 내 입가에서 피가 뚝뚝 떨어졌다. '동맥이 끊어졌구나.'라고 생각했다. 경동맥이 끊어지면 얼마나 살 수 있는지 궁금해졌다. 아마 몇 분 못 살 것이다. 모든 게 매우 뿌옇게 보였다. 2분여 동안 나는 죽는다고 생각했다. 하지만 이것 역시 흥미로웠다. 내 말은, 이런 때에 어떤 생각을 할지 알게 된 것이 흥미로웠다는 것이다. 물론 첫 번째로 생각난 사람은 아내였다. 두 번째는, 되돌아보니 나에게 정말 딱 맞았던 이 세계를 떠나야 한다는 것에 대한 격렬한 분노였다. 나는 이를 생생하게 느낄 시간이 있었다. 이 어처구니없는 불운 때문에 화가 났다. 이렇게 허무하게 죽다니! 전투 중도 아니고, 잠시의 부주의로 이 퀴퀴한 참호 구석에서 죽다니! 나를 맞힌 사람에 대해서도 생각했다. 그가 어떤 사람이었을지, 스페인 사람이었을지 외국인이었을지, 날 맞혔다는 것을 알고 있을지 등등. 그에게는 전혀 화나지 않았다. 그가 파시스트였기 때문에 기회가 있다면 그를 죽였겠지만, 그가 포로로 잡혀 와서 내 앞에 끌려온다면 나는 그의 사격 실력을 칭찬했을 것 같다. 하지만 실제로 죽어가는 상황이었다면 이와 다른 생각을 했을지도 모른다.

들것에 실렸을 때 마비됐던 오른팔에 감각이 돌아오더니 지독하게 아프기 시작했다. 당시에 나는 쓰러지면서 오른팔을 부러뜨린 것 같다고 생각했다. 하지만 죽어가는 사람이라면 감각이 예민해지지 않는다는 것을 알고 있었기 때문에 아프다는 사실에 마음이 놓였다. 기분이 정상으로 돌아오기 시작했고, 어깨에 들것을 지고 땀을 뻘뻘 흘리며 걷는 불쌍한 네 명의 병사들에게 미안해지기 시작했다. 구급차까지 약 2.5킬로미터 가야 했는데 가는 길이 울퉁불퉁하고 미끄러웠다. 그보다 하루 이틀 전에 부상자를 나를 때 도왔던 경험이 있어서 얼마나 힘든 일인지 잘 알고 있었다. 우리 편 참호 주변 여기저기에서 봤던 은백양나무 이파리들이 내 얼굴을 스쳤다. 은백양나무가 자라는 세계에 살고 있다는 것이 참으로 행복한 일이라고 생각했다. 하지만 그 와중에도 팔이 끔찍하게 아파 욕이 나왔지만, 숨을 몰아쉴 때마다 입에서 피가 흘러나왔기 때문에 욕을 하지 않으려고 애를 썼다.

의사는 상처에 붕대를 다시 감고 모르핀 주사를 놓은 다음 나를 시에타모로 보냈다. 시에타모의 병원들은 급하게 세운 나무 막사였는데, 원래 여기에서는 부상자들이 몇 시간만 있다가 바르바스트로나 레리다로 이송됐다. 나는 모르핀 때문에 몽롱한 상태였지만 여전히 매우 고통스러워 거의 움직이지도 못하고 끊임없이 피를 삼켰다. 이런 상태였지만, 어느 스페인 병원이나 그렇듯이, 초보 간호사는 병원 규정에 따라 수프, 달걀, 기름진 스튜 등으로 구성된 엄청난 양의 음식을 내 입에 쑤셔 넣었고 내가 삼키지 못하는 것을 보고 놀라워했다. 담배를 달라고 했지만 담배가 부족한 시기여서 한 개비도 찾을 수 없었다. 허락받고 전선에서 나온 동지 두 명이 나를 찾아왔다.

"안녕하세요! 살아있군요. 다행이네요. 손목시계와 권총과 손전등을 주시죠. 칼이 있다면 칼도 주시고요."

그들은 내 소지품 전부를 가지고 갔다. 이런 일은 부상자에게 항상 일어났다. 부상자의 소지품은 재빨리 배분됐다. 전선에는 시계와 권총 등이 귀했고 소지품을 부상자 옷에 그대로 놔두더라도 금방 누군가가 훔쳐가기 때문에 어찌 보면 당연한 일이라고 할 수 있다.

저녁이 되자 병자와 부상자들이 구급차 여러 대에 실려 바르바스트로로 향했다. 가는 길은 정말로 지옥 같았다! 말단 부위를 다치면 회복하지만 배에 부상을 당하면 반드시 죽는다는 말이 전쟁 중에 돌았다. 이제야 왜 그런 말이 나온 건지 이해할 수 있었다. 도로는 무거운 대형 트럭 때문에 여기저기 부서지고 전쟁이 시작된 이후 보수도 전혀 하지 않은 상태였는데, 그 위를 덜컹거리며 다니니 내출혈의 가능성이 높은 사람들은 살아남지 못했을 것이다. 쾅, 쿵, 덜커덩! 어렸을 때 화이트시티 박람회에서 탔던 끔찍한 위글워글이 생각났다. 병원 직원들이 깜박하고 우리를 들것에 고정시키지 않았다. 나는 왼팔에 어느 정도 힘을 줄 수 있어서 왼팔로 꽉 붙잡고 있었지만, 어떤 불쌍한 사람은 바닥에 고꾸라져 상상도 못할 정도로 고통스러워했다. 걸을 수 있었던 어떤 환자는 구급차 구석에 앉아 여기저기에 토했다. 바르바스트로의 병원은 환자들로 바글거려서 침대가 거의 다닥다닥 붙어있었다. 다음 날 우리는 병원 기차에 실려 레리다로 이송됐다.

나는 레리다에 대엿새 가량 있었다. 레리다 병원은 큰 병원이었고 여기에는 병자, 부상자, 일반 민간인 환자들이 뒤섞여 있었다. 내가 있던 병실에는 끔찍한 부상을 입은 사람들이 있었다. 내 옆에는 이상한 병을 앓고 있던 검은 머리의 젊은이가 있었는데, 약을 먹으면 소변이 에메랄드빛이 됐다. 그의 요강은 병실의 구경거리였다. 영어를 할 줄 아는 한 네덜란드 공산주의자가 병원에 영국인이 있다는 말을 듣고 나와 친구를 맺고 영자신문을 가져다 줬다. 그는 10월 전투에서 심각한 부상을 당했는데 레리다 병원에 정착해 간호사 한 명과 결혼했다. 부상 때문에 그의 다리 한쪽은 내 팔 굵기만큼 쪼그라들었다. 전선에 갔던 첫 주에 만난 의용병 두 명이 휴가를 얻어 부상당한 동료를 찾아왔다가 나를 발견했다. 그들은 열여덟 살 정도의 아이들이었다. 내 침대 옆에 쭈뼛쭈뼛 서서 할 말을 찾다가 나의 부상에 유감을 표하기 위해 주머니에 있던 담배를 모두 꺼내 나에게 주고 내가 돌려주기도 전에 도망쳤다. 전형적인 스페인 사람이었다. 나중에 깨달은 사실이지만, 레리다 어느 곳에서도 담배를 살 수 없는 상황이었고 그들이 나에게 준 것은 일주일치 배급량에 해당했다.

며칠이 지나자 나는 일어설 수 있었고 팔에 붕대를 매고 걸을 수 있었다. 이유는 모르겠지만 팔을 늘어뜨릴 때 고통이 더 심했다. 쓰러지면서 입은 부상으로 한동안 통증이 심했고 목소리도 거의 사라졌지만, 총알로 인한 상처는 한순간도 아프지 않았다. 이런 일이 일반적인 것 같았다. 총알로 인한 엄청난 충격으로 감각이 일부 마비된다. 삐쭉한 포탄이나 폭탄 조각이 날아오는 강도는 약하지만 그 상처는 극도로 고통스럽다. 병원 부지에 예쁜 정원이 있었는데 그 안의 호수에는 금붕어와 짙은 회색의 작은 물고기(아마 잉어인 듯하다)가 있었다. 나는 한참동안 앉아서 물고

기들을 바라보곤 했다. 레리다에서 일하는 방식을 보면서 아라곤 전선의 병원 체계에 대해 이해하게 됐다. 다른 전선도 똑같은지는 잘 모르겠다. 어떻게 보면 병원은 훌륭했다. 의사들은 실력이 있었고 약과 장비도 부족하지 않아 보였다. 하지만 두 가지 약점이 있었는데 분명히 이 때문에 살 수 있었던 수백 또는 수천 명의 사람들이 죽을 수밖에 없었을 것이다.

한 가지 약점은 전선 부근의 병원 모두 부상자 치료 후송소처럼 사용됐다는 점이다. 그 결과 움직일 수 없을 만큼 심하게 다치지 않은 이상 아무런 치료도 받을 수 없었다. 이론상으로는 대부분의 부상자가 바르셀로나나 타라고나로 곧장 이송돼야 했지만, 교통수단이 부족하여 그곳까지 가는 데 일주일이나 열흘이 걸리는 경우가 많았다. 그들은 시아타모, 바르바스트로, 몬손, 레리다 등지에 머물러야 했으며 어쩌다 한번 깨끗한 붕대를 갈아주는 것 외에 어떤 치료도 받지 못했고 이런 치료조차도 받지 못하는 경우가 허다했다. 포탄으로 심한 상처가 났거나 뼈가 부스러진 사람들은 붕대와 석고로 된 일종의 깁스를 하고 있었다. 상처에 대한 설명은 깁스 겉에 연필로 쓰여 있었고, 원칙적으로 열흘 후에 바르셀로나나 타라고나에 도착하기 전까지 깁스는 제거되지 않았다. 가는 길에 상처가 어떤지 검사하는 것은 불가능에 가까웠다. 몇 명 되지 않는 의사들은 일을 모두 처리할 수 없었고 침대 옆을 빠르게 지나가면서 "네, 네, 바르셀로나에서 치료받을 거예요."라고 말할 뿐이었다. 병원 기차가 마냐나에 바르셀로나로 떠날 것이라는 소문은 항상 있었다. 다른 약점은 유능한 간호사가 부족하다는 점이다. 스페인에는 훈련받은 간호사가 없는 것 같았는데, 이는 전쟁 전에 간호사 일을 주로 수녀들이 담당했기 때문일 것이다. 나에게 항상 친절했던 스페인 간호사들에게 불만이 있는 것은 아니지만, 아는 것이 정말로 없다는 사실은 분명했다. 간호사 모두 열을 재는 방법을 알고 있었고 그중 일부는 붕대 매는 방법을 알고 있었지만 이게 전부였다. 따라서 스스로 몸을 돌보지 못할 정도로 아픈 사람들은 종종 수치스러울 정도로 방치됐다. 간호사들은 일주일 내내 변비에 걸린 사람을 방치했고 스스로 씻을 수 없을 만큼 아픈 사람들을 거의 씻기지 않았다. 팔이 부스러진 어떤 불쌍한 사람은 삼 주간 세수를 못했다고 말하기도 했다. 수 일간 침대가 정리되지 않기도 했다. 병원 음식은 모두 다 훌륭했다. 사실 너무 좋아서 탈이었다. 스페인에서는 아픈 사람들에게 소화가 안 될 정도의 음식을 먹이는 것이 전통인 듯했다. 레리다에서 먹은 음식은 끔찍했다. 오전 6시에 아침 식사로 수프, 오믈렛, 스튜, 빵, 백포도주, 커피를 줬고, 점심은 심지어 이보다도 과했다. 당시 대부분의 스페인 민간인들이 영양을 거의 섭취하지 못하는 때였다. 스페인 사람들은 가벼운 식사라는 말을 모르는 듯했다. 아픈 사람에게도 멀쩡한 사람들과 똑같은 음식을 줬다. 모든 음식이 올리브 오일에 절어 있는 항상 기름지고 느끼한 음식이었다.

어느 날 아침 내가 있던 병실의 사람들이 그날 바르셀로나로 이송된다고 공고됐다. 나는 간신히 아내에게 바르셀로나로 간다고 전보했고, 곧 우리는 버스에 실려 기차역으로 갔다. 기차가 출발하고 나니 우리와 함께 가던 병원 잡역부가 아무렇지 않은 듯이 우리가 가는 곳이 바르셀로나가 아니라 타라고나라고 말했다. 기관사가 생각을 바꿨나보다. '스페인답군!'이라고 생각했다. 하지만 내가 다시 전보를 보내는 동안 기차를 잡고 있겠다고 한 점은 매우 스페인다웠고, 전보가 도착하지 않았다는 점은 더 스페인다웠다.

우리는 나무 의자가 있는 일반 삼등칸에 탑승했는데, 우리 중 대부분은 심한 부상을 입은 상태였고 그날 아침에 처음으로 침대에서 일어난 사람들이었다. 곧 뜨거운 공기와 덜컥거리는 기차 때문에 절반은 쓰러졌고 다수는 바닥에 토했다. 병원 잡역부는 큰 염소가죽 물주머니를 들고 여기저기에 널려 있는 시체 같은 사람들 사이를 다니며 이 사람 저 사람 입에 물을 뿌렸다. 물은 정말 끔찍했다. 아직도 그 맛이 생생히 기억난다. 해가 질 무렵 우리는 타라고나에 도착했다. 돌을 던지면 바다가 닿을 정도로 해변 가까이 선로가 놓여 있었다. 기차가 역에 들어설 때 국제군을 가득 실은 군 수송열차가 떠나고 있었고 다리 위에 있던 사람들이 그들을 향해 손을 흔들고 있었다. 길고 긴 기차 내부는 사람들로 꽉 차 있었고 야포는 뚜껑 없는 화물열차에 단단히 묶여 있었으며 야포보다 많은 수의 사람들이 야포 주위에 모여 있었다. 기차가 저녁의 황금빛을 받으며 지나가는 모습이 희한할 정도로 생생하게 기억난다. 창문마다 보이는 검게 그을린 얼굴에 미소가 가득했고 총이 길게 세워져 있었으며 새빨간 스카프가 펄럭이고 있었다. 이 모든 것이 옥빛 바다를 배경으로 우리를 천천히 스쳐 지나갔다.

누군가 "엑스트란헤로스, 외국인이군."이라고 말했다. "이탈리아 사람이네." 물론 그들은 이탈리아 사람이었다. 그토록 그림 같이 모여 사람들에게 우아하게 답례할 수 있는 사람들은 이탈리아 사람들뿐이다. 기차에 있던 사람 절반이 포도주를 병째로 마셔대고 있기는 했지만 그래도 그 우아함을 숨길 수는 없었다. 나중에 들은 이야기지만 그들은 3월에 과달라하라에서 대승을 거둔 병사들이었다. 그들은 휴가를 마치고 아라곤 전선으로 이동하는 중이었다. 불행하게도 그들 대부분은 불과 몇 주 후에 우에스카에서 목숨을 잃었다. 일어설 수 있을 정도로 괜찮은 사람들은 객차를 가로질러 이탈리아 사람들에게 응원을 보냈다. 창문 밖으로 목발을 흔들었다. 붕대를 맨 팔로 적군(赤軍)처럼 경례를 했다. 이는 전쟁을 압축적으로 보여주는 그림 같았다. 새로 배치되는 군인들을 실은 열차가 당당하게 선로를 나서면 부상당한 사람들이 천천히 미끄러지듯 돌아오고, 그러는 동안 뚜껑 없는 화물열차에 있던 야포들은, 총들이 으레 그러하듯, 심장을 뛰게 해 떨쳐내기 힘든 그 느낌, 즉 결국 전쟁이 영광스럽다는 그 치명적인 감정을 불러일으킨다.

타라고나의 병원은 매우 컸고 온갖 전선에서 온 부상자들로 가득했다. 정말로 다양한 상처를 볼 수 있었다. 여기에서는 일부 상처들을 최근 의료 관행에 맞춘 듯한 방법으로 치료했는데 그 모습은 차마 볼 수 없을 정도로 끔찍했다. 상처를 완전히 벌리고 붕대를 감지 않은 채로 놔두고 파리로부터 보호하기 위해 성긴 천으로 만든 그물을 줄에 달아 걸어 놨다. 그물 사이로 반쯤 나은 상처가 보였는데 마치 붉은 젤리 같았다. 얼굴과 목에 부상당한 어떤 사람은 머리에 성긴 그물로 만든 둥근 헬멧을 쓰고 있었다. 입은 다물어져 있었고 입술 사이에 고정된 작은 튜브로 숨을 쉬고 있었다. 이 불쌍한 사람은 정말로 외로워 보였고 여기저기 걸어 다니면서 아무 말도 못한 채 그물 헬멧을 통해 사람들을 쳐다봤다. 나는 타라고나에 사나흘 있었다. 기운이 나기 시작해 하루는 해변까지 천천히 걸어가는 데 성공했다. 해변에서 사람들이 평소와 같이 생활하는 것을 보자니 이상했다. 천 킬로미터 떨어진 곳에서 전쟁이 일어나지 않은 양 산책로를 따라 깔끔한 카페들이 들어서 있었고 포동포동한 현지 부르주아들이 긴 의자에 누워 해수욕을 하고 있었다. 누구나 그 얕고 미지근한 바닷물에서 익사하는 것은 불가능하다고 생각하겠지만, 우연히 나는 어떤 사람이 바다에서 수영하다가 익사하는 것을 봤다.

마침내 전선을 떠난 지 8, 9일 만에 의사들에게 상처를 보일 수 있었다. 신규 환자의 진료실에서 의사들이 큰 가위로 갈비뼈와 쇄골 부상자들의 가슴에서 깁스를 잘라내고 있었다. 깁스는 후방의 응급 치료소에서 댄 것이었다. 크고 투박한 깁스의 구멍 위로 불안에 떨고 있는 얼굴이 보였는데, 그 더러운 얼굴에는 일주일 동안 깎지 않은 수염이 북슬북슬했다. 활달하고 사무적인 대략 서른 살쯤 돼 보이는 의사가 나를 의자에 앉히더니 까칠한 거즈로 내 혓바닥을 잡고 가능한 한 길게 쭉 잡아당긴 다음 내 입 안에 치과용 거울을 넣고 '아' 해보라고 했다. 의사는 내 혀에서 피가 나고 눈에서 눈물이 뚝뚝 떨어질 때까지 잡아당긴 후 한쪽 성대가 마비됐다고 말했다.

"언제쯤 목소리가 돌아올까요?" 내가 물었다.

"목소리요? 절대 돌아오지 않을 겁니다." 의사가 발랄하게 대답했다.

하지만 의사가 틀렸다는 것이 나중에 밝혀졌다. 대략 두 달간 나는 속삭일 수밖에 없었지만 그 후 다른 쪽의 성대가 '보완'돼 갑자기 목소리가 정상으로 돌아왔다. 팔이 아팠던 것은 총알이 목 뒤의 신경 여럿을 관통했기 때문이었다. 신경통처럼 쑤시듯이 아팠고 고통이 한 달간 지속됐는데, 밤에 특히 아파서 잠을 별로 자지 못했다. 오른쪽 손가락도 반쯤 마비됐다. 심지어 다섯 달이 지난 지금도 검지에 감각이 없다. 목 부상이 초래한 특이한 결과다.

내가 입은 부상이 특이해서 의사 여러 명이 혀를 시끄럽게 차면서 "케 수에르테! 케 수에르테![62]"라고 하면서 상처를 살펴봤다. 한 사람은 권위적인 태도로 총알이 혈관을 '약 1밀리미터' 비껴갔다고 말했다. 그가 얼마나 많이 아는지는 확실하지 않다. 의사, 간호사, 프락티칸테,[63] 동료 환자 등 당시 내가 만났던 사람들 모두 목이 관통되고 살아난 사람이 세상에서 가장 운이 좋은 사람이라고 말했다. 나는 총에 맞지 않는 것이 더 큰 행운이라는 생각을 떨쳐 버릴 수 없었다.

---

62) 다행이라는 의미.-역자주

63) 보조 의사를 의미.-역자주

13장

내가 바르셀로나에 있었던 마지막 몇 주 동안 이상하리만큼 사악한 분위기, 즉 의심, 공포, 불확실함, 숨겨진 증오의 분위기가 조성됐다. 5월 전투는 씻을 수 없는 후유증을 남겼다. 카바예로 정부가 무너지면서 공산주의자들이 권력을 잡았고, 국내 안정의 책임이 공산당 출신 장관들에게 넘겨졌고, 그들이 실낱같은 기회만 잡는다면 곧바로 정적을 박살낼 것이라는 점에는 의심의 여지가 없었다. 아직 아무 일도 일어나지 않았고 나 스스로도 어떤 일이 일어날지 머리에 그려지지 않았다. 하지만 항상 원인 모를 불안에 사로잡혀 있었고 사악한 무엇인가가 곧 일어날 것이라는 생각이 들었다. 실제로 음모에 참여하고 있지 않더라도 분위기 때문에 음모에 가담한 듯한 기분이 들었다. 하루 종일 하는 일이라고는 카페 구석에서 소리 죽여 얘기하면서 옆 테이블에 앉은 사람이 경찰 첩자인지 의심하는 것뿐이었다.

언론 검열 때문에 온갖 안 좋은 소문이 퍼졌다. 그중에는 네그린-프리에토 정부가 일부러 전쟁에서 패배하려고 한다는 말도 있었다. 당시 파시스트들이 빌바오를 함락하기 직전이었는데도 정부가 빌바오를 구하기 위해 가시적인 조치를 취하지 않았기 때문에 나는 이 소문을 그대로 믿었다. 바스크 깃발이 빌바오 곳곳에 걸렸고, 소녀들이 카페에서 모금함을 딸랑거리며 다녔고, 평소와 마찬가지로 '용맹한 수호자들'에 대한 방송이 나왔지만, 바스크 지방은 실질적인 도움을 받지 못하고 있었다. 정부가 겉과 속이 다른 태도를 취하고 있다고 충분히 믿을만한 상황이었다. 나중에 일어난 사건을 보니 내 생각이 틀렸지만, 약간의 힘을 보탰다면 빌바오를 구할 수도 있었을 것 같다. 아라곤 전선에서 공세를 펼쳤다면 공세가 성공적이지 않았더라도 프랑코가 자신의 군대 일부를 아라곤에 보낼 수밖에 없었을 것이다. 결국 정부는 너무 늦을 때까지, 사실 빌바오가 함락될 때까지 어떤 공격도 시작하지 않았다. 전국노동총연맹은 "경계를 늦추지 말라!"라고 쓰인 전단을 다량으로 뿌렸고 '특정 정당'(공산당을 의미)이 쿠데타를 꾸미고 있다는 것을 암시적으로 밝히기도 했다. 카탈루냐 역시 침공 당할지 모른다는 두려움에 휩싸여 있었다. 예전에 우리가 전선으로 돌아갈 때 전선 뒤 수십 킬로미터 떨어진 곳에 튼튼한 방어시설이 건설되고 바르셀로나 전역에 새로운 방공호가 만들어지는 것을 봤다. 하늘과 바다를 통한 공습이 있을 것이라는 경고가 자주 있었다. 대부분 거짓 경보였지만, 사이렌이 울릴 때마다 도시 전역의 가로등은 수 시간 동안 꺼졌고 소심한 사람들은 지하에 숨었다. 경찰 첩자들이 곳곳에 있었다. 여전히 감옥은 5월 전투에서 붙잡힌 사람들로 북적였고, 무정부주의자들과 통일노동자당 지지자들은 물론 그 외 사람들도 하나둘씩 사라져 감옥에 갇혔다. 확인한 바에 따르면 어느 누구도 재판을 받거나 기소당하지 않았다. 트로츠키주의처럼 혐의가 확실한 경우에도 기소되지 않았다. 일단 투옥되면 대부분이 외부와 연락도 못하고 계속 갇혀 있었다. 밥 스밀리도 여전히 발렌시아 감옥에 투옥돼 있었다. 현장의 독립노동당 대리인도, 고용된 변호사도 그를 보지 못한다는 것 외에는 아무 정보도 얻을 수 없었다. 감옥에 갇히는 국제군이나 의용군 소속 외국인들의 숫자도 점점 증가했다. 그들 대부분은 탈영 혐의로 체포됐다. 어떤 의용병이 자원병인지 정규병인지 확실하게 아는 사람이 없는 것이 당시의 일반적인 상황이었다. 그보다 몇 달 전에 의용군에 입대한 사람은 자신이 자원병이고 떠날 때가 되면 원할 때 언제든지 제대증을 받을 수 있다는 말을 들었다. 지금은 정부가 생각을 바꿨는지 의용병은 정규군이었고 집에 가려고 하면 탈영병으로 간주됐다. 하지만 이것조차 확실치 않았다. 일부 전선에서는 당국이 계속 제대증을 발급했다. 이렇게 발급된 제대증은 국경에서 인정받기도 했고 인정받지 못하기도 했다. 인정받지 못하는 경우 곧장 감옥행이었다. 나중에 외국인 '탈영병'들의 숫자는 수백으로 늘었는데, 그들의 국적국이 반발하면 대부분 송환됐다.

돌격대 무리가 거리 곳곳을 활보했고 민간경비대가 전략지점에 있는 카페와 건물을 계속 점령하고 있었으며 대부분의 카탈루냐통합사회당 건물에 모래주머니가 쌓여 있고 바리케이드가 쳐져 있었다. 민간경비대나 기총병대가 도시 곳곳의 초소에서 지나가는 사람들을 세우고 신분증을 요구했다. 모두가 나에게 통일노동자당 의용병 신분증을 보여주지 말고 여권과 병원 입원증만 보여주라고 했다. 통일노동자당 의용군에 있었다는 사실이 알려지는 것만으로도 충분히 위험했다. 부상당하거나 휴가 나온 통일노동자당 의용병들은 월급을 인출하기 어렵다거나 하는 사소한 방식으로 괴롭힘을 당했다. 〈라바타야〉지는 여전히 발행되고 있었지만 검열 때문에 없는 것이나 마찬가지였고, 〈솔리다리다드〉지 등과 같은 무정부주의 신문들도 엄격한 검열을 받았다. 신문의 검열된 부분을 공백으로 놔두지 말고 다른 것으로 채워야 한다는 새로운 규정이 등장했다. 그 결과 삭제된 부분이 어딘지 확인할 수 없는 경우가 다반사였다.

전쟁 내내 반복됐던 식량 부족 사태는 최악의 상태에 이르렀다. 빵이 부족해서 값싼 빵에는 쌀이 섞여 있었다. 병영에서 군인들이 지급받는 빵은 창틀에 바르는 접합제처럼 끔찍했다. 우유와 설탕이 심각하게 부족했고 담배도 비싼 밀수 담배 외에는 찾아볼 수 없었다. 스페인 사람들이 다양하게 사용하는 올리브 오일도 크게 부족했다. 올리브 오일을 사기 위해 여자들이 줄을 서면 말을 탄 민간경비대가 질서유지를 담당했는데, 그들은 종종 줄 서는 사람들 쪽으로 말을 뒷걸음치게 해서 여자들의 발을 밟으며 즐거워했다. 당시 사소하게 짜증나던 일 중 하나는 잔돈이 부족하다는 점이었다. 은화가 회수된 후 새로운 동전이 발행되지 않아 10센티모 동전과 2.5페세타 지폐 사이에는 다른 화폐가 없었고 10페세타 미만의 지폐도 매우 귀했다.[64] 극빈층에게 이는 식량 부족의 악화를 의미했다. 10페세타 지폐만 가진 여자가 오랫동안 식료품점 밖에 줄을 서서 기다렸지만 아무것도 사지 못하는 경우도 있었다. 가게 주인은 잔돈이 없었고 여자는 10페세타를 죄다 쓸 여유가 없었기 때문이다.

당시의 악몽 같던 분위기를 전달하는 것이 쉬운 일은 아니다. 매번 바뀌는 소문과 검열에 시달리는 신문들, 사방의 무장한 사람들 때문에 모두가 불안해했다. 분위기를 전달하기 어려운 이유는 이런 분위기의 핵심이 현재 영국에는 존재하지 않기 때문이다. 영국에서 정치적 불관용은 당연시되지 않는다. 정치적 박해는 대개 사소한 방식으로 이뤄진다. 광부는 상사에게 자신이 공산주의자라고 알려지는 것을 원치 않는다. 하지만 대륙 정치에서 흔히 말하는 '훌륭한 당원'이 드물고, 자신과 의견이 같지 않은 사람을 모두 '숙청'하거나 '제거'하는 것은 당연한 일이 아니다. 그러나 이런 일들이 바르셀로나에서는 너무나 당연시됐다. '스탈린주의자'들이 득세하고 있었기 때문에 당연히 '트로츠키주의자'들은 모두 위험에 처해 있었다. 결국 실제로 일어나지는 않았지만 사람들은 시가전이 다시 발발할까봐 두려워했다. 시가전이 일어난다면 예전과 마찬가지로 통일노동자당과 무정부주의자들에게 책임이 돌아갈 것이다. 나는 첫 총성이 들릴까 귀를 기울이기도 했다. 사악한 지능을 가진 거대한 무언가가 도시 위를 덮고 있는 것

64) 페세타의 구매력은 대략 4펜스에 해당함.-저자주

같았다. 모든 사람들이 이를 의식하고 있었고 이에 대해 말했다. 모든 사람들이 거의 똑같은 말로 표현하는 것이 신기했다. "이 곳의 분위기는…… 정말 끔찍해요. 꼭 정신병원에 있는 것 같아요." 어쩌면 '모든 사람'이라고 말할 수는 없을 것 같다. 스페인에 짧은 시간 머물면서 한 호텔에서 다른 호텔로 옮겨 다닌 몇몇 영국 관광객들은 전반적인 분위기에서 이상한 점을 눈치 채지 못했다. 애솔 공작부인은 1937년 10월 17일자 〈선데이익스프레스〉지에 다음과 같이 기고했다.

> 나는 발렌시아, 마드리드, 바르셀로나에 있었다. (중략) 세 도시 모두 완벽하게 질서가 유지되고 있었고 폭력은 보이지 않았다. 내가 머물었던 호텔 모두 '정상적'이고 '괜찮았고', 버터와 커피가 부족하긴 했지만 상당히 편안했다.

깔끔한 호텔 밖에 다른 무언가가 있으리라고 생각지 못하는 것은 영국 관광객들의 특징이다. 애솔 공작부인에게 버터를 갖다 줬으면 더할 나위 없이 좋았으련만.

나는 통일노동자당에서 운영하는 마우린 요양원에 있었다. 요양원은 티비다보[65] 산 부근의 교외에 있었다. 티비다보 산은 바르셀로나 뒤에 느닷없이 우뚝 솟아 있는 특이한 산이다. 예전부터 사탄이 예수에게 온 세상의 나라를 보여줬던 언덕(여기에서 이름이 유래했다)이라고 알려져 있다. 건물은 과거에 부유한 부르주

65) 라틴어로 "내가 너에게 주겠다."는 뜻.-역자주

아가 소유하던 것이지만 혁명 당시 압류됐다. 요양원에 있던 대부분의 사람들은 전선에서 의병제대한 사람들이거나, 팔다리 절단 등의 부상으로 평생 불구로 살아야 하는 사람들이었다. 영국 사람들도 여러 명 있었다. 윌리엄스는 다리를 다쳤고, 열여덟 살짜리 청년 스태포드 코트먼은 결핵이 의심되어 전선에서 후송됐고, 왼팔이 부서진 아서 클린턴은 스페인 병원에서 사용하던 '비행기'라는 별명의 거대한 줄 달린 기계에 팔을 묶고 다녔다. 아내가 여전히 콘티넨털 호텔에 머물고 있었기 때문에 낮에 바르셀로나에 가곤 했다. 아침마다 나는 팔에 전기치료를 받기 위해 종합병원에 갔다. 치료방법은 특이했다. 따끔거리는 전기충격을 계속 줘서 여러 근육들이 툭툭 움직이도록 했다. 하지만 효과가 있는 것 같았다. 손가락을 움직일 수 있었고 고통이 다소 가라앉았다. 아내와 나는 영국에 최대한 빨리 돌아가는 것이 최선이라고 생각했다. 나는 극도로 허약했고 목소리가 다시 돌아올 것 같지 않았고 의사들은 최소한 몇 개월이 지나야 전투에 나갈 수 있다고 했다. 조만간 돈을 벌기 시작해야 할 것 같았고 다른 사람들에게 돌아가야 할 식량을 축내면서 스페인에 있을 이유가 없었다. 하지만 이기적인 동기가 컸다. 모든 것으로부터 벗어나고 싶다는 생각이 머릿속에 가득했다. 정치적 음모와 증오가 가득한 이 끔찍한 분위기로부터, 무장한 사람들이 무리지어 다니는 거리로부터, 공습, 참호, 기관총, 시끄러운 트램, 우유 없는 차, 기름진 음식, 담배 부족으로부터, 내가 아는 스페인과 관련된 모든 것으로부터 벗어나고 싶었다.

종합병원 의사들이 내가 의학적으로 건강하지 못한 상태라는 증명서를 줬지만, 제대증을 받기 위해서는 전선 부근에 있는 병원에 가서 군의관을 본 후 시에타모에서 통일노동자당 의용군 본부의 직인을 받아야 했다. 콥이 의기양양한 모습으로 전선에서 돌아왔다. 그는 돌아오기 직전에 전투에 나갔는데, 마침내 우에스카가 우리 손에 들어올 것 같다고 말했다. 정부가 마드리드 전선에서 군인들을 빼내어 삼만 명의 군인과 여러 대의 항공기를 동원했다. 타라고나에서 전선으로 가던 이탈리아 사람들이 하카 도로를 공격했지만 많은 사상자가 발생했고 탱크 두 대를 잃었다. 하지만 콥은 우에스카가 머지않아 함락될 것이라고 말했다. (애석하게도 이는 일어나지 않았다. 공격은 완전한 실패로 끝났고 아무런 결실도 거두지 못한 채 신문들의 거짓 보도만 부추겼다.) 그 와중에 콥은 전쟁부에서 면접을 보기 위해 발렌시아에 가야 했다. 그는 동부군을 이끄는 포사스 장군에게 편지를 받았는데, 콥을 '전적으로 신뢰할 수 있는 사람'이라고 묘사하면서 공병(工兵) 부대 특별직에 추천한다는 흔한 편지였다. (콥은 군에 오기 전에 기술자였다.) 내가 시에타모로 떠나던 날인 6월 15일에 콥은 발렌시아로 떠났다.

바르셀로나로 돌아오기 닷새 전이었다. 자정 즈음에 우리를 실은 트럭이 시에타모에 도착했다. 통일노동자당 본부에 도착하자마자 우리의 이름을 묻기도 전에 우리를 일렬로 세우더니 소총과 탄약을 나눠주기 시작했다. 공격이 시작될 것 같았고 예비군을 즉각 동원할 태세였다. 주머니에 입원증이 있었지만, 다른 사람들과 함께 하지 않겠다는 말을 할 수 없었다. 기분이 매우 상한 채로 탄약통을 베개 삼아 땅바닥에서 잤다. 한동안 부상 때문에 용기를 잃었고—이는 흔한 일인 것 같다—포화 속에 뛰어들어야 한다는 생각에 상당히 두려워졌다. 하지만 항상 그렇듯이 마냐나 정신이 살아 있었기 때문에 우리는 결국 불려나가지 않았고, 다음날 아침 나는 입원증을 제시하고 제대증을 찾으러 갔다. 제대증을 찾으러 간다는 것은 혼란스러운 상태에서 피곤하게 여기저기를 다녀야 한다는 것을 뜻했다. 항상 그렇듯이 나는 한 병원에서 다른 병원으로 옮겨 다녀야 했다. 시에타모, 바르바스트로, 몬손으로 갔다가 다시 시에타모에 와서 제대증에 직인을 받아 기차를 타고 바르바스트로와 레리다를 지나갔다. 우에스카에 군인들이 집결하면서 교통이 마비되고 혼란이 가중됐다. 특이한 장소에서 잤던 것으로 기억한다. 병원 침대에서 잔 적도 있고, 도랑에서 자기도 했으며, 아주 좁은 벤치에서 자다가 한밤중에 바닥으로 떨어지기도 했고, 바르바스트로 시립 숙박시설에서 자기도 했다. 한번 철로에서 벗어나면 지나가는 트럭을 얻어 타는 것 외에는 이동할 방법이 없었다. 길가에서 몇 시간을 기다려야 했는데 때로는 서너 시간을 내리 기다려야 했고, 오리와 토끼가 가득한 짐을 든 우울한 농민들과 함께 트럭이 지나갈 때마다 손을 흔들기도 했다. 간신히 사람들이나 빵, 탄약통으로 꽉 차지 않은 트럭을 만난다고 해도 험한 길을 덜컥거리며 가느라 반죽음 상태가 되기 일쑤였다. 말을 타도 그 트럭들처럼 몸이 흔들렸던 적은 없었다. 유일한 이동 방법은 모두 옹기종기 모여 서로를 붙잡고 가는 것이었다. 창피하게도 나는 다른 사람의 도움 없이는 트럭에 올라가지 못할 정도로 여전히 허약한 상태였다.

하루는 군의관을 보러 몬손 병원에 가서 잤다. 내 침대 옆에는 왼쪽 눈을 다친 돌격대원이 있었다. 그는 나에게 친절했고 담배를 주기도 했다. 나는 그에게 "바르셀로나였다면 서로에게 총을 쏴댔겠군요."라고 말했고 우리는 함께 웃었다. 전선에 가까워질수록 전반적인 분위기가 바뀌는 것이 신기했다. 정당 간에 존재하는 악의에 찬 증오가 모두 또는 거의 사라졌다. 전선에 있는 내내 카탈루냐통합사회당 지지자 어느 누구도 내가 통일노동자당원이라는 사실 때문에 나에게 적대감을 표현한 적이 없다. 적대심은 바르셀로나나 전쟁으로부터 멀리 떨어진 곳에서만 존재했다. 시에타모에는 돌격대원들이 많았다. 그들은 우에스카를 공격하기 위해 바르셀로나에서 차출된 사람들이었다. 대개 돌격대는 전선에 보낼 목적으로 창설된 군이 아니었기 때문에 돌격대원 다수가 포화를 경험해본 적이 없었다. 바르셀로나에서 그들은 거리의 왕이었지만 여기에서는 킨토(신병)에 불과했고 전선에 몇 달간 있었던 열다섯 살짜리 의용병 꼬마들만이 그들을 상대했다.

몬손 병원에서 의사는 보통 때처럼 혀를 잡아당기고 치과용 거울을 입 안에 쑤셔 넣더니 다른 의사들과 똑같이 발랄한 목소리로 내 목소리가 절대 돌아오지 않을 것이라고 하면서 제대증에 서명했다. 진찰 받기를 기다리는 동안 수술실 안에서 마취제 없이 끔찍한 수술이 진행되고 있었다. 왜 마취제를 쓰지 않았는지는 잘 모르겠다. 수술이 계속 진행 중이었던 터라 고함소리가 끊이지 않았는데, 내가 수술실 안에 들어가 보니 의자가 여기저기 널브러져 있었고 바닥에는 피와 소변 웅덩이가 있었다.

그 마지막 여정은 특이하게도 세부사항까지 기억에 생생하다. 지난 몇 달과는 다르게 나는 관찰에 집중했다. 29사단의 직인이 찍힌 제대증과 '전투불가'라고 적힌 의사의 확인증을 받았다. 이제 마음만 먹으면 영국으로 돌아갈 수 있었다. 거의 처음으로 스페인을 제대로 볼 수 있을 것 같은 기분이 들었다. 기차가 하루에 한 번 다녔기 때문에 나는 바르바스트로에 하루 머물 수 있었다. 예전에 짧게 바르바스트로를 본 적이 있었지만 그때는 전쟁의 일부로밖에 보이지 않았다. 곳곳이 진흙탕인 잿빛의 차가운 곳이었고 쌩쌩 질주하는 트럭과 추레한 군인들만이 눈에 들어왔다. 신기하게도 이제는 다르게 보였다. 도시 곳곳을 다니면서 나는 아름답고 구불구불한 길, 낡은 돌다리, 사람 키만 한 포도주통에서 술이 새어 나오는 포도주 가게, 수레바퀴, 단검, 나무숟가락, 염소가죽 물병을 만드는 흥미로운 반지하 가게를 발견했다. 염소가죽으로 물병을 만드는 사람을 봤다. 흥미로운 사실은 물병 안에 털이 제거되지 않고 그대로 있다는 것인데, 이는 우리가 실제로는 염소털에 의해 불순물이 걸러진 물을 마시고 있다는 것을 뜻했다. 나는 몇 달 동안 이 사실을 모른 채 염소가죽 물병에서 물을 마셨던 것이다. 바르바스트로 뒤편에는 얕은 청록색 강이 흐르고 있었는데, 그 위에 수직으로 바위 절벽이 우뚝 솟아 있었고 바위 안쪽에 집들이 지어져 있었다. 방 창문에서 침을 뱉으면 수십 미터 아래의 강물에 떨어지는 셈이다. 셀 수 없이 많은 비둘기들이 절벽 구멍에 살고 있었다. 레리다의 허물어져 가는 낡은 건물에는 수만 마리의 제비들이 처마 위에 둥지를 지었는데, 멀리서 보면 로코코 시대의 화려한 장식 같았다. 약 여섯 달 동안 이런 것을 발견하지 못했다는 것이 신기했다. 제대증을 지니고 있으니 다시 사람이 된 듯했고 약간은 관광객 같은 기분이 들었다. 거의 처음으로, 내가 평생 오고 싶어 했던 스페인에 있다는 것을 실감했다. 실제와는 다르지만 모든 사람들이 머릿속에 그리는 스페인의 모습을 레리다와 바르바스트로의 조용한 뒷골목에서 얼핏 본 듯하다. 하얀 산맥, 염소치기, 종교재판이 열렸던 지하 감옥, 무어인들의 궁전, 구불구불 줄지어 가는 까만 노새들, 회색 올리브 나무와 레몬 밭, 까만 만티야[66]를 입은 소녀들, 말라가와 알리칸테의 포도주, 성당, 추기경, 소싸움, 집시, 세레나데…… 한마디로 스페인을 본 것이다. 스페인은 유럽의 그 많은 국가들 중 나의 상상력을 가장 오래 자극했던 국가였다. 마침내 스페인에 왔건만 혼란스러운 전쟁 속에서 혹독한 겨울을 치르고 이 북동부 지방만 보고 돌아가야 하다니, 못내 아쉬웠다.

바르셀로나에 돌아왔을 때는 택시도 끊긴 늦은 시각이었다. 바르셀로나 외곽에 붙어있는 마우린 요양원에 갈 수 없었기 때문에 콘티넨털 호텔로 향했고 도중에 저녁을 먹었다. 아버지 같은 다정한 웨이터와 구리를 감은 참나무 포도주병에 대해 대화를 나눴던 것이 기억난다. 나는 이런 포도주병을 하나 사서 영국에 가

---

66) 스페인 여자들이 즐겨 입었던 머리부터 어깨까지 덮는 숄.-역자주

져가고 싶다고 말했다. 웨이터도 공감했다. "그래요, 참 아름답지 않나요? 근데 요즘에는 이걸 살 수 없어요. 아무도 이걸 만들지 않거든요. 요새는 뭘 만드는 사람이 없죠. 이 전쟁…… 참 안타까워요." 우리는 이 전쟁이 안타깝다는 것에 동의했다. 또 한 번 나는 관광객 같은 느낌이 들었다. 웨이터는 나에게 다정하게 물었다. 스페인 좋아요? 다시 올 건가요? 물론이죠, 다시 돌아올 거예요. 평화스러웠던 이 대화는 바로 그 다음에 일어난 사건 때문에 내 기억에 생생하다.

호텔에 갔을 때 아내는 라운지에 앉아 있었다. 그녀가 일어서더니 놀라울 정도로 무심한 태도로 나에게 다가왔다. 내 목에 팔을 두르더니 라운지에 있는 다른 사람들을 의식하면서 다정한 미소를 띤 채 내 귀에 속삭였다.

"나가요!"

"뭐?"

"당장 여길 나가요!"

"뭐?"

"가만히 서 있지 말아요! 당장 밖으로 나가요!"

"뭐? 왜? 무슨 말이야?"

그녀는 내 팔을 잡고 이미 계단 쪽으로 날 끌고 있었다. 가는 길에 어떤 프랑스 사람을 만났다. 이름은 밝히지 않겠다. 통일노동자당과 아무 관련이 없지만 힘들 때 우리에게 큰 도움을 줬기 때문이다. 그는 걱정스러운 표정으로 나를 쳐다봤다.

"잘 들어요! 여기 오면 안 돼요. 사람들이 경찰을 부르기 전에 당장 나가서 숨어 있어요."

그리고는 짜잔! 계단 끝에서 통일노동자당원인 호텔 직원 하나(그의 상사는 이 사실을 모르는 것 같다)가 엘리베이터에서 몰래 빠져 나오더니 어눌한 영어로 나에게 나가라고 말했다. 그때까지도 나는 무슨 일이 일어났는지 몰랐다.

보도로 나오자마자 나는 물었다. "이게 도대체 뭔 일이야?"

"못 들었어요?"

"뭔 말? 아무 말도 못 들었어."

"통일노동자당이 불법단체가 됐어요. 통일노동자당 건물이 모두 압수됐어요. 거의 다 감옥에 갇혔어요. 벌써 총살하고 있다는 말이 돌아요."

이거였군. 우리는 어딘가로 가서 얘기를 해야 했다. 람블라 거리에 있는 큰 카페에는 경찰이 모여 있었기 때문에 우리는 샛길의 조용한 카페에 갔다. 아내는 내가 없는 동안 일어난 일을 설명해 줬다.

6월 15일 경찰이 느닷없이 안드레스 닌을 그의 사무실에서 체포했고, 그날 저녁에는 팔콘 호텔을 습격해서 그 안에 있던 사람들을 모두 잡아들였다. 대부분이 휴가 나온 의용병이었다. 팔콘 호텔은 바로 감옥이 됐고 삽시간에 온갖 죄수들로 가득 찼다. 다음날 통일노동자당은 불법단체로 선포됐고 통일노동자당이 운영하던 사무실, 가판대, 요양원, 국제혁명자후원회 센터 등이 압수당했다. 그 와중에 경찰은 통일노동자당과 조금이라도 관련 있는 사람이 보이면 모조리 잡아들였다. 하루 이틀 사이에 집행위원회 구성원 마흔 명 거의 모두가 감옥에 갇혔다. 한두 명이 도망쳐 숨었지만, 경찰은 그들의 부인을 인질로 잡는 수법을 썼다(이 전쟁에서는 양측 모두 이 수법을 자주 이용했다). 몇 명이 체포됐는지 파악할 방법이 없었다. 아내는 바르셀로나 한 곳에서만 사백 명 정도 잡혔다는 소문을 들었다고 했다. 당시에도 나는 그보다 더 많은 사람들이 잡혔을 것이라고 생각했다. 온갖 부류의 사람들이 체포됐다. 경찰이 애써 병원에 가서 부상당한 의용병을 끌고 나오기도 했다고 한다.

이 모든 게 경악스러웠다. 도대체 이게 뭔 일이란 말인가? 통일노동자당을 불법화하는 것은 이해하지만 무슨 이유로 사람들을 체포한 것일까? 확인한 바로는 아무 이유가 없었다. 통일노동자당 불법화는 소급 효과가 있는 것 같았다. 통일노동자당이 불법화됐으니 과거 여기에 소속됐던 사람은 법을 위반한 셈이라는 것이다. 항상 그렇듯이 체포된 사람 어느 누구도 기소되지 않았다. 하지만 그 와중에 발렌시아의 공산주의 신문들은 이를 대규모 '파시스트 음모'라고 하면서 적과 무전으로 내통했다는 등, 문서가 투명한 잉크로 서명됐다는 등의 이야기를 지어냈다. 이에 대해서는 앞에서 언급한 바 있다. 중요한 사실은 이런 기사가 발렌시아 신문들에만 실렸다는 것이다. 공산주의 계열, 무정부주의 계열, 공화주의 계열 할 것 없이 바르셀로나의 신문에는 이런 기사나 통일노동자당 불법화에 대한 뉴스가 한마디도 실리지 않았던 것 같다. 통일노동자당 지도자에 대한 정확한 혐의가 뭔지는 스페인 신문이 아닌, 하루 이틀 뒤에 바르셀로나에 배달된 영국 신문을 읽으면서 알게 됐다. 당시 우리가 몰랐던 것은 정부가 반역이나 간첩 혐의를 씌운 것이 아니었고 나중에 정부 각료들이 이를 부인할 것이라는 사실이다. 우리는 막연하게 통일노동자당 지도자들과 아마도 우리 모두가 파시스트를 위해 일한다는 비난만 받는 줄 알았다. 감옥에서 사람들이 은밀히 총살당하고 있다는 소문이 이미 돌고 있었다. 많이 과장된 말이지만, 실제 이런 일이 일어나기도 했고 닌에게 이런 일이 일어났다는 데에는 의심의 여지가 없다. 닌은 체포된 후에 발렌시아와 마드리드로 이송됐고, 6월 21일에 그가 총살당했다는 소문이 바르셀로나에서 돌았다. 나중에 소문은 더욱 구체화됐다. 비밀경찰이 닌을 감옥에서 총살했고 시체를 거리에 버렸다는 내용이었다. 이 말은 전직 각료였던 페데리카 몬트세니스를 비롯한 여러 사람에게서 흘러나왔다. 그날 이후 지금까지 닌이 살아 있다는 소식은 들리지 않았다. 나중에 여러 국가의 대표자들로부터 질문을 받았을 때 정부는 말을 얼버무리면서 닌이 실종됐고 그의 행적에 대해 모른다는 말만 했다. 일부 신문에는 그가 파시스트 영토로 탈출했다는 이야기가 실렸다. 그에 대한 증거는 아무것도 제시되지 않았고, 나중에 이루호 법무부장관은 에스파냐 통신사가 정부의 공식 성명을 왜곡했다고 밝혔다.[67] 어쨌든 닌처럼 중요한 정치범을 도망치게 놔뒀을 리 없다. 닌이 살아 돌아오지 않는 이상 그가 감옥에서 살해당했다고 봐야 할 것이다.

---

67) 11장에서 언급한 맥스턴 대표단의 보고서를 참조.-저자주

체포 기사가 몇 달간 계속 등장했고, 파시스트를 제외한 정치범의 숫자가 수천 명으로 불어났다. 주목할 만한 점은 말단 경찰들이 자율적으로 행동한다는 것이었다. 대부분의 체포는 명백히 불법이었고 경찰청장이 석방한 사람들 다수가 감옥 입구에서 다시 체포돼 '비밀감옥'으로 이송됐다. 대표적인 예는 쿠르트 란다우와 그의 부인이었다. 그들은 6월 17일에 체포됐고 란다우는 바로 '사라졌다.' 다섯 달 후에 그의 부인은 여전히 재판도 받지 못하고 남편의 소식도 못 들은 채 감옥에 갇혀 있었다. 그녀는 단식투쟁을 벌였고 그 후 법무부장관은 그녀에게 남편이 죽었다는 소식을 전했다. 얼마 후 그녀는 석방됐지만 바로 다시 체포돼 감옥에 던져졌다. 주목할 만한 점은 경찰이 적어도 처음에는 자신들의 행동이 전쟁에 미칠 영향에 대해 완전히 무관심했다는 것이다. 그들은 미리 허락 받지 않고 주요 초소에 있던 군 장교들을 마음대로 체포했다. 6월 말 즈음에 바르셀로나에서 파견된 경찰 한 무리가 전선 부근에서 29사단을 이끄는 호세 로비라 장군을 체포했다. 로비라의 병사들이 대표단을 보내 전쟁부에 항의했다. 하지만 전쟁부나 오르테가 경찰청장 모두 로비라 체포에 관한 보고를 받지 못했음이 드러났다. 이 모든 일련의 사태 중에서도 내 마음에 가장 걸리는 것은, 중요한 것은 아니지만, 무슨 일이 일어나는지에 대한 소식이 전선에 있던 군인들에게는 전혀 전달되지 않았다는 점이다. 뒷부분에서 언급하겠지만, 나를 비롯해 전선에 있던 그 어느 누구도 통일노동자당의 불법화에 대해 듣지 못했다. 통일노동자당 본부와 국제혁명자후원회 센터 등이 모두 정상적으로 운영됐고, 6월 20일까지도 바르셀로나에서 약 150킬로미터밖에 떨어지지 않은 레리다에 있는 어느 누구도 무슨 일이 일어나고 있는지에 대해 듣지 못했다. 관련 기사가 바르셀로나 신문에 전혀 실리지 않았고(첩보소설을 쓰던 발렌시아 신문은 아라곤 전선에 도달하지 않았다), 바르셀로나로 휴가 나온 통일노동자당 의용병들을 모두 체포한 이유 중 하나도 분명히 전선에 이런 소식이 전달되지 못하도록 하기 위함이었을 것이다. 틀림없이 6월 15일에 나와 함께 전선으로 갔던 병사들이 마지막 신병이었을 것이다. 트럭으로 물자 수송이 계속 이뤄졌음에도 어떻게 이런 소식이 비밀로 유지됐는지 아직도 잘 모르겠다. 이런 소식을 일부러 숨겼음이 분명하고, 나중에 여러 사람들에게 들은 말이지만, 전선에 있던 사람들은 며칠이 지나도록 아무 소식도 듣지 못했다. 이렇게 숨긴 이유는 뻔하다. 우에스카 공격이 시작된 상태였고 통일노동자당 의용군이 여전히 독자적인 부대였기 때문에 전선에 있던 사람들이 소식을 듣고 전투를 거부할까 두려웠던 것이다. 실제로 소식이 전해졌을 때 이런 일은 전혀 일어나지 않았다. 그 사이에 죽은 사람들 다수는 후방에서 언론이 그들을 파시스트라고 불렀음을 전혀 알지 못했을 것이다. 이런 것들은 도저히 용서할 수 없다. 나는 군인들에게 나쁜 소식을 전하지 않는 것이 일반적임을 알고 있고 이는 쉽게 정당화될 수도 있을 것이다. 하지만 사람들을 전장에 보내 놓고, 등 뒤에서 그들의 정당이 불법화됐고 지도자들이 반역 혐의를 받고 있으며 친지들이 감옥에 갇히고 있다는 것을 알리지도 않는 것은 다른 문제다.

아내는 친구들의 소식을 알려주기 시작했다. 일부 영국인들과 외국인들은 국경을 넘었다. 마우린 요양원이 습격당할 때 윌리엄스와 스태포드 코트먼은 체포되지 않고 어딘가에 숨어 있었다. 프랑스에 있다가 통일노동자당이 불법화된 후 스페인에 돌아온 존 맥네어도 그러했다. 무모한 행동이었지만 동지들이 위험에 처해 있을 때 안전한 곳에 있을 수 없다는 게 이유였다. 그 외에는 "경찰이 누구누구를 잡았다"의 연속이었다. 경찰은 거의 모든 사람을 '잡은' 것 같았다. 조르주 콥을 '잡았다'는 말을 듣고 깜짝 놀랐다.

"뭐라고! 콥? 발렌시아에 있었잖아."

콥이 바르셀로나에 돌아왔나 보다. 그는 전쟁부가 동부전선에서 공병부대 작전을 지휘하는 대령에게 보내는 편지를 지니고 있었다. 물론 그는 통일노동자당이 불법화됐다는 것을 알았지만, 경찰이 긴급한 군사임무를 띠고 전선에 가는 자신을 잡을 만큼 멍청할 것이라고는 생각지도 않았다. 콥은 콘티넨털 호텔에 가방을 가지러 갔다. 당시 내 아내는 외출한 상태였는데, 호텔 사람들이 콥을 거짓말로 간신히 붙들어 놓고 경찰을 불렀다. 나는 콥이 체포됐다는 말을 들었을 때 화가 났다는 것을 인정한다. 나는 그와 친구였고 그와 함께 포화 속에 뛰어들었고 그의 삶이 어땠는지 잘 알고 있다. 그는 가족, 국적, 생계 등 모든 것을 포기한 채 스페인에 와서 파시즘과 싸웠다. 벨기에 예비군임에도 불구하고 허락 없이 벨기에를 떠나 외국군에 합류하여 스페인 정부를 위해 불법으로 군수품 제작을 도왔다. 그 때문에 자신의 국적국인 벨기에에 돌아가면 수년 동안 감옥살이를 해야 했다. 그는 1936년 10월부터 전선에 있었는데, 밑바닥에서 출발하여 스스로의 힘으로 소령이 됐고 무수히 많은 전투를 치렀고 한 차례 부상을 입었다. 나 자신도 목격한 바 있지만 5월 전투 당시 그는 자기 구역에서 전투가 일어나는 것을 막아 열에서 스무 명의 생명을 구했다. 그에 대한 보답이 감옥행이라니. 화내는 것은 시간낭비지만, 이런 어리석고 악랄한 행위를 보면 인내심이 바닥난다.

그 와중에도 그들은 내 아내를 '잡아'가지 않았다. 그녀가 콘티넨털 호텔에 묵고 있었지만 경찰은 그녀를 체포하려고 하지 않았다. 그녀를 미끼로 이용했음이 분명하다. 하지만 이틀 전날 밤 아침이 밝기 전에 사복 차림의 경찰 여섯 명이 우리 호텔방에 들이닥쳐 곳곳을 뒤졌다. 다행히 여권과 수표책을 제외하고, 우리가 소지하고 있던 모든 문서를 압수했다. 내 일기장, 책, 몇 달간 모은 신문기사 스크랩(스크랩이 그들에게 무슨 소용이 있었을지 아직도 궁금하다), 전쟁 기념품, 편지를 모조리 가져갔다. (참고로 독자들이 나에게 보낸 편지를 그들이 여러 장 가져갔다. 몇몇 편지에 대해 답장하지 못했는데, 나에게 주소가 있는 것도 아니다. 지금 이 책을 읽는 사람 중 지난번 책에 대해 편지를 썼다가 답장을 못 받은 독자가 있다면 양해해 주길 바란다.) 경찰들이 마우린 요양원에 있던 내 소지품도 가져갔다는 것을 나중에 알게 됐다. 내 더러운 빨랫감도 가져갔다고 한다. 경찰들은 거기에 투명 잉크로 메시지가 적혀있다고 생각했나 보다.

적어도 한동안은 아내가 호텔에 머무는 것이 안전했다. 그녀가 도망치려고 했다면 경찰들이 그녀를 바로 쫓아갔을 것이다. 나는 곧바로 숨는 편이 나았다. 숨어야 한다고 생각하니 분노가 치밀었다. 수많은 사람들이 체포당했지만 나 자신이 위험에 처해 있다는 것이 믿어지지 않았다. 이 모든 것이 무의미해 보였다. 콥도 이런 어처구니없는 상황을 심각하게 받아들이지 않았다가 감옥에 갇혔다. 나 자신에게 계속 물었다. 나를 왜 체포하려는 거지? 내가 뭔 짓을 했다고? 나는 통일노동자당원도 아니었다. 물론 5월 전투 당시 무기를 소지하고 있었지만, 무기를 소지했던 사람이 나 말고도 사, 오만 명(어림잡아) 더 있었다. 나는 잠이 매우 부족한 상태였다. 위험을 감수하고 호텔로 돌아가고 싶었다. 아내는 내 말을 들으려고 하지 않았다. 인내심을 갖고 현재 상황이 어떤지 나에게 설명했다. 내가 무얼 했는지 안 했는지는 중요치 않았다. 범죄자들을 체포하는 것도 아니고 공포정치를 하는 것이었다. 내가 특별히 잘못한 것은 없었지만 '트로츠키주의'라는 죄를 지었다. 통일노동자당 의용군에서 복무했다는 것만으로도 감옥에 가기에는 충분했다. 법을 지키는 한 안전하다는 영국식 사고방식은 소용없었다. 실제로 법은 경찰 마음대로 만든 것이었다. 내가 할 수 있는 일은 조용히 숨어 지내면서 통일노동자와 관련 있음을 숨기는 것뿐이었다. 우리는 내 주머니에 있던 문서를 살펴봤다. 아내 때문에 큰 글자로 통일노동자당이라고 쓰인 의용병 신분증과 통일노동자당 깃발을 배경으로 찍은 의용군 사진을 찢어야 했다. 요즘에는 이런 것 때문에 체포됐다. 하지만 제대증은 찢을 수 없었다. 29사단 직인이 찍혀 있었고 경찰은 분명히 29사단이 통일노동자당 소속이라는 것을 알고 있을 것이기 때문에 위험했다. 그러나 제대증이 없으면 탈영병으로 체포될 수 있었다.

이제 우리가 고민해야 할 것은 스페인을 빠져 나갈 방법이었다. 조만간 투옥될 것이 분명한 이곳에서 더는 머물 수 없었다. 사실 우리 모두 남아서 무슨 일이 일어날지 지켜보고 싶었다. 하지만 스페인 감옥이 끔찍할 것 같았고(실제로 내가 상상했던 것보다 더 끔찍했다), 한번 감옥에 갇히면 언제 나올지 알 수 없었을 뿐더러 팔도 아프고 몸 전체가 허약한 상태였다. 우리는 다음날 영국 영사관에서 만나기로 했는데 코트먼과 맥네어도 온다고 했다. 스페인을 떠나려면 세 곳, 즉 경찰청장, 프랑스 영사, 카탈루냐 당국에서 직인을 받아야 했다. 물론 경찰청장에게 직인을 받는 것은 위험했다. 하지만 영국 영사가 일을 잘 처리하면 우리가 통일노동자당과 연관이 있다는 것을 들키지 않을 수도 있었다. 물론 외국인 '트로츠키주의자' 목록이 있고 그 목록에 우리 이름이 적혀 있을 가능성이 높지만, 운이 좋으면 우리가 그 목록보다 먼저 국경에 다다를 수도 있었다. 분명히 착오가 있을 것이고 마냐나 정신이 남아 있을 것이다. 다행히 이곳은 독일이 아니라 스페인이었다. 스페인 비밀경찰은 게슈타포 정신은 약간 갖고 있었지만 능력은 한참 부족했다.

우리는 헤어졌다. 아내는 호텔로 돌아갔고 나는 어둠 속에서 잘 곳을 찾았다. 언짢고 지루했던 것이 기억난다. 침대에서 얼마나 자고 싶었는지! 내가 갈 만한 곳이 없었고 몸을 숨길 집도 없었다. 통일노동자당은 지하조직이 아니었다. 당 지도자들은 당이 불법화될 수 있음을 항상 인식하고 있었지만, 이런 대규모 마녀사냥이 일어날 줄은 상상도 못했다. 실제로 통일노동자당이 불법화되는 날에도 통일노동자당 건물을 개조하고 있었다(무엇보다도 예전에 은행이었던 집행위원회 건물에 영화관을 짓고 있었다). 따라서 혁명 정당이라면 당연히 보유했을 비밀회동 장소나 도피처도 없었다. 그날 밤 얼마나 많은 사람들(경찰에게 집을 습격당한 사람들)이 길거리에서 잤는지는 아무도 모를 것이다. 닷새 동안 상상도 못했던 장소에서 자면서 피곤하게 보내 팔까지 엄청 아픈데, 그 멍청이들이 여기저기서 나를 찾고 있는 바람에 또다시 땅바닥에서 자야 했다. 여기까지가 내 생각의 한계였다. 적절한 정치적 사고는 불가능했다. 일이 진행되는 상황에서는 그런 사고를 하지 않는다. 나는 전쟁이나 정치에 휘말리면 항상 그런 것 같다. 물리적 불편함 외에 아무것도 느끼지 못하고 이 터무니없는 상황이 끝나기를 간절히 바랄 뿐이다. 시간이 지나면 비로소 사건들의 의미가 파악되지만, 일이 진행되는 동안에는 이로부터 빠져나가고 싶은 마음만 들었다. 내가 고상한 사람은 아닌가 보다.

오랫동안 걸어서 종합병원 부근에 도달했다. 경찰이 나를 발견하고 신분증을 요구하지 않을 곳에 눕고 싶었다. 공습 대피소에 가 봤으나 새로 파서 상당히 축축했다. 그러고 나서 나는 혁명 당시 파괴되고 불탄 교회를 발견했다. 지붕은 오간 데 없이 뼈대만 남았고, 네 개의 벽 사이에 돌무더기가 쌓여 있었다. 어둠 속에서 더듬거리며 다니다가 누울 만한 움푹 팬 곳을 발견했다. 깨진 돌조각 위에 눕기란 쉽지 않았지만, 다행히 날이 따뜻해서 몇 시간 잘 수 있었다.

14장

바르셀로나와 같은 도시에서 경찰에 쫓기는 사람이 겪는 가장 큰 어려움은 모든 상점이 너무 늦게 문을 연다는 점이다. 야외에서 자면 항상 새벽 즈음에 깨는데, 9시가 되기 한참 전에 문을 여는 바르셀로나 카페는 하나도 없다. 몇 시간이 흘러야 커피 한 잔을 마시거나 면도를 할 수 있었다. 팁 주는 것을 금한다는 무정부주의자들의 공고문이 아직도 이발소 벽에 붙어 있는 것이 신기했다. 공고문에는 "혁명이 사슬로부터 우리를 해방시켰다."라고 적혀 있었다. 나는 조심하지 않으면 사슬을 곧 다시 차게 될 것이라고 이발사들에게 말하고 싶었다.

시내로 어슬렁어슬렁 걸어갔다. 통일노동자당 건물 위 붉은 깃발이 있던 자리에 공화주의자들의 깃발이 펄럭이고 있었고, 무장한 민간경비대원들이 문 앞에서 느긋하게 앉아 있었다. 경찰들이 카탈루냐 광장 구석에 있는 국제혁명자후원회 센터의 창문 대부분을 신나게 박살내 놨다. 통일노동자당의 가판대에는 책이 없었고 그로부터 좀 떨어진 람블라 거리의 게시판에는 반(反)통일노동자당 만화가 붙어 있었다. 가면을 벗기면 파시스트 얼굴이 나타나는 만화였다. 부둣가 부근의 람블라 거리 끝에서 희한한 장면을 목격했다. 전선에서 막 온 듯한 의용병 여러 명이 해진 옷을 입고 흙을 뒤집어 쓴 채로 피곤에 절어 구두닦이들이 앉는 자리에 대자로 누워 있었다. 나는 그들이 누군지 알았다. 사실, 그들 중 한 명을 알아봤다. 그들은 그 전날 전선에서 돌아와 통일노동자당이 불법화됐다는 사실을 깨달았고, 집이 습격당해 길거리에서 밤을 지새워야 했다. 당시 바르셀로나에 돌아온 통일노동자당 의용병들은 곧바로 숨거나 투옥되는 것 중 하나를 선택해야 했다. 그들은 서너 달 동안 전선에 있다가 돌아왔음에도 환영받지 못했다.

우리는 희한한 상황에 처해 있었다. 밤에는 쫓기는 도망자 신세지만 낮에는 평소처럼 생활했다. 통일노동자당 지지자들이 머물던 곳으로 알려진 집, 혹은 머물 가능성이 높다고 여겨지는 집은 감시당했고, 이방인이 오면 호텔 주인이 바로 경찰에 알려야 하는 법이 만들어져서 호텔이나 하숙집에 갈 수도 없었다. 이는 곧 야외에서 밤을 보내야 함을 뜻했다. 반면 낮 동안에 바르셀로나 정도 크기의 도시는 안전했다. 길거리는 민간경비대, 돌격대, 기총병대, 일반 경찰, 수많은 사복 첩자들로 가득했지만, 그들은 지나가는 사람 모두를 멈춰 세울 수 없었기 때문에 평범해 보이면 그들의 눈을 피할 수 있었다. 통일노동자당 건물 부근에서 서성이거나 웨이터가 알아볼 수 있는 카페만 피하면 됐다. 그날과 그 다음날 나는 공중목욕탕에서 오랫동안 목욕했다. 눈에 띄지 않고 시간을 보낼 좋은 방법일 것 같았다. 하지만 불행히도 그렇게 생각한 사람이 많았는지 내가 바르셀로나를 떠나고 며칠 후에 경찰이 공중목욕탕 한 곳을 습격해 알몸의 '트로츠키주의자'들을 여럿 체포했다.

람블라 거리를 절반쯤 올라왔을 때 나는 마우린 요양원에 있던 부상자 한 명과 마주쳤다. 당시 많은 사람들이 그랬던 것처럼 우리는 눈에 띄지 않게 윙크를 주고받고 몰래 거리 위쪽의 카페에서 만나기로 했다. 그는 마우린 요양원이 습격당할 때 체포되지 않았지만 다른 사람들처럼 길거리로 나와야 했다. 그는 반팔 차림이었고—재킷도 입지 못한 채 도망쳐야 했다—돈도 없었다. 그는 민간경비대원 한 명이 거대한 채색 마우린 초상화를 벽에서 뜯어내 짓밟은 얘기를 해줬다. 마우린(통일노동자당의 창건자 중 한 명)은 파시스트에 포로로 잡혀 갔고 당시에 이미 총살당한 것으로 알려져 있었다.

나는 10시에 영국 영사관에서 아내를 만났다. 얼마 후 맥네어와 코트먼도 나타났다. 그들이 나에게 건넨 첫마디는 밥 스밀리가 죽었다는 것이었다. 그는 발렌시아의 감옥에서 죽었다. 뭐 때문이었는지는 아무도 확실하게 알지 못했다. 그는 바로 매장됐고 현장의 독립노동당 대표인 데이비드 머리가 시신을 보려고 했지만 허가가 나지 않았다.

그 말을 듣는 즉시 나는 스밀리가 총살당했다고 생각했다. 당시에는 모두가 그렇게 생각했지만, 생각해보니 내가 틀렸을지도 모른다. 나중에 그의 사인(死因)이 맹장염이라고 발표됐고 석방된 죄수로부터 스밀리가 감옥에서 아팠다는 말을 들었다. 아마 맹장염이라는 말이 사실일지 모른다. 머리에게 시신을 보여 주지 않은 것은 단순한 악의에서 비롯됐을지도 모른다. 하지만 이 말은 해야겠다. 밥 스밀리는 스물두 살밖에 되지 않았고 지금까지 내가 만난 사람들 중 가장 건강한 사람이었다. 내가 아는 영국인과 스페인 사람 중에 석 달 간 참호에 있으면서 하루도 아프지 않았던 사람은 그가 유일했다. 그렇게 건강한 사람들은 보통 제대로 치료를 받는다면 맹장염으로 죽지 않는다. 하지만 스페인 감옥이 어떤지 본다면—정치범들을 위해 임시로 만든 감옥이었다—아픈 사람이 제대로 치료를 받을 수 없다는 것을 단번에 알 수 있다. 감옥은 옛 성의 지하 감옥과 비슷하다고 설명할 수밖에 없다. 영국에서 이와 비슷한 것을 찾으려면 18세기로 거슬러 올라가야 할 것이다. 사람들은 누울 공간도 없는 작은 방에 갇혔고 창고나 캄캄한 곳에 갇히는 경우도 많았다. 이는 일시적인 조치가 아니었다. 네다섯 달 동안 햇빛을 못 본 사람들도 있었다. 음식도 더럽고 부족했는데, 하루에 수프 두 그릇과 빵 두 조각이 전부였다. (하지만 몇 달 후 음식의 질이 약간 개선된 듯하다.) 과장이 아니다. 스페인에서 정치범으로 투옥된 적이 있는 사람에게 물어보라. 나는 여러 사람들에게 스페인 감옥에 대한 얘기를 들었고 그들의 말이 모두 일치해 믿지 않을 수가 없었다. 그리고 내 눈으로 스페인 감옥을 본 적이 몇 번 있다. 나중에 감옥에 갇혔던 적이 있는 영국인 친구 한 명이 감옥에서의 경험 때문에 "스밀리의 일을 잘 이해할 수 있었다."고 쓰기도 했다. 나는 스밀리의 죽음을 도저히 용서할 수 없다. 이 용맹하고 재능 있는 청년은 파시즘과 싸우기 위해 글래스고 대학의 자리를 버렸고 내 눈에는 흠잡을 데 없는 용기와 의지를 가지고 전선에서 싸웠다. 이런 그를 투옥시키고 방치된 동물처럼 죽게 놔두다니. 대규모 유혈 전쟁 중에 사람 한 명이 죽은 것을 두고 야단 떠는 것이 소용없다는 것을 잘 안다. 정치적 박해보다 붐비는 거리에 폭탄을 투하하는 것이 더 큰 고통을 야기한다. 하지만 이런 죽음에 분노하는 것은 그 무상함 때문이다. 전투 중에 죽는 것은 누구나 예상한다. 하지만 날조된 혐의조차 없이 단지 맹목적인 악의 때문에 투옥되고 쓸쓸히 죽어가는 것은 다른 문제다. 스밀리의 경우가 예외적인 것은 아니지만 이런 일들이 어떻게 승리의 날을 앞당길 수 있는 건지 나는 이해할 수 없다.

그날 오후 아내와 나는 콥을 면회했다. 면회가 금지되지 않은 죄수들을 만날 수 있지만, 한두 번 이상 면회 오는 것은 안전하지 않았다. 경찰들이 오고가는 사람들을 감시했고 너무 자주 면회 오면 '트로츠키주의자'들의 친구로 찍혀 감옥에 갇힐 가능성이 높았다. 이미 많은 사람들이 이런 일을 겪었다.

콥이 면회 금지 상태가 아니었기 때문에 우리는 큰 어려움 없이 허가를 받아 만날 수 있었다. 안내를 받아 철문을 통과해 감옥에 들어가는데, 전선에서 알던 스페인 의용병이 두 민간경비대원에게 이끌려 나오고 있었다. 서로의 눈이 마주쳤다. 비밀스러운 윙크가 오갔다. 우리가 감옥에서 처음 본 사람은 며칠 전에 집으로 떠난 미국인 의용병이었다. 서류는 제대로 구비했지만 코듀로이 반바지를 입고 있어 의용병이라는 것이 들통 났다. 우리는 한 번도 본 적 없는 사람들처럼 스쳐 지나갔다. 기분이 좋지 않았다.

그와 몇 달 동안 알고 지냈고 같은 방공호에 있기도 했고 내가 부상당해 이송될 때 그가 돕기도 했다. 하지만 이렇게 할 수밖에 없었다. 파란 옷을 입은 경비병들이 곳곳에서 기웃거리고 있었다. 너무 많은 사람들을 아는 것은 치명적일 수 있다.

실제로 감옥이라고 불리던 곳은 한 상점의 1층에 위치했다. 각각 2제곱미터도 되지 않는 방 두 개에 백 명에 가까운 사람들이 갇혀 있었다. 더러운 먼지가 가득하고 가구 없이 사람만 옹기종기 모여 있는 것이 18세기 뉴게이트 캘린더[68]에서나 나올 법한 모습이었다. 맨바닥에 긴 의자 하나와 다 해진 이불 몇 점이 있을 뿐이었다. 쇠로 된 셔터가 창문에 쳐져 있어 안은 어두컴컴했다. 때 묻은 벽에는 '비스카, 포움', '비바 라 레볼루시온!'과 같은 혁명 구호가 낙서처럼 쓰여 있었다. 그곳은 여러 달 동안 정치범 수용소로 사용됐다. 귀가 아플 정도로 시끄러웠다. 면회 시간이었기 때문에 사람들로 꽉 차 있어 움직이기 어려웠다. 대부분이 노동자 계급 중에서도 가장 가난한 축에 속하는 사람들이었다. 여자들이 감옥에 갇혀 있는 가족을 위해 초라한 음식 꾸러미를 풀고 있었다. 죄수 중에는 마우린 요양원에 있던 부상자들이 여럿 있었다. 그중 두 사람은 다리가 절단된 사람들이었는데, 한 사람은 목발을 챙길 겨를도 없이 잡혀 한 발로 뛰어다녔다. 열두 살 남짓한 사내아이도 있었다. 경찰들은 아이들까지도 잡아들이고 있었다. 그곳에서는 제대로 된 위생시설이 갖춰지지 않은 곳에 많은 사람들이

68) 18~19세기에 런던 뉴게이트 교도소에서 발행하던 범죄 사례집.-역자주

모여 있을 때 맡을 수 있는 불쾌한 악취가 진동했다.

콥은 사람들을 팔꿈치로 밀치며 우리를 보러 나왔다. 통통하고 생기 있는 그의 얼굴은 여전했고, 그 더러운 곳에서도 제복은 깔끔했고 면도까지 한 상태였다. 죄수들 중에 인민군 제복을 입은 장교가 있었다. 콥과 그는 지나가면서 서로에게 거수경례를 했다. 경례가 왠지 애처로워 보였다. 콥은 기분이 매우 좋아보였다. "뭐, 우리 모두 총살당하겠지."라고 밝은 목소리로 말했다. '총살'이라는 말에 몸 안에서부터 전율이 이는 듯했다. 얼마 전 총알이 내 몸을 뚫고 들어온 적이 있었고 그 느낌이 아직도 기억에 생생했다. 내가 잘 아는 사람에게 그런 일이 일어날 것을 상상하는 것은 불쾌했다. 당시 나는 콥을 포함한 통일노동자당의 주요 인사들이 총살당할 것임을 당연하게 생각했다. 닌이 죽었다는 소문이 막 들려오기 시작한 때였고 우리는 통일노동자당이 반역과 간첩 혐의로 비난받고 있다는 것을 알고 있었다. 조작된 사실에 근거한 재판이 대대적으로 펼쳐질 것이 분명했고 주요 '트로츠키주의자'들이 대량으로 학살당할 것이 뻔했다. 친구가 감옥에 있는 것을 보면서도 그를 도울 방법이 없음을 깨닫는 것은 끔찍한 일이었다. 할 수 있는 일이 아무것도 없었다. 콥이 벨기에 법을 어기고 이곳에 왔기 때문에 벨기에 당국에 호소할 수도 없었다. 아내가 대부분의 말을 해야 했다. 시끌벅적한 이곳에서는 내 끽끽대는 목소리가 들리지 않았기 때문이다. 콥은 죄수들 중에 사귄 친구들에 대해 이야기했고, 교도관에 대해 이야기하면서 일부 착한 사람들도 있지만 소심한 죄수들에게 폭력을 가하는 사람들도 있다고 했고,

'돼지죽' 같은 음식에 대해서도 이야기했다. 다행히도 우리는 음식과 담배를 가져갔다. 그러고 나서 콥은 체포됐을 때 빼앗긴 서류들에 대해서 말했다. 그중에는 동부군 공병부대를 지휘하는 대령에게 보내는 전쟁부의 편지도 있었다. 경찰이 편지를 압수하고 돌려주지 않았다. 콥은 경찰청장실에 있을 것이라고 했다. 그 편지가 발견된다면 상황이 크게 달라질지도 모른다.

나는 이것이 얼마나 중요한지 바로 깨달았다. 전쟁부와 포사스 장군의 추천서가 포함된 공식 서한이라면 콥의 선의를 입증할 수 있을 것이다. 하지만 문제는 편지의 존재를 증명하는 것이었다. 경찰청장실에서 편지를 개봉하면 경찰 앞잡이 같은 사람들이 편지를 없애버릴 것이 분명했다. 편지를 돌려받을 수 있는 사람이 딱 한 명이 있었는데 바로 편지의 수신인이었다. 콥은 이미 그런 생각을 했고 미리 써둔 편지를 나에게 주어 몰래 가지고 나가 부치라고 했다. 하지만 내가 직접 가는 것이 빠르고 확실했다. 나는 아내를 콥에게 맡기고 재빨리 나가 한참 후에 겨우 택시를 잡았다. 나는 시간이 매우 중요하다는 것을 알았다. 그때가 5시 반쯤이었는데, 대령은 아마 6시에 퇴근할 것이고 내일이면 편지는 사라질 것이었다. 아마 찢기거나 용의자들이 체포되면서 쌓여 가는 서류 더미 사이에서 사라질 것이었다. 대령의 사무실은 부둣가에 있는 전쟁부에 위치해 있었다. 서둘러 계단을 올라가자 문 앞에서 근무하던 돌격대원이 긴 총검으로 나를 막아서더니 '신분증'을 보여 달라고 했다. 나는 그에게 제대증을 흔들어 보였다. 그는 글을 읽지 못하는지 '신분증'이라는 모호하고 신비스러운 것에 감동하여 나를 통과시켜 줬다. 내부를 보니 중앙에 마당이 있고 그 주위로 엄청난 크기의 복잡한 건물이 있었는데, 각 층에는 수백 개의 사무실이 있었다. 스페인이었기 때문에 아무도 내가 찾는 사무실이 어디에 있는지 전혀 알지 못했다. 나는 "엘 코로넬 아무개, 헤페 데 인헤니에로스, 에헤르시토 데 에스테!"[69]라는 말만 되풀이했다. 사람들은 미소를 지으며 품위 있게 어깨를 으쓱했다. 의견이 있는 사람들은 저마다 나를 각자의 방향으로 보냈다. 이 계단을 올라가고 저 계단을 내려가고 끝없이 계속되는 길을 따라가니 막다른 길이었다. 시간이 흐르고 있었다. 악몽 속에 있는 듯한 희한한 기분이 들었다. 계단을 서둘러 올라갔다가 내려가고, 신비스러운 사람들이 왔다 갔다 하고, 종이가 여기저기 흩어져 있는 정신없는 사무실 문틈으로 타자기의 딸깍딸깍 소리가 들렸다. 시간은 흘러가고 생명도 저울질되고 있을지 모르는 상황이었다.

하지만 나는 제때 도착했고 조금 놀랍게도 접견을 허락받았다. 대령을 보지는 못했지만, 깔끔한 제복을 입고 눈이 크고 사팔인 그의 부관인지 비서인지 하는 키 작은 장교가 나를 보러 대기실로 나왔다. 나는 내 이야기를 마구 쏟아내기 시작했다. 나는 상관을 대신하여 왔다. 내 상관 조르주 콥 소령은 급한 임무를 수행하러 전선으로 가다가 실수로 체포됐다. 대령에게 보내는 편지에 기밀 내용이 포함되어 있기 때문에 편지를 즉각 찾아야 한다. 나는 몇 달간 콥의 지휘하에 있었는데, 훌륭한 성품을 지닌 사람으

69) 아무개 대령, 공병부대 지휘관, 동부군! -역자주

로 그를 체포한 것은 실수가 틀림없고 경찰이 그를 다른 사람과 혼동했다, 등등. 나는 콥이 전선에서 해야 하는 임무가 급하다는 것을 계속 강조했다. 이것이 가장 설득력 있는 부분이었기 때문이다. 하지만 내 스페인어가 형편없었고 위기 때마다 프랑스어가 튀어나왔기 때문에 내 말이 이상하게 들렸을 것이다. 최악은 내 목소리가 갑자기 나오지 않고 아무리 노력해 봤자 꺽꺽대는 소리밖에 나오지 않았다는 점이다. 이 키 작은 장교가 내 말 듣는 것에 싫증을 내 좋은 기회가 날아가 버릴까 두려웠다. 내 목소리가 이상한 이유를 궁금해하지 않을지, 내가 술에 취했다고 생각할지 아니면 죄책감에 빠져 그렇다고 생각할지 궁금했다.

하지만 그는 인내심을 갖고 내 말을 들어줬고 여러 번 고개를 끄덕이면서 내가 말한 것에 신중히 동의했다. 그렇군요, 이 말은 실수가 있었을지도 모르겠다는 말로 들렸다. 이 문제를 조사해보겠습니다. 마냐나…… 나는 이의를 제기했다. 마냐나는 안 됩니다! 이 문제는 시급합니다. 콥은 이미 전선에 가 있어야 합니다. 또 다시 장교는 동의하는 듯했다. 곧 이어 내가 두려워하던 질문이 나왔다.

"콥 소령이라는 사람…… 어느 부대에 있었습니까?"

끔찍한 대답을 해야 했다. "통일노동자당 의용군입니다."

"통일노동자당이라니!"

충격 받은 그의 목소리를 들려줄 방법이 있다면 얼마나 좋을까. 당시 통일노동자당이 어떻게 인식되고 있었는지 기억해야 한다. 첩자 소동은 최고점에 도달해 있었다. 아무리 선한 공화당원이라고 해도 하루 이틀은 통일노동자당이 독일을 위해 일하는 거대 첩자 조직이라고 생각했을 것이다. 인민군 장교에게 이런 말을 하는 것은 빨갱이 소동이 일어난 직후 캐블리 클럽[70]에 가서 자신이 공산주의자라고 밝히는 것과 같았다. 그의 까만 눈이 나를 비스듬히 살펴봤다. 또 한 번 긴 침묵이 이어진 후 그는 천천히 말했다.

"당신의 말에 따르면 당신은 그와 함께 전선에 있었습니다. 그 말은 당신도 통일노동자당 의용병이라는 겁니까?"

"네."

그는 몸을 돌려 대령의 방으로 뛰어갔다. 불안해하며 대화하는 소리가 들렸다. '다 끝났구나.'라고 생각했다. 우리는 콥의 편지를 돌려받을 수 없을 것이다. 더구나 나 스스로 통일노동자당 소속이라는 것을 밝혀야 했고, 그들은 나를 체포하라고 경찰에 신고하여 트로츠키주의자 한 명을 몰아낼 것임에 틀림없다. 하지만 장교가 다시 나타나 군모를 쓰면서 근엄한 표정으로 따라오라고 손짓했다. 우리는 경찰청장실로 향했다. 가는 길은 20분을 걸어가야 할 만큼 멀었다. 키 작은 장교는 내 앞에서 군인 걸음으로 딱딱하게 행진했다. 가는 동안 우리는 한마디도 하지 않았다. 경찰청장실에 도착하자 험악하게 생긴 불량배, 경찰 앞잡이, 밀고자 등 온갖 종류의 첩자들이 문 앞에서 바글거리고 있었다. 키 작은 장교가 안으로 들어가자 안에서 오랜 시간 동안 열띤 대화가 이어

70) 18세기에 창설된 영국 부유층 신사들의 비공개클럽.-역자주

졌다. 목소리가 사납게 높아지는 것이 들렸다. 난폭한 몸짓과 어깨를 으쓱거리고 탁자를 치는 동작이 눈앞에 그려졌다. 경찰이 편지를 돌려주지 않으려고 하는 것이 분명했다. 하지만 마침내 장교가 벌게진 얼굴로 큰 공식 봉투를 들고나왔다. 콥의 편지였다. 우리가 작은 승리를 거둔 것이다. 그러나 결과적으로 아무것도 달라지지 않았다. 편지는 제대로 전달됐지만, 콥의 상관들은 그를 감옥에서 꺼낼 수 없었다.

장교는 편지를 전달할 것이라고 나와 약속했다. 하지만 콥은 어떻게 되는 겁니까? 내가 물었다. 그를 석방시킬 수는 없습니까? 그는 어깨를 으쓱했다. 그것은 다른 문제였다. 그들은 콥이 무슨 혐의로 체포됐는지 알지 못했다. 그는 적절한 조사가 이뤄질 것이라고만 말했다. 더 이상 할 말이 없었다. 떠날 시간이었다. 우리는 고개를 살짝 숙여 인사했다. 뭔가 희한하고 감동적인 일이 일어났다. 장교가 잠시 망설이더니 나에게 다가와서 악수했던 것이다.

그 행동이 나에게 얼마나 큰 감동을 주었는지 표현할 방법이 없다. 별일 아닌 것처럼 들리겠지만 그렇지 않았다. 당시 분위기가 어땠는지 생각해 봐야 한다. 의심과 증오가 가득한 끔찍한 분위기, 여기저기에 퍼지는 거짓말과 소문, 나와 동료들이 파시스트를 위해 일한다고 소리치는 광고판 위의 포스터. 또한 우리가 경찰청장실 앞에서 기다릴 때 더러운 고자질쟁이, 선동분자, 내가 경찰에 쫓기고 있음을 알 수도 있는 사람들과 함께 있었다는 점도 기억해야 한다. 이는 세계대전 중에 독일인과 공개적으로 악수하는 것과 같다. 아마 그는 내가 실제로는 파시스트를 위해 일하지 않는다고 생각한 것 같다. 그래도 악수를 한 것은 대단한 일이었다.

사소하게 들릴지 모르겠지만 이 이야기를 하는 것은 왠지 스페인답기 때문이다. 최악의 상황에서 스페인 사람들에게서 찾을 수 있는 빛나는 담대함. 내 기억 속의 스페인은 정말 최악이지만 스페인 사람들에 대해서는 나쁜 기억이 거의 없다. 스페인 사람에게 상당히 화가 났던 적이 단 두 번밖에 없었는데, 돌아보면 두 경우 모두 내가 잘못했던 것 같다. 그들에게서는 20세기에 속하지 않는 관대함, 일종의 고귀함을 분명히 찾을 수 있다. 바로 이 때문에 스페인에서는 파시즘조차도 비교적 느슨하고 견딜 만한 것으로 바뀔 것이라고 소망하게 된다. 현대 전체주의 국가들에서 필요로 하는 지독한 효율성이나 일관성을 지닌 스페인 사람들은 거의 없다. 이러한 점은 그보다 며칠 전 경찰들이 아내의 방을 수색했을 때에도 확인할 수 있었다. 사실 수색은 상당히 흥미로웠고 수색하는 것을 내 눈으로 봤으면 좋았겠지만, 화를 참지 못했을지도 모르니 어쩌면 못 본 것이 나을 수도 있다.

경찰은 잘 알려진 오게페우나 게슈타포 방식으로 수색했다. 이른 아침에 문 두드리는 소리가 들렸고 남자 여섯 명이 서둘러 들어와 불을 켜고 미리 합의했는지 곧바로 방 여기저기에 자리를 잡았다. 그들은 방 두 개(화장실이 딸려 있었다)를 상상할 수조차 없을 정도로 꼼꼼히 수색했다. 그들은 벽을 두드려보고, 매트를 들어보고, 바닥을 살펴보고, 커튼을 만져보고, 욕조와 라디에이터 밑을 뒤적거리고, 서랍과 가방에 든 것을 모두 꺼내 옷을 하나씩 만져보고 빛에 비춰보기도 했다. 그들은 쓰레기통에 있는 서류를 포함한 모든 서류와 우리가 갖고 있던 책 모두를 압수했다. 히틀러가 쓴《나의 투쟁》의 불어판을 발견하고는 그들의 의심은 최고조에 달했다. 그들이 단지 이 책만 발견했다면 우리의 운명은 바로 결정됐을 것이다.《나의 투쟁》을 읽는 사람은 파시스트임에 틀림없기 때문이다. 하지만 곧바로 그들은 스탈린의 팸플릿《트로츠키주의자와 이중 거래자를 제거하는 방법》을 발견하고는 안심하는 것 같았다. 한 서랍에 담배 마는 종이가 여러 뭉치 있었다. 그들은 뭉치를 하나씩 풀더니 종이를 한 장씩 살펴보며 메시지가 쓰여 있나 확인했다. 모두 합쳐 거의 두 시간 동안 수색했다. 하지만 그 와중에 침대는 전혀 수색하지 않았다. 아내는 내내 침대에 누워 있었다. 매트리스 밑에 기관단총 대여섯 정이 있을지 모르고 베개 밑에 트로츠키주의 관련 서류가 쌓여 있을 지도 모른다. 하지만 형사들은 침대에 손을 댈 생각조차 하지 않았고 침대 밑을 확인하지도 않았다. 오게페우 수색 방식이 보통 이렇지는 않을 것이다. 여기서 경찰들이 완전히 공산주의자들의 통제하에 있었고 그 경찰들도 아마 공산당원이었을지도 모른다는 사실을 잊지 말아야 한다. 하지만 그들은 스페인 사람이기도 했기 때문에 여자를 침대에서 끌어내는 것은 상상도 못할 일이었다. 결국 침대 수색을 포기한 것 때문에 수색 전체가 무의미해졌다.

그날 밤 맥네어와 코트먼과 나는 버려진 건물부지 가장자리의 긴 풀 틈에서 잠을 잤다. 그맘때 치고 추운 밤이어서 아무도 잠을 충분히 자지 못했다. 커피 한 잔을 마시기 위해 끔찍하리만큼

긴 시간 동안 여기저기 배회했던 것이 기억난다. 바르셀로나에 온 후 처음으로 성당을 보러 갔다. 현대적인 성당이었지만 세계에서 가장 흉물스러운 건물 중 하나였다. 네 개의 첨탑에는 총안이 달려 있었는데, 모양이 독일의 포도주병 같았다. 그 성당은 바르셀로나에 있는 대부분의 교회와는 달리 혁명 중에 피해를 입지 않았다. 사람들은 성당의 '예술적 가치' 때문에 화를 면할 수 있었다고 말했다. 무정부주의자들이 첨탑 사이에 붉은색과 검은색의 깃발을 세우기는 했지만, 기회가 있을 때 성당을 파괴하지 않은 것을 보면 그들에게 예술적 감각이 없는 것 같다. 그날 오후, 아내와 나는 콥을 마지막으로 방문했다. 우리가 그를 위해 할 수 있는 일은 작별 인사를 하고 그에게 음식과 담배를 사다 줄 스페인 친구들에게 돈을 맡기는 것 외에 아무것도, 정말로 아무것도 없었다. 하지만 그로부터 얼마 후, 우리가 바르셀로나를 떠나고 나서 그는 독방에 갇혔고 음식조차 받을 수 없었다. 그날 밤 우리는 람블라 거리를 걸어가다가 아직도 민간경비대의 점령하에 있는 카페 모카를 지나갔다. 나는 충동적으로 안으로 들어가서 어깨에 소총을 멘 채 카운터에 기대고 있는 두 사람에게 말을 걸었다. 나는 5월 전투 당시 그곳에서 근무하던 사람들이 누구인지 아느냐고 물었다. 그들은 몰랐고 스페인 사람들 특유의 모호한 태도로 그 사람들을 찾을 방법도 모른다고 했다. 나는 내 친구 조르주 콥이 감옥에 갇혔고 5월 전투와 관련하여 재판을 받을지도 모른다고 말했다. 그곳에서 근무하던 사람이라면 콥이 전투를 중단시켜 그들의 목숨을 살렸음을 알 것이라고 덧붙였다. 그들이 나서서 콥을 위해 증언하기를 바란다고도 했다. 내가 말을 건넨 사람 중 한 사람은 뚱뚱하고 둔해 보이는 사람이었는데, 자동차 소리에 내 목소리가 들리지 않아 고개를 계속 흔들어댔다. 하지만 나머지 한 사람은 달랐다. 그는 동료들에게서 콥의 행동에 대해 들은 적이 있다고 말했다. 콥은 부엔 치코(좋은 사람)였다고 했다. 하지만 당시에도 나는 이 모든 것이 소용없다는 것을 알고 있었다. 콥이 재판을 받는다고 해도, 이와 비슷한 모든 재판들이 그렇듯이, 날조된 증거를 가지고 재판 받게 될 것이다. 그가 총살당한다면(그럴 가능성이 매우 높았다) 그의 묘비에는 다음과 같은 글이 쓰이게 될 것이다. "불쌍한 민간경비대의 부엔 치코, 더러운 시스템에 소속됐지만 올바른 행동을 구분할 줄 아는 인간으로 남다."

우리는 특이하고 비정상적인 생활을 했다. 밤에는 범죄인이었지만 낮에는 부유한 영국 관광객이었다. 어쨌든 이것이 우리의 전략이었다. 밖에서 밤을 보낸 후라도 면도하고 씻고 구두를 닦으면 완전히 다른 사람이 됐다. 당시에는 최대한 부르주아처럼 보이는 것이 가장 안전했다. 우리의 얼굴이 잘 알려지지 않은 시내의 고급 주택가에 자주 들락거렸고, 값비싼 레스토랑에 갔고, 웨이터를 대할 때도 최대한 영국인처럼 행동했다. 생전 처음으로 벽에 낙서를 하기 시작했다. 몇몇 깔끔한 레스토랑 복도에 최대한 크게 '비스카 포움'이라고 갈겨 놨다. 정확히 말하자면 은둔 생활을 하고 있었으나, 나는 위험하다고 느끼지 않았다. 모든 것이 어리석게 느껴졌다. 나는 법을 위반하지 않은 이상 '그들'이 나를 체포할 수 없을 것이라는 뿌리 깊은 영국식 사고에 빠져 있었다. 이는 정치적 학살이 진행되는 동안에 가져서는 안 될 위험한 발상이었다. 맥네어에 대한 체포 영장이 발부돼 있었고 나머지도 수배 명단에 올라가 있을 가능성이 높았다. 체포, 습격, 수색은 쉴 새 없이 이어졌다. 전선에 있던 사람들을 제외하고 우리가 아는 거의 모든 사람들이 감옥에 갇혀 있었다. 경찰은 정기적으로 피난민을 실는 프랑스 배에 올라 '트로츠키주의자' 용의자들을 잡아들였다.

그 주 내내 고생했을 영국 영사의 호의에 힘입어 우리는 떠날 준비를 끝냈다. 빨리 떠날수록 좋았다. 보우 항으로 떠나는 기차가 저녁 7시 반에 있었는데 보통 8시 반에 출발했다. 아내에게 미리 택시를 부른 후 짐을 싸고 호텔비를 내고 최대한 늦게 호텔을 떠나라고 했다. 떠나는 티를 너무 많이 내면 호텔 사람들이 경찰들을 부를 수도 있기 때문이었다. 내가 7시에 기차역에 도착했을 때 기차가 이미 떠났음을 알게 됐다. 기차는 7시 10분 전에 떠났다. 으레 그렇듯이 기관사의 마음이 바뀌었던 것이다. 다행히도 우리는 제때 아내에게 이를 알릴 수 있었다. 다음날 아침 일찍 또 다른 기차가 있었다. 맥네어와 코트먼과 나는 기차역 부근의 작은 레스토랑에서 저녁을 먹었는데, 조심스럽게 질문한 결과 레스토랑 주인이 전국노동총연맹의 조합원이고 친절하다는 것을 알게 됐다. 그는 우리에게 방 세 개짜리 방을 빌려 줬고 경찰에 신고하지 않았다. 닷새 만에 처음으로 나는 옷을 벗고 잘 수 있었다.

다음날 아침, 아내는 호텔을 빠져 나오는 데 성공했다. 기차는 한 시간 연착했다. 나는 기다리는 동안 전쟁부에 보내는 콥 문제에 관한 긴 편지를 썼다. 그가 실수로 체포됐음이 분명하고 전선에 절실히 필요한 인재이고 그가 무죄라는 것을 수많은 사람들이 증언할 것이라는 등의 내용이었다. 노트에서 찢은 종이에 어설픈 스페인어와 꼬불꼬불한 손 글씨—내 손가락은 여전히 부분적으로 마비된 상태였다—로 쓴 그 편지를 누가 읽기나 했는지 궁금하다. 어쨌든 이 편지나 다른 어떤 것도 소용없었다. 그 사건이 있은 지 여섯 달이 지난 지금도 콥은 (총살당하지 않았다면) 여전히 재판 받지 못하고 기소되지 않은 채 감옥에 갇혀있다. 처음에 우리는 그에게서 편지를 두세 번 받았는데, 이는 석방된 죄수들이 몰래 가지고 나와 프랑스에서 부친 편지였다. 모두 똑같은 내용이었다. 지저분하고 어두운 굴과 같은 방에 갇히고, 음식은 형편없는데다 충분치도 않았고, 감옥에서 심각한 병에 걸렸지만 치료도 받지 못했다는 이야기였다. 나는 이 모든 것을 영국인과 프랑스인 등 여러 사람에게서 확인했다. 최근 콥은 '비밀감옥'에 갇혔는데, 그곳은 연락이 전혀 닿지 않는 곳이었다. 이는 수백 명의 외국인들과 수천 명의 스페인 사람들이 겪은 일이었다.

마침내 우리는 무사히 국경을 넘었다. 기차에는 일등석과 식당 칸이 있었는데, 이는 스페인에서 처음 본 것들이었다. 최근까지 카탈루냐에는 일반석밖에 없었다. 형사 두 명이 기차 안을 돌면서 외국인들의 이름을 적었는데, 우리는 식당 칸에 있었기 때문에 우리를 점잖은 사람들로 보고 안심했던 것 같다. 모든 것이 희한하게 바뀌어 있었다. 무정부주의자들이 지배하던 여섯 달 전만 해도 프롤레타리아처럼 보이는 것이 점잖다고 여겨졌기 때문이다. 페르피냥에서 세르베르까지 가는 길에 같은 칸에 있던 프랑스 판매원이 심각한 표정으로 나에게 말했다. "그런 모습으로 스페인에 가면 안 됩니다. 칼라와 타이를 떼세요. 바르셀로나에 가면 사람들이 바로 떼어버릴 겁니다." 과장이었지만 그의 말은 당시 카탈루냐가 어떻게 비춰졌는지 잘 보여준다. 국경에서 무정부주의자 경비병들은 깔끔하게 차려입은 프랑스인 부부를 돌려보냈다. 내 생각에는 너무 부르주아같이 보였던 것 같다. 지금은 완전히 반대다. 부르주아처럼 보여야 살 수 있었다. 입국 심사원들이 용의자 명단에 우리 이름이 있는지 확인했다. 비효율적인 경찰 덕분에 우리의 이름은 물론 맥네어의 이름조차도 명단에 없었다. 우리는 머리에서 발끝까지 수색 당했지만 내 제대증 외에 걸릴 만한 물건은 발견되지 않았다. 나를 수색한 기총병대는 29사단이 통일노동자당 소속인지 몰랐다. 우리는 국경을 무사히 빠져나왔고, 여섯 달 후에 프랑스 땅을 다시 밟을 수 있었다. 스페인에서 가져온 기념품이라고는 염소가죽 물병과 아라곤 농부들이 올리브유를 태우는 작은 철제 램프뿐이었다. 2천 년 전에 로마인들이 만든 테라코타 램프처럼 생긴 철제 램프는 내가 폐가에서 주운 것인데 어쩌다가 내 가방에 들어온 것인지는 확실하지 않다.

결국 우리는 아슬아슬하게 탈출한 셈이었다. 우리가 제일 처음 읽은 신문에서 맥네어가 간첩 혐의로 체포됐다는 기사가 실려 있었다. 스페인 당국이 너무 앞섰던 것 같다. 다행히 '트로츠키주의'는 범죄인 인도대상이 아니었다.

전쟁 중인 국가를 떠나 평화의 땅을 밟았을 때 우선 어떤 행동을 해야 할까? 나는 맨 먼저 담뱃가게로 달려가서 시가와 담배를 사서 주머니를 가득 채웠다. 그러고 나서 우리 모두는 뷔페에 가서 차 한 잔을 마셨는데, 몇 달 만에 처음으로 신선한 우유를 넣어 마셨다. 원할 때마다 담배를 살 수 있다는 생각에 익숙해지기까지 며칠이 걸렸다. 담뱃가게 문이 잠기고 창문에 '담배 없음'이라는 푯말이 붙어있을 것만 같았기 때문이다.

맥네어와 코트먼은 파리로 향했다. 아내와 나는 쉬고 싶어 첫 정차역인 바뉼에 내렸다. 우리가 바르셀로나에서 왔다는 사실이 드러나자 사람들은 우리를 차갑게 대했다. 나는 여러 번 똑같은 질문을 받았다. "스페인에서 왔다고요? 어느 편에서 싸웠나요? 정부? 아!" 그리고는 급격히 냉랭해졌다. 그 작은 마을은 강한 친프랑코적인 성향을 띠고 있었는데, 스페인 파시스트들이 종종 피난 오기 때문임에 틀림없다. 내가 자주 가던 카페의 웨이터는 프랑코를 지지하는 스페인 사람이어서 나에게 아페리티프를 줄 때마다 째려보기도 했다. 페르피냥의 사정은 달랐는데, 정부 지지자들에게 차갑게 대하고 바르셀로나처럼 다양한 분파들이 경쟁하는 곳이었다. 어떤 카페에서는 '통일노동자당'이라는 단어 하나로 프랑스 친구들을 사귀고 웨이터에게서 미소를 받을 수 있었다.

아마 우리는 사흘간 바뉼에 머물렀던 것 같다. 그 사흘 동안 희한하게도 마음이 불안했다. 사실 폭탄, 기관총, 식료품 배급 행렬, 선전, 음모 등으로부터 멀리 떨어진 이 조용한 어촌에서 상당한 안정감을 느끼고 감사해야 하는 게 당연하다. 하지만 몸은 멀리 떨어져 있는데도 우리가 스페인에서 목격한 일들이 기억 저편으로 사라지지 않았다. 오히려 기억들이 우리를 덮쳐 이전보다도 더 생생하게 다가왔다. 우리는 스페인에 대해 생각하고 이야기하고 끊임없이 꿈을 꿨다. 지난 몇 달간 우리는 '스페인에서 나가면' 지중해 등지에 가서 한동안 조용히 있다가 낚시라도 하자고 했지만, 이제는 이 모든 것들이 지루하고 실망스러워 보였다. 날씨는 추웠고, 바람은 바다 위로 쉴 새 없이 불었고, 물은 탁하고 작은 파도만 일렁였고, 항구 가장자리를 따라 재, 코르크, 물고기 내장이 돌을 치며 둥둥 떠다녔다. 정신 나간 것처럼 들릴지 모르겠지만 우리 둘은 스페인에 돌아가고 싶었다. 스페인에 돌아가면 둘 모두에게 좋지 않은 결과가 야기될 것이고 심각한 피해를 입을 수도 있었지만 우리는 다른 사람들과 함께 감옥에 갇혀 있고 싶었다. 스페인에서의 그 몇 달이 나에게 어떤 의미였는지 제대로 표현하지 못한 것 같다. 지금까지 외적인 사건들에 대해 썼지만, 그 사건들이 나에게 남긴 느낌은 설명할 수 없다. 눈으로 보고 코로 맡고 귀로 들은 것이 모두 뒤섞여 글로 표현할 길이 없다. 참호의 냄새, 아주 먼 곳까지 뻗어 있는 산에서의 새벽빛, 탕탕거리는 차가운 총알 소리, 폭탄의 굉음과 섬광. 맑고 차가운 바르셀로나 아침의 빛, 병영 연병장에서의 군화 소리, 혁명에 대한 믿음이 있었던 지난 12월. 식량을 배급 받으려는 행렬, 붉고 검은 깃발과 스페인 의용병들의 얼굴. 무엇보다도 스페인 의용병들의 얼굴. (내가 전선에서 알았던 사람들은 여기저기 흩어져서 일부는 전사했을 것이고 일부는 부상당했을 것이고 일부는 감옥에 있을 것이다.) 대부분이 안전하고 건강했으면 좋겠다. 그들 모두에게 행운이 있기를. 나는 그들이 전쟁에서 승리하여 독일인, 러시아인, 이탈리아인 할 것 없이 외국인을 모두 스페인에서 몰아내기를 소망한다. 내가 큰 역할을 하지 못한 이 전쟁은 나에게 대부분 끔찍한 기억을 남겼지만, 이 모든 것을 경험하지 않았더라면 좋았을 뻔했다고 생각하지는 않는다. 이 같은 참사—어떻게 끝나든 학살과 육체적 고통을 차치하더라도 스페인 전쟁이 끔찍한 참사였음이 드러날 것이다—를 목격했다고 해서 환멸을 느끼거나 냉소적인 태도를 갖게 되는 것은 아니다. 신기하게도 이 모든 경험으로 나는 인간의 존엄성에 대한 믿음이 작아지기는커녕 오히려 더 커짐을 느꼈다. 그리고 내가 쓴 이야기들이 오해를 야기하지 않기를 희망한다. 이 같은 주제에 대해 어떤 사람도 완전한 진실을 말하지 않을 뿐만 아니라 말할 수도 없다. 자신의 두 눈으로 목격한 것 외에는 그 어느 것도 확신할 수 없고, 의식적이든 무의식적이든 모든 사람들은 편향적으로 글을 쓴다. 이 책의 앞부분에서 말하지 않았을지도 모르니 여기서 말하겠다. 내 편향성, 사실에 대한 실수, 한 측면에서 사건을 봤기 때문에 불가피하게 발생하는 왜곡을 조심하라. 또한 스페인 전쟁의 이 시기를 다룬 어떤 책을 읽더라도 똑같이 주의하라.

우리가 할 수 있는 것은 아무것도 없었지만 무언가를 해야 한다는 생각 때문에 우리는 처음에 계획했던 것보다 일찍 바늘을 떠났다. 프랑스 북쪽으로 갈수록 초록빛이 짙어지고 분위기가 부드러워졌다. 산과 포도원을 지나니 초원과 느릅나무가 펼쳐졌다. 스페인으로 가는 길에 봤던 파리는 내가 8년 전 생활비가 저렴하고 히틀러가 알려지지 않았던 때 봤던 모습과 달리 타락하고 우울해 보였다. 내가 알던 카페의 절반은 손님이 없어 문을 닫았고, 모든 사람들이 높은 생활비와 전쟁에 대한 공포에 시달렸다. 하지만 가난한 스페인에 다녀오고 나니 파리마저도 즐겁고 풍요로워 보였다. 박람회가 절정이었지만 우리는 가지 않았다.

드디어 영국에 도착했다. 영국 남부는 아마 세계에서 가장 우아한 풍경을 지닌 지역일 것이다. 그곳을 지날 때, 특히 푹신한 쿠션 위에 앉아 있다가 평화롭게 뱃멀미로부터 회복될 때에는 어디에서 무슨 일이 일어나는지 따위는 관심 밖일 것이다. 일본의 지진? 중국의 기근? 멕시코의 혁명? 걱정할 것 없다. 내일 아침 문 앞에 우유가 놓여 있을 것이고, 금요일이 되면 〈뉴스테이츠먼〉지가 발행될 것이다. 산업도시들은 멀리 있었고, 연기와 비참함은 지구의 곡선 너머에 숨어 있었다. 그곳은 내가 어렸을 적 알던 영국의 모습 그대로였다. 철길은 야생꽃에 묻혀 있고, 반짝이는 털을 가진 말들은 드넓은 초원에서 풀을 뜯으며 생각에 잠겨 있고, 유유히 흐르는 시냇물은 버드나무에 둘러싸여 있고, 느릅나무는 푸른빛을 띠고, 미나리아재비는 오두막집 마당에 널려 있었다. 곧이어 런던 외곽의 평화로운 야생이 눈앞에 펼쳐졌다. 진흙탕 강 위에 떠다니는 작은 배와 친숙한 거리, 크리켓 경기와 왕실 결혼식을 알리는 포스터, 중산모자를 쓴 남자들, 트라팔가의 비둘기, 빨간 버스, 파란 경찰관. 영국에서 모두가 깊고도 깊은 잠을 자고 있지만, 우리가 폭탄의 굉음으로 깜짝 놀라기 전까지 잠에서 깨지 못할까봐 두려워진다.

조지 오웰 연보

1903년
6월 25일인도 벵갈의 모티하리에서 출생. 본명은 에릭 아서 블레어. 아버지는 당시 영국의 식민지였던 인도에서 아편국 관리로 일함.

1904년
어머니를 따라 영국으로 건너옴. 아버지는 인도에 남아 있다가 1912년 퇴임 후 영국으로 옴.

1911년
영국 남부에 있는 명문사립 예비학교 세인트 시프리언스에 반액 장학생으로 입학. 5년간의 학교생활에서 부유층 자제가 아니라는 이유로 심한 차별과 모멸을 당함.

1917년
명문사립 이튼 칼리지에 장학생으로 입학.

1922년
대학 진학을 포기하고 미얀마(당시 버마)의 인도제국경찰에 지원하여 10월에 발령을 받음. 5년간 제국경찰로 일하면서 착취적이고 사악한 제국주의의 실상을 직접 목격했으며, 가해자의 한 사람으로서 점차 죄의식에 사로잡힘.

1927년
휴가차 영국에 귀국했다가 1928년에 사직서를 제출. 그 후 몇 년간 파리와 런던의 극빈자들 틈에 끼어 밑바닥 생활을 몸소 체험함. 이를 바탕으로 쓴 작품이 처녀작《파리와 런던의 밑바닥 생활》임.

1933년
조너선 케이프 출판사와 파버 앤 파버 출판사에서 출판 거절을 당한《파리와 런던의 밑바닥 생활》이 조지 오웰이란 필명으로 빅터 골란츠에서 출판됨.

1934년
제국경찰로 복무하던 시절 느꼈던 죄의식을 바탕으로 제국주의의 사악함을 비판하는 소설《버마 시절》이 뉴욕 하퍼 앤 브라더스에서 출판됨.

1936년
스페인 내전이 발발하자 파시즘에 대항하기 위해 12월경 스페인에 감. 바르셀로나에서 통일노동자당(POUM)의 독립노동당 분대에 합류해 싸움.

1937년 3월
영국 북부의 탄광촌에서 두 달여를 지내면서 목격한 탄광 노동자들의 삶을 생생하게 묘사한 르포르타주《위건 부두로 가는 길》이 빅터 골란츠에서 출판됨.

1937년 5월
우에스카에서 파시스트 저격병에 의해 목에 관통상을 입었으나 수술 후 회복됨.

1937년 6월
오웰이 속한 통일노동자당에 대한 대대적인 탄압이 시작되면서 오웰 또한 쫓기는 몸이 됨. 간신히 프랑스로 탈출함.

1937년 7월
스페인 내전에서 겪은 일을 바탕으로《카탈루냐 찬가》집필 착수.

1938년 4월
《카탈루냐 찬가》가 세커 앤 워버그에서 출판됨.

1941년

영국 BBC에서 2년간 대담 제작자로 근무함.

1943년 11월

러시아 혁명과 스탈린 체제를 신랄하게 비판한 정치 우화《동물농장》집필

1945년 8월

영국과 미국의 여러 출판사에서 출판 거절을 당했던《동물농장》이 세커 앤 워버그에서 출판됨. 이 작품으로 세계적인 명성을 얻게 됨.

1949년

전체주의를 비판하는 디스토피아 소설《1984》가 세커 앤 워버그에서 출판됨.

1950년 1월 21일

46세의 나이에 지병인 폐결핵으로 사망.

카탈루냐 찬가
초판 1쇄 인쇄 2013년 5월 24일
초판 1쇄 발행 2013년 5월 29일

지은이 조지 오웰
옮긴이 김영희 · 김정은 · 이진숙
발행인 신현부
발행처 부북스

주소 100-835 서울시 중구 신당2동 432-1628
전화 02-2235-6041
팩스 02-2253-6042
이메일 boobooks@naver.com

ISBN 978-89-93785-51-7 04080
ISBN 978-89-93785-07-4 (세트)

이 도서의 국립중앙도서관 출판시도서목록(CIP)은 서지정보유통지원시스템 홈페이지(http://seoji.nl.go.kr)와 국가자료공동목록시스템(http://www.nl.go.kr/kolisnet)에서 이용하실 수 있습니다.(CIP제어번호: CIP2013006239)